Vocational Education

现代职业教育研究文库

U0646511

职业教育
课程论

赵文平　著

北京师范大学出版集团
BEIJING NORMAL UNIVERSITY PUBLISHING GROUP
北京师范大学出版社

图书在版编目(CIP)数据

职业教育课程论/赵文平著. —北京：北京师范大学出版社，
2019.10(2025.7重印)
（现代职业教育研究文库）
ISBN 978-7-303-25079-0

Ⅰ．①职… Ⅱ．①赵… Ⅲ．①职业教育－课程－教学理
论 Ⅳ．①G712

中国版本图书馆 CIP 数据核字(2019)第 187162 号

出版发行：北京师范大学出版社 https://www.bnupg.com
　　　　　北京市西城区新街口外大街 12-3 号
　　　　　邮政编码：100088
印　　刷：北京天泽润科贸有限公司
经　　销：全国新华书店
开　　本：787 mm×1092 mm　1/16
印　　张：12.5
字　　数：260 千字
版　　次：2019 年 10 月第 1 版
印　　次：2025 年 7 月第 2 次印刷
定　　价：32.80 元

策划编辑：王云英　　　　　　　责任编辑：戴　轶
美术编辑：焦　丽　　　　　　　装帧设计：焦　丽
责任校对：陈　民　　　　　　　责任印制：赵　龙

前　言

　　2019 年 1 月国务院印发的《国家职业教育改革实施方案》指出，"职业教育与普通教育是两种不同教育类型"。职业教育在实践中存在不同于普通教育的课程实践活动，在理论上需要建设符合自身规律的课程理论。职业教育课程论是职业教育实践运行和职业教育学术发展的需要。目前，职业教育办学实践中课程开发与课程改革如火如荼，但是指导课程开发与课程改革实践的理论却显得相当乏力。究竟应如何认识职业教育课程？什么是职业教育课程？职业教育课程目标如何确定？职业教育课程内容如何选择组织？职业教育课程价值问题和技术问题等一些基础性的理论问题迫切需要澄清。然而，多年来由于种种原因，我国职业教育课程理论的发展还有很大的提升空间。理想的期望和现实的境遇，都呼唤我们必须要构建职业教育自己的课程理论。

　　源于上述现实需要，笔者基于多年来的教学工作和科研工作的积淀，萌发了尝试系统梳理职业教育课程理论的想法，这是必要的。因此，撰写一本《职业教育课程论》具有重要理论意义与实践价值。其理论意义在于：一是有助于澄清职业教育课程基本理论认识；二是有助于丰富职业教育课程的理论体系。其实践价值在于：一是为职业教育课程实践活动提供一个方向性的框架和立场；二是有助于指导职业教育课程改革者的行为实践。

　　本书的基本立场是将职业教育课程论作为一门独立的学科来对待，尝试构建职业教育自己的课程论，尝试用属于职业教育课程自己的概念术语去表达职业教育课程理论问题。本书的主要定位是讨论职业教育课程领域的基本理论问题，旨在揭示职业教育课程的内在规律，回答职业教育课程的一些基础性、基本性的理论问题，为职业教育课程理论研究和职业教育课程开发实践提供指引。

　　全书是建立在以下理论假设的基础之上的。职业教育课程论是一个复合交叉的学科，具有一定的跨学科性质，职业教育课程论是课程论学科在职业教育领域的具体化延伸，职业教育课程论是职业教育领域自己的课程论。职业教育课程论是一门分支学科，既可以作为课程与教学论的分支学科，也可以作为职业技术教育学的分支学科。职业教育课程论也是一门交叉学科，它是职业技术教育学二级学科同课程与教学论二级学科的交叉。职业教育课程作为基于职业活动的职业经验体系，具有职业性、实践性和体验性。职业能力是表征职业教育课程目标的重要概念，职业教育课程目标要通过职业活动的岗位能力分析和工作任务分析来确定；应从实践知识、技术知识和工作知识等视角来审视职业教育课程内容，以典型工作任务作为职业教育课程内容的基本要素；职业教育课程组织依据职业活动逻辑顺序，基于职业能力来设计课程结构；职业教育课程实施的过程是职业活动开展的过程，可以采取对接生产过程的任务驱动、项目教学等方式；职业教育课程评价注重学生职业活动能力水平和职业活动的结果，应构建符合职业教育特点的课程评价标准和体系；职业教育课程开发是一个多主体参与的过程，尤其要发挥行业企业的力量，实现课程开发与生产过程的对接。上述这些理论假设也是本书的核心观点，将会贯穿全书。

本书的撰写坚持以下基本原则。一是坚持历史和逻辑的统一。一方面，从现实发展过程来分析和描述职业教育课程问题，即审视职业教育课程问题的现实演变过程；另一方面，从纯粹的抽象理论形态上来揭示职业教育课程的规律，即运用理性的思维方式，抽象出职业教育课程事实背后的内在规律。二是坚持学科体系性与领域独特性的统一。一方面，以普通教育中成熟的课程论框架体系为架构，尤其运用好普通教育中相对成熟的课程理论知识；另一方面，突出职业教育的独特性，尝试凝练升华体现出职业教育特点的课程理论知识。换句话说，全书力图实现既有普通教育课程论的理论体系厚度，也有职业教育的味道，克服单纯迁移普通教育课程理论而没有职业教育味道或单纯强调职业教育味道而缺乏课程论应有的理论体系。三是注重吸收相关学科理论。职业教育课程本来就是一个复杂的跨界领域，分析职业教育课程问题需要运用好技术哲学、职业科学、职业教育心理学等多学科的理论。四是以国际视野来分析职业教育课程问题。就课程理论而言，在以美国为代表的有着100多年历史的课程论学科独立发展历程中，形成了丰富的课程理论；就职业教育而言，以德国为代表的国家创立了具有国际影响力的学习领域课程模式。本书在国际视野下，广泛吸收借鉴国外先进的职业教育课程理论。

职业教育课程论应回答的基本理论问题构成了本书的主要框架。首先，从学科独立性的标准来审视，将职业教育课程论定位为一门独立的学科。其次，从课程的系统要素出发，探讨职业教育课程的本质问题、职业教育课程的目标问题、职业教育课程的内容问题、职业教育课程的结构问题、职业教育课程的实施问题和职业教育课程的评价问题，每一个要素既涉及理论观念问题，也涉及实践操作问题。最后，总体上探讨职业教育课程开发问题和课程改革问题。

　　本书既可以作为职业技术教育学硕士和博士人才培养的参考书，也可以作为职业教育教师培训的教材；既能够为学术界研究职业教育课程问题提供观念上的启发，也能够为实践中开发职业教育课程活动提供行动上的指导。

　　职业教育课程论这门学科深奥而复杂，它的建设任重而道远。本书只是参天大树上的一片小叶，希冀为职业教育课程论学科的发展添砖加瓦，助力职业教育课程论学科的发展。

目　录

第一章

职业教育课程论概述

在职业教育理论生成和职业教育实践探索的过程中，职业教育课程这一研究领域逐步产生和形成，尽管目前已拥有丰富的理论成果，但学界还未将其定位为学科。当然，学科自身发展有其演化的规律和标准，按照学科的发展规律和标准来看，可以有"职业教育课程论"这一学科。那么，作为一门学科的职业教育课程论究竟是如何产生发展的？职业教育课程论这一学科的地位和性质是什么以及在整个职业教育学的学科中处于什么样的地位？职业教育课程论究竟研究什么？目前职业教育课程论已形成什么样的学科体系？明确这些问题对于职业教育课程研究具有重要的指导意义。

第一节　职业教育课程论的学科独立性

职业教育课程论作为职业教育学的下属学科，其形成发展始终与职业教育学学科的发展历程是分不开的，因此，其形成发展历程总是与职业教育学学科的发展具有一致性。与一般课程论学科①的发展进程相比，职业教育课程论的形成与发展更晚。在探讨职业教育课程问题时，我们总是需要借鉴和运用一般课程理论的思维和方法。所以，职业教育课程论是建立在职业教育学学科和一般课程论学科这两个学科的发展基础之上的。由于职业教育学学科和一般课程论学科的诞生都比较晚，所

---

① 这里说的"一般课程论"是指在当前我国教育学一级学科下面的课程与教学论二级学科中的课程论，当前我国课程与教学论二级学科主要是面向普通教育的课程与教学理论，为便于与职业教育课程论相区别，本书特使用"一般课程论"的说法。

以职业教育课程论也必然是一个晚生的学科。

关于学科的形成，刘仲林教授提出了六个标准：（1）有明确的研究对象和研究范围；（2）一群人从事研究、传播或教育活动，有代表性的论著问世；（3）有相对独立的范畴、原理或定律，有正在形成或已经形成的学科体系结构；（4）发展中学科具有独创性、超前性，发达学科具有系统性、严密性；（5）不是单纯由高层学科或相邻学科推演而来的，无法用其他学科代替；（6）能经受实践或实验的检验和证实。① 也有学者指出，一门学科成熟的标志，有两个方面的指标：一是属于"理论"方面的——对象、方法（及理论体系）；二是属于"实践"方面的——是否有代表人物、著作、学术组织、学术刊物等。② 下文将以上述标准来审视职业教育课程论学科的独立性。

一、职业教育课程论的研究对象和范围

科学研究起源于问题。职业教育课程论的研究对象是职业教育课程问题。职业教育课程问题，即职业教育课程中所遇到的理论上或实践上的疑惑。作为研究对象的职业教育课程问题可以有多种表现形态。一是在实践中所表现出来的对种种现象的疑惑，现象背后总是隐藏着亟待研究解决的问题，但是现象不能等同于问题，现象更不能作为研究对象，我们不是研究现象，而是研究现象背后的问题。此时需要研究工作者善于捕捉现象，善于从现象背后挖掘问题，要将现象转化为研究问题。例如，职业院校学生对文化基础课程的学习兴趣不够高，这一现象背后实质上涉及文化基础课程与专业课程的关系、文化基础课程与职业的关系等问题。二是在职业教育课程实践中遇到的工作困境。比如，职业院校在课程设计中如何克服理论课程与实训课程两张皮的问题？这是一个在职业院校办学实践中遇到的工作问题，是职业教育课程论的研究对象。三是在职业教育课程理论发展中的理论疑难。比如，职业科学理论与职业教育课程是什么关系？如何运用职业科学理论分析研究职业教育课程问题？这些也是职业教育课程论研究的对象。总之，实践现象中的疑惑、实践工作中的困境和理论发展中的理论疑难构成了职业教育课程论的研究对象。

明确了职业教育课程论研究的对象后，我们需要进一步追问，职业教育课程论的研究对象存在于什么样的范围内？即职业教育课程论研究什么范围内的职业教育课程问题？如果我们把职业教育课程视为一个系统，那么就会存在系统内部、系统外部和系统运动这样三个范畴。所以，职业教育课程论研究的范围应该是以下三个方面：一是职业教育课程系统内部诸要素及其关系，如课程目标、课程内容、课程实施和课程评价等要素及其关系；二是职业教育课程系统内部与外部其他社会系统及外在条件之间的关系，如职业教育课程与企业技术、职业教育课程与职业标准、职业教育课程与人工智能、职业教育课程与信息技术发展等方面的关系问题；三是

---

① 刘仲林：《现代交叉科学》，19～31页，杭州，浙江教育出版社，1998。

② 唐莹、瞿葆奎：《教育科学分类：问题与框架》，载《华东师范大学学报（教育科学版）》，1993(2)。

职业教育课程系统运动演化的过程范围，如不同历史发展阶段或不同产业经济发展历史背景下的职业教育课程演化、职业教育课程开发过程等问题。

综上所述，职业教育课程论有自身的研究对象和研究范围，这是构成一门学科的一个重要标准。其实，职业教育课程论是属于职业教育这一领域的课程理论成果。

二、职业教育课程论的研究者及代表性论著

有一群人专门从事该领域的研究、传播或教育活动，并且有代表性的论著问世，这是学科独立的又一标志。目前，国内有一部分理论工作者专门致力于职业教育课程问题的研究，并且自 20 世纪 90 年代中期以来陆续出版了一些代表性的著作，如表 1-1 所示。

表 1-1　国内职业教育课程论的代表性论著

作者	书名	出版社	出版时间
俞立、郭扬	《现代职教课程论研究》	中国科学技术出版社	1995
朱晓斌	《职业教育课程论》	广西教育出版社	1997
黄克孝	《职业和技术教育课程概论》	华东师范大学出版社	2001
徐国庆	《职业教育课程论》	华东师范大学出版社	2008 2015
赵志群	《职业教育工学结合一体化课程开发指南》	清华大学出版社	2009
朱德全、张家琼	《职业教育课程与教学论》	西南师范大学出版社	2010
黄艳芳	《职业教育课程与教学论》	北京师范大学出版社	2010
李春鹏、陈洁萍、田立国	《职业教育课程论》	哈尔滨地图出版社	2013
汤百智	《职业教育课程与教学论》	科学出版社	2015
曲丽娜、王伟	《职业教育课程开发》	高等教育出版社	2016

在国外，也有一些职业教育课程论的研究者和代表成果，如美国芬奇和克鲁尔顿（Curtis R. Finch，John R. Crunkilton）的《职业技术教育课程开发：计划、内容和实施》（*Curriculum Development in Vocational and Technical Education：Planning，Content，and Implementation*）先后于 1979 年、1984 年、1989 年、1993 年、1999 年出版了五版，影响力非常大。目前也有一些其他的职业教育课程论的专门著作，如表 1-2 所示。这些著作都关注到了职业教育中的课程开发问题，具体探讨了职业教育课程的计划、内容、实施和评价等问题。

表 1-2　国外职业教育课程论的代表性著作

作者	书名	出版社	出版时间
[美]Curtis R. Finch，John R. Crunkilton	*Curriculum Development in Vocational and Technical Education：Planning，Content，and Implementation*	Allyn and Bacon	1979 1984 1989 1993 1999
[法]H. Unterbrunner	*Curriculum Development in Technical and Vocational Education：A Methodology Guide*	UNESCO	1982
[美]Gary Loyd Schnellert	*Development of a Curriculum Model for Vocational/Technology Education*	Iowa State University Ames，Iowa	1993
[美]Kathryn Ecclestone	*How to Assess the Vocational Curriculum*	Routledge	2017
[美]Tony Nasta	*How to Design a Vocational Curriculum：A Practical Guide for Schools and Colleges*	Routledge	2017

　　综合国内外代表性的职业教育课程论方面的著作，大家都聚焦在如何进行职业教育课程开发这一问题上，触及职业教育课程目标确定、职业教育课程内容选择、职业教育课程实施和职业教育课程评价等基本问题，基本形成了一个特定的群体对一个特定的领域开展研究的格局，构成了学科的基本形态。

三、职业教育课程论的体系结构

　　有相对独立的范畴、原理或定律，有正在形成或已经形成的学科体系结构，是学科独立的又一标志。在职业教育课程论中，围绕课程本质、课程目标、课程内容、课程实施和课程评价等框架体系，已形成职业教育课程论自身独有的或者原创的并对其他学科也有迁移作用的原理。比如，在职业教育课程本质属性中，工作过程属性是其独特的本质属性之一；在课程目标中，工作价值观或职业能力成为目标的价值导向之一；在课程内容中，工作知识是其基本性质或构成要素之一；在课程实施中，对接工作过程是其基本策略之一；在课程评价中，工作中的表现是其评价的基本理念或表现之一。可以看出，职业教育课程论既形成了完整的体系，也拥有基于一定逻辑的独特理论视角。在职业教育课程论的体系结构中，职业教育课程本质是回答职业教育课程到底是什么的问题，重在用多种视角审视职业教育课程的本质属性，尽可能地认识到职业教育课程全面深刻的内涵；职业教育课程目标旨在回答职业教育课程到底为的是什么的问题，它能够给职业院校学生的发展带来什么；

职业教育课程内容旨在探索职业教育课程的内容用什么来呈现、如何选择和组织，实质上是解决到底为职业院校学生的学习提供什么样的素材的问题；职业教育课程实施探讨如何落实课程的问题，如何将官方的课程转变为学生的课程；职业教育课程评价主要探讨用什么样的标准来衡量和保障职业教育课程的合理科学运作，以及如何评价职业教育课程运作的效果（见图1-1）。

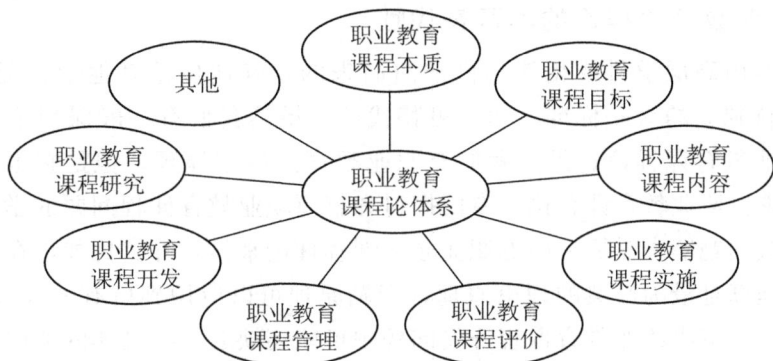

图 1-1 职业教育课程论体系

四、职业教育课程论的独创性

一般来说，发展中学科具有独创性、超前性，发达学科具有系统性、严密性。职业教育课程论的独创性可以用职业教育课程论学科中所创生的独有概念和理论体系来衡量，即概念及理论体系的独创性。

一系列独有的概念生成是职业教育课程论的独创性标志之一。任何一门学科，都有其一系列的相关概念。概念不仅是学科理论体系的基本构成要素，而且是建立某种学科理论体系的起点，更是一门学科是否具有独创性的标志。比如，核心阶梯式课程、技能模块组合课程、能力本位课程、一体化课程、项目课程、工作过程课程等，这些概念只有在职业教育课程论体系中存在。典型工作任务分析作为职业教育课程开发中的一个基础环节和要领，是职业教育课程领域的独创，是职业教育课程论具有独创性的一种体现。典型工作任务实质上是一项具有代表性的职业工作行动任务，其包含计划、决策、实施和评估等整个行动过程中的任务。一项职业活动有无数个工作任务，但是无数个工作任务中可以抽取相通的范式，那就是典型的工作任务。职业教育课程就是帮助学习者掌握典型的工作任务。职业教育课程内容可以是典型的工作任务，那么典型工作任务分析就成为职业教育课程开发的一个基本方法。典型工作任务的概念充分地体现出了职业教育课程论的概念生成独创性。

一系列具有特色的理论创新是职业教育课程论的独创性标志之一。职业教育课程论是从课程论中衍生而来的一门独立学科，目前已具雏形，是职业教育学的重要组成部分。职业教育课程论源自现代课程论，由于课程开发是职业教育的经常性工作，不仅指导课程开发具体操作的课程模式成为职业教育课程改革的重要探索方向，而且课程模式的理论构建，也成为职教课程论加强学科建设，并独立于一般课程论的重要标志。① 比如，工作过程课程理论就是职业教育课程论的独创性体现，这是在基础教育课程与高等教育课程理论中没有的理论成果，而这一理论目前恰恰可以迁移推广到高等教育领域，这说明了工作过程课程理论在职业教育课程论中的独创性和超前性。工作过程被视为在企业中为完成一件工作任务并获得一定工作成果而进行的一个完整的工作程序。工作过程为课程提供了一个整体的观念框架。②

五、职业教育课程论的不可替代性

不是单纯由高层学科或相邻学科推演而来的，其地位是其他学科无法取代的，这是一门学科独立的又一标准，即不可替代性。虽然我们有一般课程论，但是它却不能代替职业教育课程论；虽然我们有职业教育的基本原理，但是它也不能代替职业教育课程论。职业教育课程论是专门探讨和解决职业教育课程问题的学问，职业教育课程的实践问题解决需要专门的职业教育课程理论来做指导。比如，在一般课程论中，泰勒原理算是最为经典的理论原理，泰勒原理可以应用到所有的课程开发之中，但是泰勒原理在解决职业教育课程开发问题中可能还缺乏一些具体的适应性。泰勒原理可以作为职业教育课程开发的宏观指南，但是不能成为职业教育课程开发的具体行动措施，我们必须在泰勒原理框架的基础上探索符合职业教育课程特点的课程开发策略。泰勒原理作为经典的原理不能代替职业教育课程开发中应有的原理模型。

六、职业教育课程论的实践性

任何一个学科的发展都是实践的产物，也能经受实践或实验的检验和证实。实践性是学科独立和成熟的标志之一，不存在没有实践性的学科，只是不同的学科在实践性的层面上会有差异而已。比如哲学这门学科也是一门实践性的学科，只不过它的实践性不同于自动化学科的实践性，各有各的场域。职业教育课程论成为一门独立的学科，实践性是其学科独立性的标志之一。职业教育课程论的实践性主要表现在其对课程问题的解决这一旨趣上。从职业教育课程论中的概念与理论生成来看，概念与理论是因应职业教育课程实践中问题解决的需要而生成的，有其特定实践问题解决的需要。从知识论的角度来看，职业教育课程论知识是一种实践性知识，它是解释性的和处方性的，解释性在于其能够解释实践中的现象，处方性在于其能够解决实践中的疑难杂症。比如，为解决职业教育课程中理论与实践的关系问题，提出一体化课程这一概念，并逐步形成关于一体化课程开发的一系列理论观点，进而形成一体化课程模式理论体系。再如，为解决职业教育课程实施中的学生有效学习和综合职业能力形成问题，理论专家和实践工作者探索创生了项目课程概

---

① 蒋乃平：《课程模式是职教课程论学科建设的重要标志》，载《河南职技师院学报（职业教育版）》，2001(6)。

② Nick Boreham, "Orienting the Work-Based Curriculum Towards Work Process Knowledge：A Rationale and a German Case Study," *Studies in Continuing Education*，Vol. 26，No. 2，July 2004，pp. 209-227.

念，并构筑项目课程理论。这些都体现出了职业教育课程论的实践性渊源和实践性旨趣，理论源于实践而为了实践，并在实践中丰富发展。

综上所述，从其研究对象和范围、研究者和论著、框架体系、独创性、不可替代性、实践性等方面来看，职业教育课程论可以成为一门独立的学科。对于职业教育课程论的审视、研究和发展，要按照学科的发展演化规律来对待，尤其要推动其朝着科学化的方向发展，为职业教育课程问题的解决创生力量。

第二节　职业教育课程论的学科性质及基础

一、职业教育课程论的学科性质

(一)职业教育课程论是课程论学科在职业教育领域的具体化

职业教育课程论脱胎于一般课程论学科。随着研究的需要，职业教育课程论逐渐从一般课程论学科中独立出来，是一般课程论学科在职业教育领域的具体化延伸。实质上，职业教育课程论是建立在一般课程论的大框架之下的，职业教育课程的理论和实践问题是受一般课程论的指导的，因为一般课程论的部分理论体系经常会运用到职业教育领域中，如职业教育课程开发的基本步骤仍然是在一般课程论学科所强调的目标确定、内容选择与组织、实施、评价等基本框架中进行的。将职业教育课程论视作课程论学科在职业教育领域的具体化延伸，实质上是强调职业教育课程论接受一般课程论学科的指导意义。

(二)职业教育课程论是职业教育领域专有的课程论

每一类型或层次的教育都存在课程的问题，如学前教育有自身的课程问题，基础教育有自身的课程问题，高等教育有自身的课程问题，职业教育也有自身的课程问题。每一类型或层次教育中的课程问题都应有与之相匹配的课程理论，职业教育领域也有自身的课程论——职业教育课程论。职业教育课程论作为职业教育领域的课程论，实质上是强调职业教育课程论的职业教育属性，突出职业教育这一特殊的领域。换句话说，职业教育课程论所探讨的问题一定是职业教育领域的课程问题；职业教育课程论所生成的理论一定能够解决职业教育领域的课程问题。

(三)职业教育课程论是一门分支学科或交叉学科

职业教育课程论是一门分支学科，既可以作为课程与教学论的分支学科，也可以作为职业技术教育学的分支学科。目前，学界已经意识到在课程与教学论二级学科下面除了应该关注研究基础教育的课程与教学论之外，还应该关注职业教育的课程与教学论和大学课程与教学论，但是在课程与教学论的二级学科下面还没有设立职业教育课程与教学论的学科方向。而在职业技术教育学二级学科下面已经设立了职业教育课程与教学论学科方向，北京师范大学、华东师范大学和西南大学的职业技术教育学博士点下设了职业教育课程与教学论学科方向。

职业教育课程论也是一门交叉学科，它是职业技术教育学二级学科和课程与教学论二级学科的交叉。职业技术教育学和课程与教学论是教育学一级学科下并列的两个二级学科，职业教育课程论就是这两个二级学科交叉的产物（见图1-2至图1-4）。

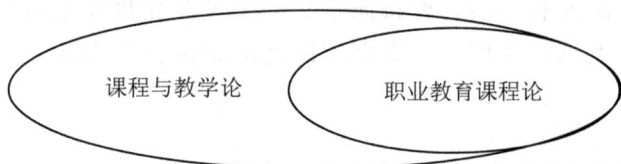

图1-2　作为课程与教学论之下分支学科的职业教育课程论

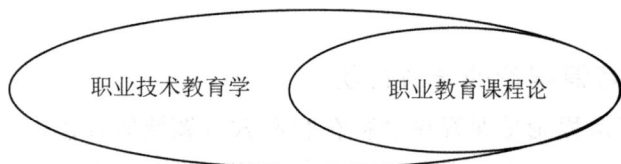

图1-3　作为职业技术教育学之下分支学科的职业教育课程论

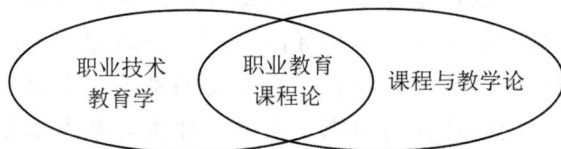

图1-4　作为职业技术教育学和课程与教学论的交叉学科的职业教育课程论

二、职业教育课程论的学科基础

职业教育课程论是一门复合交叉的学科，具有一定的跨学科性质。笼统地说，除了教育学、心理学、哲学和社会学等学科，职业教育课程论的学科基础还应包括职业教育学、课程与教学论、职业教育心理学、技术哲学和职业科学。解决职业教育课程中的问题离不开上述几个方面的学科基础；要做好职业教育课程论的研究，离不开上述几个方面的学科基础理论依据。职业教育课程论能够成为一门学科，得益于上述几个学科的积淀和成熟发展。

（一）职业教育学

职业教育课程属于职业教育领域的范畴，职业教育课程的对象是职业院校的学生或职业教育领域的学习者，遵从职业教育的基本规律是职业教育课程运作和研究首先要坚持的原则。职业教育学是职业教育课程论的学科基础。此时的职业教育课程论是职业技术教育学二级学科下面的"三级学科"。就一个职业教育课程论研究者来说，其应具备职业教育学的素养，熟知职业教育领域。职业教育学中的职业教育基本理论观点，是职业教育课程论的基础理论与立场指南。比如，职业教育学中的产教融合理论、工学结合理论、"双师型"教师理论等，是职业教育课程中提出项目课程、工作过程课程、一体化课程等方面理论的基础。

（二）课程与教学论

研究职业教育课程论，必须精通课程与教学论。尽管职业教育课程论有自身特殊的问题和方法，但是研究和解决职业教育课程问题仍然没有离开课程与教学论的基本框架体系。比如，职业教育课程目标的构成问题，也是放在"知识与技能、过程与方法、情感态度与价值观"这三维目标的理论框架下来解释的。之所以课程与教学论是职业教育课程论的学科基础，有以下几个方面的原因：一是职业教育课程论作为课程与教学论学科下的一个学科方向，或者职业教育课程论作为职业技术教育学同课程与教学论相交叉的一个学科，这些都注定了职业教育课程论同课程与教学论有着深刻的内在联系；二是职业教育课程论作为研究职业教育这一特殊领域中课程问题的学问，需要课程与教学的一般理论来做指导，与研究教育哲学问题离不开哲学原理的指导是一样的道理；三是课程与教学论已经非常成熟，形成了众多课程理论流派和教学理论流派，有着丰富的观念体系，能够直接迁移过来研究解释职业教育课程问题。

（三）职业教育心理学

心理学是教育学的重要学科基础，在职业教育领域之中，职业教育心理学也是职业教育相关学科的重要学科基础。毋庸置疑，职业教育心理学就是职业教育课程论的一个学科基础。职业教育心理学是研究职业教育情境中学与教的基本心理现象与规律的科学，涵盖职业教育心理学的基本理论、职校师生心理、职教教学心理、职教管理心理、职业技能培训与竞赛心理等方面，对现代职教实践创新具有描述、解释、预测和控制的作用。职业教育心理学作为职业教育课程论的学科基础，总是源于职业教育课程理论和实践中的问题，需要以职业教育心理学理论来做指导。比如，在职业教育课程内容组织中，我们必须以职业技能成长或学习的规律为基础，技能学习心理的规律是职业教育课程开发与设计的一个重要理论基础。

（四）技术哲学

康德曾经说过，"无哲学的教育是盲的，无教育的哲学是空的"。杜威也非常重视哲学这一学科基础，他说，"哲学就是教育的最一般方面的理论"；"教育乃是哲学上的分歧具体化并受检验的实验室"。靳玉乐、黄清在《课程研究方法论》中指出："深厚的哲学素养是确保一个人成为一位够格的课程研究者的必要条件。"[①]尤其是技术哲学，这是职业教育课程论的重要学科基础。人们对技术是如何认识的，关系人们对职业教育课程是如何认识的。课程研究从哲学中汲取营养，不是直接迁移照搬，而主要是汲取哲学思维方式和方法论，指导我们分析具体的课程问题。之所以将技术哲学作为职业教育课程论的学科基础，根本原因在于技术规定着职业教育课程，"技术对职业教育规制主要通过课程来实现，表征为对职业教育课程目标、课

---

① 靳玉乐、黄清：《课程研究方法论》，98 页，重庆，西南师范大学出版社，2000。

程结构、课程内容、课程实施及评价的规制。从技术哲学视角分析技术对职业教育课程的规定性，将会加深对职业教育课程特性的认识，更有利于职业教育作为一种教育类型的健康发展"①。比如，技术哲学中的技术知识论是审视职业教育课程知识的一个重要理论基础。再如，米歇尔·福柯的技术哲学观，区分了"硬技术"与"软技术"②，他认为前者是指技术物及其制作活动，后者是指与治理功能密切相关的实践理性；另外，他也提出了一套技术分类学：作为"硬技术"的生产技术和作为"软技术"的权力技术、符号系统技术和自我技术。米歇尔·福柯的这种技术分类思想可以帮助我们很好地认识职业教育课程内容的分类，职业教育课程内容既应包括面向生产技术的课程内容，也应包括面向权力技术的课程内容、面向符号系统技术的课程内容和面向自我技术的课程内容，在课程内容的选择组织中我们要全面考虑上述几种内容。又如，技术哲学家拉普指出，"如果按照技术是有效的定向活动这种观点做进一步考察的话，可以区分出技术的两个方面：作为工艺知识的技术和作为实际执行的技术"③。那么，此时可以启发我们思考，职业教育课程不仅体现为技术的工艺知识方面，而且还包括技术的实际执行方面。课程内容既包括如何做的知识和做什么的知识，也包括做的行动过程。

（五）职业科学

职业科学作为职业教育课程论的学科基础，是源于职业教育课程论面向的是"职业"教育领域而不是其他领域。职业教育课程要以职业发展的规律特征为基础。德国职业教育课程研究中特别注重职业科学这一基础，"职业教育的基准科学是职业科学或职业领域科学"④，"职业科学作为职业教育和职教教师教育的基础科学"⑤。"狭义的职业科学则是指向专门业务领域里的以及与之相关的工作的知识，也就是指向关于职业的、关于职业领域的和关于职业性专业的理论与实践。"⑥按照姜大源的观点，"职业科学的任务包括两个方面：一是对相应职业领域里实际的职业（专业或技术的）工作所需的具体知识和方法知识，进行研究与系统化；二是从职业教育的视域对相应职业领域或职业方向实用的科学的专门知识和方法知识，进行研究和系统化。"⑦可见，专业科学中的两个任务恰恰是职业教育课程论研究的基础，只有搞清楚所面对职业工作需要的知识和素质体系，才能进一步确定好相应人

---

① 唐锡海：《技术对职业教育课程的规定性》，载《天津大学学报（社会科学版）》，2015(5)。

② 刘铮：《"硬技术"与"软技术"：论米歇尔·福柯的技术哲学》，载《自然辩证法研究》，2016(5)。

③ ［德］F. 拉普：《技术哲学导论》，27 页，沈阳，辽宁科学技术出版社，1986。

④ 姜大源：《职业科学：一门新学科的创立及定位——德国职业教育学理论创新追踪与思考》，载《教育发展研究》，2005(3)。

⑤ 谢莉花、尚美华：《德国职业教育领域"职业科学"的内涵、争议与发展》，载《职教论坛》，2018(6)。

⑥ ［德］Joerg-Peter Pahl：《职业科学与职业教学论研究的起源》，姜大源译，载《职业技术教育》，2006(28)。

⑦ 姜大源：《基于职业科学的职业教育学科建设辨析》，载《中国职业技术教育》，2007(11)。

才培养课程的目标定位和课程内容。换句话说，研究好职业问题是研究职业教育课程论问题的基础。

总之，如图 1-5 所示，职业教育学、课程与教学论、职业教育心理学、技术哲学和职业科学共同构成了职业教育课程论的学科基础，也正是上述学科发展相对成熟的体系支撑了职业教育课程论的生成和发展。本书的写作也正是建立在笔者吸收上述五个方面学科知识体系营养的基础之上的。

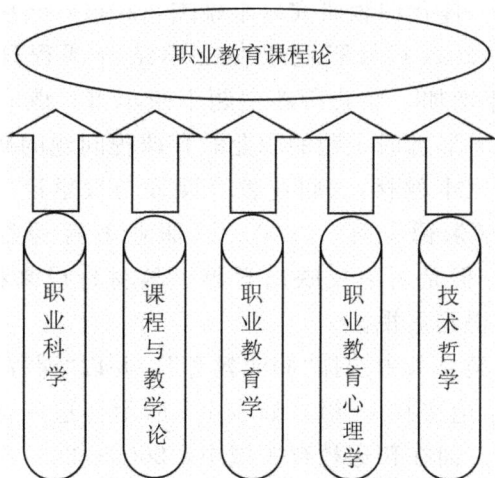

图 1-5　职业教育课程论的学科基础

第三节　21 世纪以来我国职业教育课程论研究的进展与反思[①]

随着职业教育改革的推进和深化，职业教育课程问题受到学界广泛关注。21世纪以来，职业教育课程研究取得了丰硕的成果。在当前加快建设现代职业教育体系的大背景下，我们非常有必要全面系统地梳理 21 世纪我国职业教育课程研究的发展脉络，为未来的职业教育课程研究和职业教育课程改革提供方向指引。

一、21 世纪以来我国职业教育课程论研究进展的基本概况

（一）研究成果的种类和数量逐渐丰富、主题多元

21 世纪以来，职业教育课程研究成果的种类逐渐丰富，形成了专著、学位论文、期刊论文和科研课题等多种类型的成果，同时数量前所未有。代表性专著包括《职业和技术教育课程概论》（黄克孝，2001）、《职业教育课程开发技术》（石伟平、

[①]　本节内容主要来自赵文平发表在《职业技术教育》2016 年第 4 期上的《新世纪以来我国职业教育课程研究进展与反思》一文，略有修改。

徐国庆，2006)、《职业教育课程教学改革》(戴士弘，2007)、《职业教育课程论》(徐国庆，2008、2015)、《职业教育项目课程开发指南》(徐国庆，2009)、《职业教育课程开发与实施——基于工作过程系统化的职教课程开发与实施》(严中华，2009)、《职业教育工学结合一体化课程开发指南》(赵志群，2009)、《职业课程——职业技能课程的开发理论与实务》(中国就业培训技术指导中心，2010)、《职业教育"双证书"课程规范化开发指南》(龚雯，2010)、《职业教育"双证书"课程开发论》(龚雯，2011)、《职业教育理实一体化课程研究》(李雄杰，2011)、《中国高等职业教育课程改革状况研究》(鲍洁，2012)、《职业教育工学结合课程开发与实施》(刘彩琴，2014)等。专著数量逐年增加，专著所涉主题不断丰富；既有对职业教育课程理论的一般探讨，也有对某一形态或主题的职业教育课程问题的研究。

这段时间还出版了三本教材，《职业教育课程与教学论》(黄艳芳，2010)、《职业教育课程与教学论》(朱德全等，2010)及《职业教育课程与教学论》(汤百智，2015)。虽然数量不多，但是可以反映出学界以教材建设来推动学科发展的态势，说明职业教育课程研究得到重视。

在CNKI的文献分类目录中选择"职业教育"，并以"课程"为题名检索，自2001年到2017年的博士学位论文共19篇，如表1-3所示。这些论文研究主题切合现实需要，分属不同的领域。而在普通教育领域中，2000—2017年以"课程"为题名的博士学位论文为400余篇。由此可以看出，职业教育课程研究成果数量仍然有限。

表 1-3　2001—2017 年 CNKI 中的职业教育课程博士学位论文情况

序号	博士学位论文题目	作者	授予单位	时间
1	《实践导向职业教育课程研究》	徐国庆	华东师范大学	2004
2	《高职课程质量保证体系研究》	黄秋明	华东师范大学	2008
3	《论职业教育课程领导》	徐佳	华东师范大学	2009
4	《澳大利亚职业教育课程质量保障的研究》	吕红	西南大学	2009
5	《晚清民国时期职业教育课程史论》	任平	湖南师范大学	2010
6	《高等职业教育专业课程群论》	张建鲲	天津大学	2010
7	《高职课程有效性研究》	刘松林	上海师范大学	2010
8	《职业教育"项目主题式"课程与教学模式研究》	梁成艾	西南大学	2012
9	《高职院校职业生涯辅导课程开发研究》	邓宏宝	南京师范大学	2012
10	《职业素质本位的高职教育课程建构研究》	张良	湖南师范大学	2012
11	《新中国中等职业教育课程政策研究》	王坤	西南大学	2014
12	《高等职业教育专业实践课程评价研究》	马良军	天津大学	2014
13	《在挣扎中前行：中国近代职业教育课程史》	夏英	南京师范大学	2015
14	《高职教师课程权力的境遇及其僭越研究——基于场域理论视角》	胡小桃	湖南师范大学	2016

序号	博士学位论文题目	作者	授予单位	时间
15	《高等职业教育专业课程设计研究——基于产业技术的设计路径》	张永林	天津大学	2016
16	《中等职业学校德育课程评价研究》	高臣	西南大学	2016
17	《基于现代职业教育体系的中高职课程衔接研究——以四川省德阳市 12 所中高职院校为例》	谭强	西南大学	2016
18	《跨界与融合：基于职业素养教育的高职课程建构研究》	聂强	西南大学	2017
19	《"对接"视域下的职业教育"双证书"课程模式研究》	龚文	天津大学	2017

从表 1-4 中可以看出，随着职业教育学科建设工作的推进，职业教育学硕士二级学科点数量逐渐增多，同时结合现实职业教育改革的需要，关注职业教育课程方面的硕士学位论文越来越多，论文数量逐年上升。

表 1-4　2001—2017 年 CNKI 的"职业教育"学科领域中以"课程"为题名的硕士学位论文数量

单位：篇

年份	2001	2002	2003	2004	2005	2006	2007	2008	2009	2010	2011	2012	2013	2014	2015	2016	2017
数量	4	5	2	15	16	21	34	34	39	38	59	77	80	96	115	100	116

从表 1-5 中可以看出，发表在核心期刊的职业教育课程方面的论文数量也是逐年大幅度上升；表 1-6 显示，其中来源于 CSSCI 的论文数量也是不断上升的；但是在表 1-7 中，从 CSSCI 刊物在核心期刊中所占比例来看，近些年变化幅度不大，甚至出现下降的趋势，从某种程度上说明职业教育课程方面研究成果的质量并未随着论文数量的增加而提升。另外，在教育学领域最高级别刊物《教育研究》上所发表的职业教育课程方面的文章仅为 7 篇，说明职业教育课程方面的高水平研究成果数量不足，整体研究质量不高。

表 1-5　2001—2017 年 CNKI 的"职业教育"学科领域中以"课程"为篇名的核心期刊论文数量

单位：篇

年份	2001	2002	2003	2004	2005	2006	2007	2008	2009	2010	2011	2012	2013	2014	2015	2016	2017
数量	22	49	50	55	73	122	144	289	290	314	290	472	512	487	360	233	222

表 1-6　2001—2017 年 CNKI 的"职业教育"学科领域中以"课程"为篇名的 CSSCI 论文数量

单位：篇

年份	2001	2002	2003	2004	2005	2006	2007	2008	2009	2010	2011	2012	2013	2014	2015	2016	2017
数量	5	13	8	7	13	11	20	30	37	41	35	46	56	37	41	35	29

表 1-7　2001—2017 年 CNKI 的"职业教育"学科领域中以"课程"
为篇名的 CSSCI 论文占核心期刊以上相关论文比例　　　　单位:%

年份	2001	2002	2003	2004	2005	2006	2007	2008	2009	2010	2011	2012	2013	2014	2015	2016	2017
比例	22.7	26.5	16.0	12.7	17.8	9.0	13.9	10.4	12.8	13.1	12.1	9.7	10.9	7.6	11.4	15.0	13.1

此外,自 2001 年以来全国教育科学规划办所立项的职业教育课程方面的科研课题共计 30 项。总体可以看出,职业教育课程方面的研究在专著、教材、学位论文、期刊论文、课题等方面均形成了丰硕的成果。

(二)研究问题的领域不断拓宽

以 2014 年度的 105 篇硕士学位论文的研究主题来分析,课程价值 1 篇、课程设计 3 篇、课程开发 2 篇、课程设置 11 篇、课程实施 13 篇、课程评价 3 篇、课程满意度 1 篇、课程资源 2 篇、课程改革 5 篇、课程衔接 6 篇、课程体系 6 篇、实训课程 3 篇、校本课程 3 篇、德育课程 4 篇、文化基础(公共)课程 4 篇、精品课程 1 篇、项目课程 5 篇、一体化课程 5 篇、工作过程课程 4 篇、课程中渗透技术思想 1 篇、课程国际比较 1 篇、教师课程问题 2 篇、教材 1 篇、其他某种形态或某门专业课程 18 篇。总体来看,研究主题分布较为分散,涉及课程领域中的诸多问题。职业教育课程研究问题的领域逐渐被拓宽,既有职业教育课程的本体性问题——职业教育课程政策、职业教育课程价值、职业教育课程目标、职业教育课程内容、职业教育课程结构、职业教育课程实施、职业教育课程评价、职业教育课程模式、职业教育课程标准等,也关注了职业教育课程的国别问题——德国职业教育课程、澳大利亚职业教育课程、美国职业教育课程、英国职业教育课程,还涉及职业教育课程的新形态问题——一体化课程、项目课程、工作过程系统化课程。

(三)研究学术平台和学术组织逐渐形成并趋于稳定

第一,产生一批以学位点为平台的研究学科方向点。北京师范大学赵志群教授、华东师范大学石伟平和徐国庆教授、西南大学朱德全教授等领衔的职业教育课程与教学论方向团队,均招收职业教育课程与教学论方向的博士、硕士研究生,已初步形成较为稳定的专门研究职业教育课程问题的学科团队。

第二,拥有了职业教育课程研究专门的组织。学术组织的设立是学术研究成熟繁荣的一个重要标志。中国职业技术教育学会(简称中国职教学会)教学工作委员会于 2004 年 9 月 25—26 日在深圳召开了课程理论与开发研究会成立大会暨 2004 年职教课程研讨会。虽然中国职业技术教育学会教学工作委员会课程理论与开发研究会只是在二级分会下设立的研究会,但研究会的成立标志着我国职业教育课程研究有了自己专门化的学术组织。另外,近年来的中国职教学会学术年会经常专门设立职业教育课程方面的主题论坛,也说明职业教育课程问题受到了学术平台和组织的一致关注。

第三,民间面向实践的学术性团体组织建立。比如,为了加强职业院校课程建设，2015 年 1 月，齐齐哈尔工程学院与国内职业教育专家协商发起成立职业教育课程建设联盟，希望能在专家团队的指导下，共同探索以市场需求为导向的课程建设途径，让教育教学改革成果惠及更多的职业院校。教育部职业教育中心研究所姜大源担任联盟首届主席。一批致力于探索课程建设实践工作的职业院校形成了自己的学术组织。

二、21 世纪以来我国职业教育课程论研究的领域与发展

(一)关于职业教育课程系统内部要素的研究

关于职业教育课程本质观的问题，随着研究的深入，人们对职业教育课程本质的认识发生了转变，从学科知识本质观走向了基于工作、职业和实践等角度的多元化认识，如以下代表性观点："职业活动成为我国职业教育课程本身所固有的，决定其课程性质、面貌和发展的根本属性，所以我国职业教育课程的本质是职业活动。"①"职业教育课程就是在实践活动中，让学生获取一系列职业社会所需经验的有机系统。"②"通过课程内容、活动、目标等要素承载现代职业伦理价值对工作世界、职业定向、岗位能力的具体规定性。"③特别是超越了工作、生产的物质的角度审视职业教育课程，而确立从人的生存意义、生命意义的角度认识职业教育课程。比如，"在生存论看来，职业教育课程即体验、课程即过程、课程即交往——职业教育课程即意义生成"④。本质观问题是一个根本性问题，对本质的认识将直接制约和影响课程的行为实践，打破学科或知识本质观，认识到实践、职业、生存的本质属性，最终确立起关注个体的全面职业人格发展的职业教育课程本质观。

关于职业教育课程目标的问题，具体涉及目标取向、目标内容和目标开发几个方面。如有研究者提出，"我国职业教育'面向人人，人人都可以成才'的课程价值观需要其课程目标取向的这种超越和精神发展，但也需要发挥'普遍性目标''行为目标'的作用，形成一种新的课程目标混合取向，作为我国职业教育的课程目标取向"⑤。职业教育课程目标的内容，依据职业教育人才培养目标确定，形成了综合职业能力目标内容的观点。目前，虽缺乏可操作的职业教育课程开发技术方法的研究，但是有研究者已提出要考虑从技术发展水平、职业教育理念、职业教育模式、企业规模、生产组织方式等方面分析并开发职业教育课程的思路。⑥ 当前，关于目

---

①　邓泽民、吴学敏：《我国职业教育课程本质观与价值观的转变》，载《中国职业技术教育》，2009(36)。

②　门燕丽、周志刚：《职业教育课程本质的多元论思考》，载《职教论坛》，2011(18)。

③　肖凤翔、蓝洁：《现代职业教育课程本质探析》，载《职业技术教育》，2013(28)。

④　卢洁莹、许锋华：《职业教育课程即意义生成——基于生存论的职业教育课程价值观探讨》，载《西南民族大学学报(人文社会科学版)》，2010(8)。

⑤　邓泽民、刘京文：《面向人人的职业教育诉求职业教育课程目标取向的转变》，载《中国职业技术教育》，2009(21)。

⑥　徐国庆：《职业教育课程目标开发的多因素分析》，载《职教论坛》，2004(8 上)。

标问题研究的关键点是，职业教育课程目标要与职业标准相对接，换句话说，职业教育课程的目标定位能够符合职业工作岗位的资格要求。

职业教育课程内容问题，涉及内容选择、组织与设计等方面。即从知识的角度审视职业教育课程内容选择与开发，如从工作知识、技术知识、实践性知识、默会知识等视角探讨如何选择的问题。关于课程内容组织方面，姜大源教授提出课程内容序化的行动体系观，并且不少研究者引入德国学习领域的课程内容组织策略。"职业教育课程内容设计要处理好学术性与职业性、实践与理论、基本职业能力和关键能力三大关系。"①同时，学界关注到了一个课程内容组织表现形式方面的问题，即课程结构体系的问题，特别是从专业层面课程门类的关系的角度探讨如何构建专业课程结构，如有研究者归纳出四种模式：基于完整职业能力的课程结构、基于课程功能优化的课程结构、基于职业发展阶段的课程结构、基于生产流程环节的课程结构。②

关于职业教育课程实施的问题，代表性的研究成果如《中等职业技术学校实训课程实施现状及对策研究》《项目课程实施中的高职教师适应研究》《基于创生取向课程实施中的高职教师角色转变的研究》《工作过程导向的职业院校教师课程实施能力》。通过文献梳理发现，研究者对职业教育课程实施中的教师问题关注较多，如某类课程实施中教师角色、教师能力、教师适应性等方面的问题，认识到了教师在课程实施中的角色和地位的重要性。其实，职业教育课程实施问题具有复杂性，但从实施中所涉及的影响因素来看，有观念因素、制度因素、环境因素、物质因素、人的因素等。所以，诸如校企合作机制、实践体系环境、相关实训设备等均是课程实施问题研究的范畴。

关于职业教育课程评价问题。在当前职业教育质量价值诉求的大背景下，学界开始关注职业教育课程质量保障的问题，"各职业院校都在搞新课程开发，但对课程如何评价没有通盘的考虑和安排，更没有对课程评价进行专门的组织和规划。整个课程开发过程缺乏一个对课程整体反思的环节"③。"如何通过适切的课程评价随时诊断课程设计和实施中的问题，及时修正课程，从而保证职教课程改革顺利进行是当前职业教育的一项重要课题。"④其实，保障问题中的一个基础性难题，是职业教育课程的评价标准问题，即合理的科学的职业教育课程的标准是什么？这是质量保障的依据，这一问题有待解决。

随着职业教育建设的制度化、标准化工作的推进，课程标准问题逐渐浮出水面，课程标准的开发、课程标准与职业标准对接、课程标准体系建设、课程开发的标准等问题受到关注。此外，有部分研究成果关注到了职业教育课程领导问题[《论

---

① 龚雯：《职业教育课程内容设计中的三大关系》，载《现代教育管理》，2010(7)。
② 赵文平：《职业院校专业课程结构设计的几种模式评析》，载《职教论坛》，2015(6)。
③ 袁丽英：《课程评价：职教课改中的重要环节》，载《职教论坛》，2010(12)。
④ 袁丽英：《职业教育课程评价要抓住三个关键》，载《中国教育报》，2009-10-12。

职业教育课程领导》(徐佳，2009)]、职业教育课程政策问题[《新中国中等职业教育课程政策研究》(王坤，2014)]、职业教育课程整合问题、职业教育课程管理问题和中高职课程衔接问题。

(二)关于职业教育课程形态或模式的研究

随着职业教育改革理念的推进，实践中的职业教育课程形态日益走向多元化，理论界和实践领域中形成了多种职业教育课程形态或模式。其中21世纪以来所出现的并被广泛关注的典型研究成果有以下几种。

关于工作过程课程的研究。首先，确立工作过程课程观，以工作过程知识、工作过程理念引导职业教育课程开发，姜大源教授从基于学科知识系统的学科体系到基于工作过程系统的行动体系转变的角度讨论工作过程课程开发的理论基础问题。其次，学界关注了工作过程课程开发的策略与方法问题，"工作任务分析——行动领域归纳——学习领域转换——学习情境设计"。再次，工作过程课程建设的师资队伍支撑问题得到关注，2007年7月20日在北京联合大学召开了"职业教育基于工作过程的课程设计与教师教育国际研讨会"，与会者实质上关注到了推动工作课程开发与实施的教师队伍建设问题。之后有学者研究《工作过程系统化课程改革下教师心理不适及对策研究》(康小华，2009)、《基于工作过程导向的课程模式下职教教师胜任能力素质分析》(路姝娟、蒋鸣，2012)、《工作过程导向课程实施中教师的角色定位》(赵文平，2013)等。

关于项目课程的研究。华东师范大学徐国庆教授的《职业教育项目课程开发指南》是系统研究项目课程的一本专著，具体讨论项目课程内涵、项目课程理论框架、项目课程开发的可能性、设计项目课程体系、组织项目课程开发等几个问题。随后，学界对项目课程研究也日益深入，如《项目课程开发与实施中的中职教师能力需求研究》(蒋春燕，2010)、《项目课程实施中的高职教师适应研究》(杨萍，2011)、《项目课程视角下中职教师课堂教学设计的能力结构及形成策略》(杨秀梅，2011)等硕士学位论文。

关于一体化课程的研究。代表性的研究成果如赵志群的工学结合一体化课程开发和李雄杰的理实一体化课程研究，均对其内涵、基础和开发的思路策略进行了较为系统的研究。此外人力资源和社会保障部颁布的《一体化课程开发技术规程》规定了一体化课程概念及开发原则、一体化课程内容结构与方案编写体例、一体化课程开发程序。其实，一体化课程的提出更多是着眼于职业教育课程实践中所出现的二元矛盾对立的难题，所以也形成了多角度认识一体的思路，目标层面上认知与情感一体、内容层面上理论与实践一体和学术与职业一体、方法层面上工作与学习一体、效果层面上过程与结果一体。但是对于一体化课程如何有效落实与质量保障的问题还没有关注。

（三）关于职业教育课程的多理论视角研究

职业教育课程的职业视角研究。首先认识到职业教育课程的职业性特点[1]，并进一步从不同的职业理论要素与职业教育课程的关系角度展开研究。比如，将职业素养作为职业教育亟待关注的课程研究领域[2]，研究职业教育课程与职业标准对接问题、基于职业能力构建课程体系问题、职业教育课程与企业关系问题。

职业教育课程的文化视角研究。相关研究者认识到职业教育课程的文化特性，"是职业教育课程改革过程中所表现出的一种对传统课程的批判、建构的品性，是课程文化价值取向的生成与创新的体现"[3]。他们还关注了职业教育课程设计的多元文化基础，强调课程设计中考虑学习者个性价值、教师在课程选择方面的多元文化意识、社会文化的时代性、课程文化资源的开发等方面是课程设计的文化基础[4]，强调企业文化、职业文化、技术文化融入课程建设。

职业教育课程的知识视角研究。课程始终与知识分不开，研究课程也离不开知识问题。引入不同的知识观视角解答课程开发的难题，如徐国庆提出将工作知识作为职业教育课程内容开发的新视角，引入工作知识的分析视角，从而克服传统分析框架中的技术与观念困境，有效地促进以工作知识为主体的职业教育课程内容体系的建立。[5] 此外，还有观点主张基于技术知识的难言性特点的职业教育课程开发[6]、工作过程知识导向的职业教育课程开发[7]。

职业教育课程的技术视角研究。技术对职业教育课程具有规定性。[8] 技术对职业教育规制主要通过课程来实现，表征为对职业教育课程目标、课程结构、课程内容、课程实施及评价的规制。从技术哲学视角分析技术对职业教育课程的规定性，将会加深对职业教育课程特性的认识，更有利于职业教育作为一种教育类型健康发展。

（四）关于职业教育课程的国别研究

注重对国外职业教育课程研究成果的引介，是近年来我国职业教育课程研究的一大特点。以姜大源教授、赵志群教授和徐涵教授为代表的一批学者专门系统地引介德国职业教育课程理论，形成了基于工作过程系统化的课程理论成果，《"学习领域"——工作过程导向的课程模式——德国职业教育课程改革的探索与突破》（姜大源，2004）、《论职业教育工作过程导向的综合性课程开发》（赵志群，2004）、《德国

---

① 何金伟：《高等职业教育课程职业性研究》，硕士学位论文，湖南大学，2006。

② 许亚琼：《职业素养：职业教育亟待关注的课程研究领域》，载《职业技术教育》，2009（19）。

③ 陈新文：《试论职业教育课程文化特性》，载《教育与职业》，2007（21）。

④ 刘洁：《试论职业教育课程设计的多元文化基础》，载《高等职业教育——天津职业大学学报》，2008（4）。

⑤ 徐国庆：《工作知识：职业教育课程内容开发的新视角》，载《教育发展研究》，2009（11）。

⑥ 董仁忠：《基于技术知识难言性特点的职教课程开发》，载《职业技术教育》，2006（4）。

⑦ 赵昕：《工作过程知识导向的职业教育课程开发》，载《职业技术教育》，2007（7）。

⑧ 唐锡海：《技术对职业教育课程的规定性》，载《天津大学学报（社会科学版）》，2015（5）。

学习领域课程：职业教育教学体系的转变》（徐涵，2015）。引介澳大利亚职业教育课程质量保障的经验，如吕红的博士学位论文专门系统地从澳大利亚职业教育课程质量保障体系的价值取向、质量标准体系、质量条件投入体系、质量分权管理体系、质量多元评价体系等方面介绍了澳大利亚职业教育课程质量保障体系。此外还有研究者从课程内容标准体系，课程设计、认证和注册标准体系，课程实施条件标准体系三个方面对澳大利亚职业教育课程质量标准体系进行系统介绍。[①] 对美国职业教育课程的研究，涉及基于美国国家技能标准的职业教育课程开发技术、美国职业教育课程体系顶层设计、美国职业教育课程质量评价、美国职业教育课程整合等问题。相对于对德、澳、美的职业教育课程的研究，对英、日、俄等国职业教育课程的研究偏少。

三、对我国职业教育课程论研究的反思与展望

（一）反思

相当一部分基础理论问题仍然没有得到解决。现有研究成果多为以解决实际问题为重点的应用研究，而以建立学科、构建学科体系为重点的理论研究相当缺乏，指引实践改革的职业教育课程基础性理论问题没有得到解决。比如，职业院校学生的内在学习规律实质上是职业教育课程开发的一个重要基础性课题，但是学生的学习规律，特别是技术技能成长的规律问题没有得到解决，也就未能为课程开发提供科学依据。再如，作为课程研究的一个核心领域，职业教育课程开发中所涉及的知识究竟是什么样的？以技能性和实践性知识来说，这些知识的表现形态是什么？学生如何获得这些知识？这些基础理论问题是课程内容选择组织的依据。现有相当一部分研究成果处于实践探索的经验层面，尚未上升到问题背后的实质性基础理论难题的解答层面。

与上述问题一样，停留在经验层面的应用研究也暴露出元研究缺乏、学科意识淡薄的问题。对已有研究不断做反思性的元研究，恰恰说明研究领域的成熟，也能够为研究领域的发展找到新的方向。所谓元研究，是指对职业教育课程的研究，这也反映出当前我们的职业教育课程尚未上升到学科建设的高度，仍然处于为了实践而实践的经验层面。

独立的专门的颇具影响力的学术组织有待进一步提升建设。与普通教育的课程论专业委员会相比，职业教育课程研究还没有那样的规模和制度化氛围。这在某种程度上造成我们的研究者缺乏研究方向归属感，而通过专门的学术组织的学术活动可以凝聚研究领域的方向感和一致性的行为。中国职教学会作为一级学会，下设围绕教学、管理、科研、德育、学生等方面的 30 个分支机构，只是将课程研究会作为教学工作委员会下设的一个学术机构，没有将其独立出来与教学工作委员会、师资专业委员会平级设置，高层次的职业教育课程研究学术组织尚未建立。

[①] 许露、庄亚明：《澳大利亚职业教育课程质量标准体系及启示》，载《职教论坛》，2011(12)。

学术话语欠规范的问题，特别是近些年，关于职业教育课程方面的一些新的概念术语层出不穷，一方面反映出职业教育课程研究的学术繁荣，我们不断提出新概念、新理论；另一方面也折射出了一些问题，学术话语的规范性不足，理论派别各自为政，其背后实质性的出发点是完全一致的，但话语的混乱给实践带来了方向指引的抉择难题。比如"基于学生职业素质的高职课程体系模式建构""以培养职业素质为核心的中职课程结构的构想""技工院校学生职业素养课程体系的研究""高职生基本职业素养课程体系构建"的研究，"职业素养"与"职业素质"的课程研究，从严格意义上说是有区别的，但是从文献中很难看出二者的区别，研究者对于基本学术概念的使用存在不规范的问题，课程研究话语混乱现象普遍存在。

（二）展望

1. 基于实践问题解决的理论自觉研究范式

正如靳玉乐教授所揭示的："我国的教育研究向来存在诸多悖论现象，举凡注重理论探讨，但不能致力于提炼高度概括力的学科范畴；热衷开展教育实验，但疏于对实验现象做深度理性的思考和提升，不由之归结出新的理论问题和结论，不能将之自觉融入先前积累的理论知识之中，没有沿着问题—实验—反思—推演—理论—新的实验这一人类探究活动的基本脚本进行下去；注重教育实践考察，但却为实践而实践。"[1]职业教育课程研究也大抵如此，始终不能在实践中形成普遍性理论，始终不能将现有的理论付诸实践。"我们之所以首先提出走向实践的教育研究，主要因为当今中国的教育状况有别于中国传统教育发展逻辑，也区别于西方理论视野下勾画出来的现代教育形态。"[2]"理论自觉在本质意义上是基于实践的理论创新的自觉。"[3]当前我国的职业教育课程是在社会主义现代化推进过程中对技术技能人才新需求背景下产生的，是我国职业教育发展本土背景下的职业教育课程，"我们不能老依赖别人，靠知识输血过日子，而要有自己的文化精神生长点"[4]。所以，我们要面向我国当前的职业教育课程实践，一定要研究中国本土的职业教育课程问题，在吸收借鉴与本土生成之间，发现、研究和解决我们自己的实践问题，构建本土的职教课程理论体系。

2. 不断拓展新的研究问题域

在此，笔者提出拓展研究问题域的四种思路。第一种思路，从领域或学科交叉的角度发现新的研究问题域，比如职业教育课程的技术哲学、职业教育课程的伦理学、职业教育课程的文化学等研究域。第二种思路，从问题本身所涉及层面剖析问题，每一问题的研究均可以从本质、价值、事实和行为四个层面去研究，比如职业教育课程评价的本质要素、职业教育课程评价的价值、职业教育课程评价的现状、

---

① 靳玉乐：《当前教育科学研究的几个问题》，载《教育研究》，2007(5)。
② 靳玉乐：《当前教育科学研究的几个问题》，载《教育研究》，2007(5)。
③ 李向阳、李清华：《理论自觉是一种责任担当》，载《光明日报》，2012-10-04。
④ 王岳川：《发现东方》，3页，北京，北京图书馆出版社，2003。

职业教育课程评价的方法等问题域。第三种思路，从实践中遇到的难题或矛盾去升华问题域。以职业教育课程实施问题域为例，该问题域中仍然有很多值得深入研究的问题：职教课程实施中的教师适应性、职教教师课程意识、职教教师课程实施能力、职教教师课程开发能力、工作过程课程实施问题、项目课程实施问题、行业企业参与课程实施、"双师型"教师的课程角色，等等。目前在理论和实践中人们均认识到了教师在课程开发中的主体作用，但是教师课程开发的主体作用却发挥得不够，对于职业教育教师课程开发的相关问题有待加强研究。课程开发中教师所扮演的角色和发挥的作用，教师课程实践中如何进行二次课程开发？职教教师应具备什么样的课程能力？职教教师课程开发能力现状如何？如何对其进行培养？这些相关问题还未得到解答。培养和提升职业教育教师课程开发能力是一个重要的课题。第四种思路，学术研究与政策需求互动，拓展政策研究视域，比如《国家中长期教育改革和发展规划纲要（2010—2020 年）》明确指出，"积极推进学历证书和职业资格证书'双证书'制度，推进职业学校专业课程内容和职业标准相衔接"。那么，课程内容与职业标准相衔接的问题就是一个新的问题域。

3. 心理学、技术学、职业学、知识学等其他学科理论的介入

"职业教育研究呼唤多学科背景构成的科研群体，加强团队合作，群体攻关。研究问题的复杂性，涉及知识的多样性，决定了其研究主体的群体合作性。比如，技能教学问题既涉及技能心理问题，也涉及教学论知识，还涉及具体某一专业的技能问题，这就需要研究技能教学问题的主体由心理学、教育学、工学等多学科背景的人员构成。"[1]前文梳理了职业教育课程的多理论视角研究，还不敢说是多学科视角研究，因为已有研究实质上还未真正全面引入其他学科理论，也注定了我们的研究还未能全方位深入借鉴其他学科。帕森斯（T. Parsons）指出，"人类行为领域中优秀的一般理论不管它怎样坚定地扎根于一门学科之中，但它必然是跨学科的理论"[2]。我们既未利用好成熟学科理论成果，也尚未开发新的学科理论研究。在此，笔者呼吁未来的研究要深入其他学科内容，跨学科深入开展研究。比如心理学，特别是技能发展心理学和职业心理学为职业教育课程研究所提供的理论基础作用有待进一步发挥。比如基于职业标准的职业教育课程体系建设，具体可以讨论的问题有基于职业标准的职教课程目标取向、基于职业标准的职教课程内容选择、基于职业标准的职教课程结构构建、基于职业标准的职教课程评价建设、职教课程与职业标准对接的策略、职业教育课程研究的职业科学基础，等等。比如专业课程的目标应基于国家职业标准的规格要求。职业教育以某一技术或职业岗位（岗位群）的职业能力培养为目的，因此专业课程目标的开发应该根据国家职业标准的相应等级的能力要求准确定位，以某一岗位所需的理论知识和技术技能为依据，实施有针对性的人

---

[1]　赵文平：《我国职业教育研究的方法论思考》，载《职业技术教育》，2013(16)。

[2]　［美］帕森斯：《社会学中的一般理论》，转引自［美］乔治·A. 比彻姆：《课程理论》，黄明皖译，10 页，北京，人民教育出版社，1989。

才培养。再如知识论视角中的课程开发问题。知识是课程的根本性问题。知识观决定着课程观、课程开发、课程设置、课程实施等。只有从本质上研究课程问题，才能寻找到根本性的出路。比如，职业教育课程知识的本质特征是什么？分析技能性知识的课程论意义、职业教育课程知识的个体属性，还可以深入研究技能性知识如何获得、技术知识如何获得、工作知识如何获得等问题，进而为课程开发奠定知识论基础。

4. 研究学术共同体的建立

可以说，当前我国职业教育课程研究还处于起步阶段，也可以说职业教育课程研究还处于体系构建阶段，尚未达到流派纷呈、百家争鸣的成熟发展阶段，因为针对诸多问题还未形成基本的研究体系，需要学术研究合力和学术研究共识。中国职业教育课程研究迫切需要形成学术共同体。美国科学哲学家托马斯·库恩(T. Kuhn)在《必要的张力——科学的传统和变革论文选》一书中对科学共同体这一概念做了专门论述："科学共同体是由一些科学专业的实际工作者所组成的。他们由他们所受教育和见习训练中的共同因素结合一起，他们自认为，也被人认为专门探索一些共同的目标，也包括培养自己的接班人。"[1]从科学共同体这一概念引申出学术共同体，学术共同体成员以学术研究为旨趣，用学术把不同背景的研究人员联系在一起，强调学术研究人员所具有的共同信念、共同价值，遵守共同规范。这里所说的研究学术共同体应在学科体系、研究方法、思维方式、话语体系等方面形成一致性的表现，可以有争论和不同的观点，但是对基本问题应形成共识，比如对于职业教育课程开发的基本依据问题和逻辑起点问题，应有共识，这是开展职业教育课程开发的立足点。职业教育课程研究学术话语的一致性，可以有多重视角的看法，但是基本概念应该是一致的，不应出现"张三用 A 术语说 B、李四用 C 术语说 B"的状况。

---

① ［美］托马斯·库恩：《必要的张力——科学的传统和变革论文选》，范岱年等译，293～294页，北京，北京大学出版社，2004。

第二章

职业教育课程的本质

　　所谓本质，是指事物本身所固有的根本属性，是一事物区别于其他事物的根本性所在。本质问题具有导向性，只有准确把握职业教育课程的本质，才能真正认识职业教育课程，进而才能合理开展职业教育课程开发、设计与实施活动。那么，到底如何理解职业教育课程本质？本章在课程本质的基础上，探讨职业教育课程的本质，进而分析职业教育课程观。

第一节　课程的本质①

一、关于课程基本含义描述的分析

　　在中国，"课程"一词最早出现于唐朝。唐朝孔颖达在《五经正义》里为《诗经·小雅·巧言》中"奕奕寝庙，君子作之"一句注疏："维护课程，必君子监之，乃依法制。"《诗经》里的"奕奕寝庙，君子作之"，直解为"宏伟的殿堂，由君子主持建成"，这里"奕奕"形容"宏伟"状；"寝庙"指殿堂、庙宇，喻伟大的事业；"君子"乃指有德者。全句的喻义为："伟大的事业，乃有德者维持"。孔颖达用"课程"一词指"寝庙"及其喻义"伟业"，其含义十分广泛，远远超出了学校教育的范围，但是也表明课程这项事业非一般人物来操持，需要有德者来维持。宋朝朱熹在《朱子全书·论学》中频频提及"课程"，如"宽着期限，紧着课程""小立课程，大作功夫"等。朱熹的"课

　　① 本节内容在赵文平发表的《论课程作为教育过程中生成的文化事件——基于复杂科学理论的审视》一文基础上修改，该文全文发表于《当代教育科学》2012 年第 5 期。

程"主要指功课及其进程。前句意为时间要放得宽一点，但课业要抓得紧一点。也就是说，读书不能求速成，但必须抓紧时间，振作精神，不能疲疲沓沓，松松垮垮。后句的意思是说学习内容要精简，但要下大功夫去钻研、思考，以求巩固。朱熹的课程含义趋近于今天我们所讲的课程。

在西方，课程一词为"currere""to run""curriculum""course"(race course)，指"跑的过程和经历"。英国著名哲学家、教育家斯宾塞(H. Spencer)在1859年发表的一篇著名文章《什么知识最有价值》("What Knowledge is of Most Worth")中最早提出"curriculum"(课程)一词，意指"教学内容的系统组织"，其表现形式就是学科。其实，课程这一词源于拉丁语"currere"，意思是"运行"。这意味着课程的功能之一是提供一个模板或设计，使学习能够进行。课程通常被从知识、技能和态度方面定义为计划中预期要进行的学习，它们应规定主要的教学、学习和评估方法，并提供有效的传递手段。也正如班迪和威尔士(Bandi & Wales，2005)所指出的："对于许多学生来说，学校课程是跑道，一系列障碍或跨栏(科目)将要被通过。"[For many students，the school curriculum is a race to be run，a series of obstacles or hurdles (subjects)to be passed.]

目前学术界对课程这一概念有着多种描述。据美国学者鲁尔(Ruhr)统计，课程这一术语至少有119种定义。诚如美国课程论学者斯考特(R. D. V. Scotter)所言："课程是一个用得最普遍但定义得最差的教育术语。"坦纳夫妇(Daniel Tanner & Laurel N. Tanner)在《课程发展：从理论到实践》(1980)一书中，将美国课程论界提出的课程定义分为九大类，加上他们自己的课程定义，共十种：(1)有组织的知识积累；(2)思想范型；(3)种族经验；(4)有指导的学习经验；(5)有计划的学习环境；(6)认知情感内容和过程；(7)教学计划；(8)学习目的或结果；(9)生产的技术系统；(10)知识和经验的重建。① 由于课程自身的复杂性及课程学者所处的时代、社会背景及研究视角和目的之不同，课程概念至今尚没有具有普遍性的科学定义。随着当前课程理论和实践的蓬勃发展，学者对课程的理解日益多样化，提出了多种多样的课程本质观。笔者试图通过对学者提出的课程本质观概念进行梳理，以复杂科学理论为方法论指导，提出一种粗浅的认识。

二、对已有课程本质观的反思

随着当前课程理论和实践的蓬勃发展，学者们对课程的理解日益多样化，提出了多种多样的课程本质观。比如，课程是学校里教授的东西、课程是一系列的学科、课程是内容、课程是学习的项目、课程是一系列的材料、课程是一系列的科目、课程是一系列的行为目标、课程是在学校里发生的所有事情(包括课外活动、指导和人际关系等)、课程是学校里所教的东西、课程是经学校所计划的事情、课

---

① 北京师联教育科学研究所：《各国(地区)课程理论与实践》，15页，北京，学苑音像出版社，2004。

程是学习者在学校里所经历的一系列经验，等等。通过对各种本质观进行梳理，笔者发现大致有以下几种典型代表，现从复杂科学的视角分别对其进行检讨。

（一）课程即教学科目

这种课程本质观把课程理解为教学科目，课程是由一系列学科化的知识领域所组成的。其优点在于重视知识和学问的传授。但是这种本质观引起我们批判的原因有三个。其一，把课程局限在内容范畴上，与过程相割裂，是一种典型的"还原论"思维。法国复杂性思想家埃德加·莫兰（E. Morin）指出，"还原原则把对一个整体的认识引导到对其部分的认识，仿佛一个整体的组织并不产生相对于被孤立看待的部分的崭新的性质或属性"[1]。还原的思维导致把复杂的东西化归为简单的东西，还原的原则遮蔽了随机性、新事物、创造性。其二，把课程简化还原为教学科目或学科课程，没有从全方位角度和整体性思维出发去关注学生的多方面需求，忽视了活动课程和潜在课程等方面。其三，这种课程本质观把课程看作一种静态化的、预设化的存在，把课程视为外在于学习者的静态的东西，课程是有关专家提前预设编制好的一系列科目，对学生的个性化经验和具体教育情境关注甚少，课程是既定的、先验的和静态的，忽视了课程的动态性和生成性。

（二）课程即教学计划

这种观点把教学的内容、序列和进程，甚至把教学方法和教学设计都包含在内，把所有开展教学的计划视为课程，既注重教学内容的安排，也强调教学活动过程的预设，课程涵盖的范围增大了许多。但是这种观点值得反思的是，其一，过分注重了课程的计划性，就必然忽视课程活动中的"难以预测性"的随机性，教育或课程活动中总是存在一些难以预测的教育情境和事件，排除了特定的教育情境和突发教育事件，把课程简单界定为教学计划，必然使得课程缺乏动态性和生成性。其二，把课程视为教学计划，往往把目光集中在了可预设的教学计划和可观察预料到的活动上，而对学生的个体体验关注甚少，忽视学生个体在课程中的主体地位和积极建构课程意义的作用，不利于学生发展。

（三）课程即预期的学习目标或结果

这一课程本质观受心理学上的行为主义和管理学上的泰勒主义影响，强调目标预测、行为控制和工作效率。把课程看作预期的学习目标和结果，重视了目标和结果，是有一定意义的，有利于预设符合目标的课程。但是从复杂科学的视角来看，这种课程本质观的核心不足之处在于，重视目标和结果却忽视了过程，忽视了过程中的非预期的结果和目标。一般所预期的结果和目标是普遍的统一的结果和目标，往往不能照顾学生个体差异，同时这些目标和结果都是成人或专家事先规定和预设的外在性的东西，是一种单向的强加，并没有学生的互动参与来决定自身的学习目标和结果，缺乏多方的对话，这也是其问题之所在。

---

[1]　［法］埃德加·莫兰：《复杂性理论与教育问题》，陈一壮译，30页，北京，北京大学出版社，2004。

(四)课程即学习经验

课程即学习经验，超越了传统的只从学科层面和教师教的角度解释课程，而突出了经验和学生的地位，改变了传统"见物不见人"的倾向。这种课程概念源于杜威的实用主义教育理论：教育即经验的不断改造，课程应该与学生的生活经验相沟通，课程就是学生的学习经验。每个学生都是一个独特的生命体，学生的学习需求和经验各不相同，所以课程取决于学生个体的学习经验，而不是由教师决定的。课程是"具体存在的个体"的"活生生的经验"或"存在体验"。值得肯定的是，这种课程本质观重视学生的存在和经验，把学生纳入课程当中。但是不足之处：一是容易忽视系统知识的学习和掌握，容易抹杀教师的引导作用；二是经验是一种很宽泛的概念，不是什么经验都能拿来做课程，这种观点未能指出学校提供什么样的经验和学生获得什么样的经验，概念比较模糊。

(五)课程即学习活动

把课程视为教学科目，教师容易把握，但是易导致"见物不见人"的问题，而把课程视为经验，突出了学生的地位，解决了"见物不见人"的问题，但是又因为经验的宽泛导致概念模糊和难以操作的问题。有学者试图折中二者，改变要么追求学习经验、要么追求教学科目的二元对立思维，于是提出课程即学习活动的概念——课程是学生自主的学习活动。这种概念把活动纳入课程当中，关注学生的兴趣和需要，发挥学生的主动性和积极性，但是它的问题在于：活动只能是课程的组成部分或者说活动是实现课程目标的手段，活动本身不能涵盖课程的全部；把课程简单地界定为学习活动，其实质也是一种"还原论"的思维，没有真正把握课程的丰富和全面的内涵。

以上几种具有典型代表意义的课程本质观均存在诸多不足之处，没有对课程做出全面准确的解释。究其原因，笔者认为它们均从简单化思维出发而没有准确认识到课程的复杂性，仅仅从一端看待课程而显得片面化。

三、课程作为教育过程中生成的文化事件及发展资源

以复杂科学为思想基础，对已有课程本质观进行详尽的检讨之后，笔者力图克服已有课程本质观所存在的静态性、封闭性、简单性等弊端，尝试提出课程是一种教育过程中生成的文化事件及发展资源的本质观，进一步把课程界定为在特定的教育情境中多主体对话互动、动态生成的促进学生个体发展的文化事件及发展资源。

(一)课程是所发生的事件

以往，我们没有看到课程的过程性和非线性特征，而将课程简单地理解为计划或科目，实质上是忽视了过程中所生成的内容和问题。在复杂科学看来，事物发展过程中所生成的每一个微妙事件都可能对事物发展的全局产生决定性的影响，甚至全息着事物发展的整个进程。因此这种事件是不可轻易忽视的。课程其实就像复杂科学所主张的那样，是一种过程中所发生的事件。正如伊丽莎白·琼斯(E. John)和约翰·尼莫(J. Nimmo)在《生成课程》中指出，课程即所发生的事情。他们认为，

"课程是一个教育环境中实际发生的事情——不是理性上计划要发生的事，而是真正发生的事情"①。波斯纳等人曾经把课程理解为"人们能够学习到的事件"②。课程专家史密斯(D. Smith)也认为，把课程理解为"事件"则在一定程度上使课程趋向于统整，使课程在知识与情感、动态与静态、过程与结果等方面实现统一。③ 当然这种事件不是一般意义上所说的历史上、社会上或日常生活中发生的不平常的事情，而实质上是在教育过程中所预期设计的和突发生成的能够促进学生发展的一系列事物情境。之所以将课程理解为所发生的事件，一是因为这种所发生的事件能够揭示出课程的内在属性即生成性。长期以来，受本质主义思维的影响，课程被看作预成的结果，形成了一种预成课程观。生成性思维是现代哲学的基本精神和思维方式，其基本特点是：重过程而非本质；重关系而非实体；重创造而非预定；重个性、差异而非中心、同一；重视非理性而非工具理性。在生成性思维指导下，课程的生成性得到彰显。课程不再是静态预设的文本或计划，而是动态生成的事件；师生之间不再是二元对立的教与学的关系，而是"我—你"之间平等的对话关系。二是因为这种所发生的事件能够使课程回到事情本身或现实生活世界。由德国哲学家胡塞尔(E. Husserl)创立的现象学主张"回到事情本身"的方式和"生活世界"理念，呼唤教育关注学生身边的事情，回归学生的生活世界。事件的课程本质观将科学世界与生活世界很好地整合起来。

(二)课程是一种文化存在事件

事实上，就课程功能而言，课程就是一种传承文化、创造文化的活动；就构成课程的相关要素而言，诸如人(教师、学生、课程专家、学校领导和家长等)、物(教材)、环境(学校、社会)都是一种文化存在；就课程的表现形态而言，诸如教学科目、教学计划、目标、活动和经验等，均是一种文化存在。总的看来，课程是一个文化存在。这里的文化不是与经济、政治、科技、自然活动领域或其他具体对象相并列的一个具体对象，而是内在于人的一切活动之中，影响人、制约人、左右人的行为方式的深层的、机理性的东西。文化是一种动态意义上的对人的栽培、对人的性情陶冶和品德的培养，即人文化成。课程就是这种对人栽培的、促进人文化成的事件。实质上，课程作为一种人与文化之间的中介，承载着把自然人培养成为文化人的使命，课程的内在属性之一就是文化性，因此课程作为在教育过程中生成的事件，是一种文化存在事件。不具有文化意义和价值的事件不是课程本身，课程本身所要求的是那种文化存在事件。

① ［美］伊丽莎白·琼斯、约翰·尼莫：《生成课程》，周欣等译，20 页，上海，华东师范大学出版社，2004。

② Walter Doyle, "Curriculum and Pedagogy," in Philip W. Jackson, *Handbook of Research on Curriculum*, New York, Macmillan Pub. Co., 1992, p. 508.

③ ［美］James A. Beane：《课程统整》，单文经等译，32 页，上海，华东师范大学出版社，2003。

（三）课程是在学校场域中生成的发展资源

在上述观点基础上，笔者进一步将课程理解为学校场域中生成的发展资源。首先，课程是一种发展资源。"将课程理解为发展资源，主要强调：第一，从与发展关系的角度理解课程的本质。凡是对学生发展有价值、有影响的东西，不论是知识、经验、环境、活动，或其他什么东西，均有可能成为课程。这是建立广义课程概念的根本标准。这种广义的课程概念为在课程编制和开发中广泛利用生活中的各种资源，以促进学生更好地发展，提供了理论依据。第二，对于实际的发展而言，课程只是一种'原材料'，是一种有待学习者加工、改造、作用的对象。课程作为发展资源只具有可能的发展价值，而不是现实的发展，其发展价值的实现还有赖于它对学习者已有知识经验及学习兴趣需要的适应性，以及学习者对其进行的能动作用。"①其次，课程是在学校场域中生成的发展资源，此处强调学校场域。正是每一所学校所处的地区、文化背景的差异决定了其存在独特性，学校对学生产生的影响不仅来自官方课程的统一性，而且来自每所学校带给学生的差异性。学校场域正是体现出一种个性的发展资源。另外，课程是在学校场域中生成的，并不是完全由官方预设，而是基于学校情境的一种改造和创生。其实课程作为学校场域中生成的发展资源这一本质观，已经克服原有课程本质观的不足，并赋予课程新的意义。

（四）课程是多主体对话互动的产物

以往课程是某一方面或几方面少数群体的集权产物，不论是教学科目还是教学计划都是教师或专家预先设计的产物，他们依据的是成人对学生的期望，很大程度上是一种强加，没有与学生甚至家长等方面进行互动和对话；乃至课程即学习经验，这种经验过分强调学生的生成，而缺乏与教师的互动及教师的指导，这也是一种单方面的产物。我们呼唤合作对话，所追求的课程是一个多主体对话互动的产物。这种过程中生成的文化事件就是文本、情境、教师和学生等多主体的对话互动产物。其实早在20世纪七八十年代美国课程论专家施瓦布（J. J. Schwab）就提出了实践性课程的开发方法，即集体审议，强调以学校为基础建立"课程集体"，课程集体由校长、社区代表、教师、学生、教材专家、课程专家、心理学家和社会学家等组成，这是一种民主的课程开发组织。

此外，本概念将课程看作在特定教育情境下的和动态生成的，突出课程的情境性和动态生成性。总之，将课程看作在特定的教育情境中多主体对话互动、动态生成的促进学生个体发展的文化事件及发展资源，改变以往众多概念所忽视的难以预测的特殊教育情境、忽视多方面的对话互动，把课程看作静态预设的产物、把课程简单化为教学科目或教学计划或学习经验等方面带来的不足。在此，笔者所理解的课程未必是真理，仅仅是一孔之见。但是值得我们关注的是，我们应该站在多角度

---

① 陈佑清：《课程即发展资源——对课程本质理解的一个新视角》，载《课程·教材·教法》，2003（11）。

去理解课程。正如后现代课程大师多尔（William E. Doll，Jr）所认为的，"课程不能再是单一的，不能只是一个代表一系列学程的名词。课程必须发展其多元的个性。我已经建议并且探索了其中的几种个性——作为动态的课程、复杂系统、宇宙论、会话和共同体"①。

四、课程作为教育过程中生成的文化事件及发展资源之特点

（一）统整性

复杂科学理论认为复杂事物是一个由各种要素组成的整体系统，整体大于部分之和，构成事物的各要素不是简单的相加，它们是构成整体的要素，某个要素始终和整体中的其他要素在相互联系中发挥作用。复杂科学进一步要求我们坚持"非还原论"或整体性的思维看待事物。所谓非还原论就是强调不要孤立地看待构成事物的要素，不要把整体简单地还原为要素，不要割裂要素之间的彼此联系，进而要整体性地把握事物。课程是一个具有整体性的复杂系统，其统整性表现在，一是课程在于培养整体性的、全面发展的学生，既使学生获得知识与技能，又培养学生的学习过程与方法、情感态度与价值观；二是课程的内容既有学科知识，又有经验和活动，学科知识既有自然科学知识，又有社会科学知识和人文科学知识；三是从课程结构来看，课程是一个由众多学科构成的整体系统，在类型上既有必修课，又有选修课，既有综合课，又有分科课，等等；四是课程由多种因素共同作用而生成并促进其发展，单靠某一方面是不能生成优质的课程的，不能使其得到良好发展，多种因素是指人的因素、物质的因素、制度的因素、文化的因素等多方面。

（二）动态生成性

复杂科学理论认为事物的发展总是充满不确定性和随机性，在事物的发展过程中有着许多难以预测的事件，事物总是随着具体的情境而不断动态变化。事物在动态生成中寻求有序和无序、平衡和不平衡的合力点。课程不是固定不变地处于静态之中，也不是一下子就能形成的，课程处于动态和生成之中，具有动态生成性，同时课程是一个过程而不是结果。在美国课程论专家古德莱德（J. I. Goodlad）看来，课程经历着一个"理想的课程→正式课程→领悟课程→运作课程→经验课程"动态发展的过程，课程不是一成不变的。以课程实施来说，它不是一个静态的一成不变地执行课程计划的过程，而是一个动态的不断调整课程计划或实施策略的过程，甚至是一个再创造课程意义的过程。实施过程中的不确定性因素和难以预测的特殊教育情境促使课程实施做出动态调整以增强课程方案的适应性。正如多尔的观点，"课程包括正式的内容和过程以及非正式的内容和过程，是学习者在学校支持指导下获得知识理解、开发技能、转变态度感受和价值的过程"②。所以，与其说课程是预

---

① ［美］小威廉姆·E. 多尔等：《课程愿景》，张文军等译，59 页，北京，教育科学出版社，2004。

② Ronald C. Doll，*Curriculum Improvement*：*Decision Making and Process*（9th ed.），Boston：Allyn and Bacon，1996，p. 15.

期的目标或结果，不如说课程是在教育过程中所生成的文化事件；与其说课程是"跑道"，不如说课程是"在跑道上跑"。也正如丹尼尔·塔纳（Daniel Tanner）和劳叶尔·塔纳（Laurel Tanner）所认为的，"课程是建构知识和经验的过程，促进学习者在连续性的知识和经验的控制训练过程中不断成长"①。

（三）关系性

复杂科学理论认为，复杂系统内的一个要素并不能单方面产生某种效果，它总是和其他环境或其他要素结合起来相互作用而产生某种效果，要素的任何微小变化都可能对系统产生影响，这样促使复杂事物的发展具有一些不确定性和突变性。复杂系统由多种要素之间的关系共同作用而形成和推动其发展。课程是一个多方面相互作用和对话的结果。在美国课程论专家施瓦布看来，课程由教师、学生、教材和环境四个要素构成，这四个要素间持续的相互关系和作用构成了实践性课程的内涵，课程是由教师、学生、教材和环境之间的交互作用所生成的一种关系性事件。其实，在当代课程改革者看来，课程是一个有着更广泛的主体的相互作用的关系存在，一方面表现在教师、课程专家、教育行政部门、学校领导、学生、家长、社区、自然社会生活等方面的环境的相互关系和作用，另一方面表现在"课程之外形成的课程的母体在文化上的各种关联"②，也就是说，课程是一种文化载体的相互关系存在。

（四）开放性

复杂科学理论认为，复杂事物并不是孤立地存在，它总是与其周围的环境及外界事物分不开的，总是从周围其他事物中汲取能量，正如埃德加·莫兰指出的，"我讲的自主不再是一种摆脱任何依赖的绝对自由，而是依赖于其环境的自主，无论这个环境是生物的、文化的还是社会的。因此一个生命存在，为了维持它的自主性工作、消耗能量，显然必须利用它所依赖的环境中的能源来滋养自己"③。课程是一个开放的系统，它通过开放来交流能量和物质，进而达到自我更新和创生。以往我们没有看到课程的开放性，而把课程作为一个封闭系统来对待，泰勒的课程模式就是一个封闭的课程系统，课程按照目标来运作，课程系统被严格地控制，所处理的变量数很少，预测性很高，追求效率。关于课程的开放性，一方面集中表现在课程对外界社会、生活、自然开放，课程目标根据时代的发展和学生的需求而灵活更新，课程内容与科学文化发展的最新成果相联系，课程实施密切关注外界动态而变更自身的计划和策略；另一方面则表现在课程系统内部的开放，即构成课程系统的诸要素之间的开放，比如教师与学生之间的开放交流，师生与教育环境之间的互动等。

---

① Daniel Tanner & Laurel Tanner, *Curriculum Development：Theory into Practice*（3rd ed.），New York：Merrill, 1995, p. 189.

② 钟启泉：《现代课程论》，150 页，上海，上海教育出版社，2003。

③ ［法］埃德加·莫兰：《复杂性理论与教育问题》，陈一壮译，215 页，北京，北京大学出版社，2004。

(五)情境性

复杂科学理论认为，事物的发展过程中总是突现一些随机性的事件或因素，正是这些随机性的突发事件扰乱了事物本来发展的秩序，复杂事物要关注这些突发性的随机事件，做出一些情境性的自组织调整策略。课程同样会面临一些突发性的随机事件，所以课程应该表现出情境性，如果只把课程视为特定教育情境之外所预设的目标、计划或预期结果，必然会导致把课程发展过程中非预期的特殊教育情境因素排斥于课程之外，使课程失去灵性和活力。在很大程度上，课程是在特定的教育情境中的产物，而不是无视特殊情境的整齐划一目标和预期结果，此情境下的课程非同于彼情境下的课程。课程不是存在和生成于真空之中，它始终离不开社会和教育情境，英国著名课程论专家劳顿(Denis Lawton)认为应将课程根植于广阔的社会文化结构中，使社会文化作为课程开发和研制的逻辑起点，使课程具有社会情境性和社会文化的精华特征，学生走入社会后能够适应和面对各种情境，很好适应社会。不论是课程开发和研制，还是课程实施，乃至课程评价都离不开特定的教育情境。

第二节 职业教育课程的本质

职业教育课程作为一种特殊类型教育的课程，其有何区别于其他课程的根本特征？美国的芬奇和克鲁尔顿认为，职业教育课程有十个特征：(1)定向性(Orientation)，职业教育课程的终极定向是面向工作世界的表现。(2)正当性(Justification)，职业教育课程基于特定领域的职业需求认定。(3)聚焦性(Focus)，不局限于某一特定领域的知识发展，而是帮助学生发展与未来就业岗位相关的广泛知识、技能、态度和价值观等。(4)校内成功的标准(In-School Success Standards)，在校内具备动手和应用的能力，体现出胜任未来工作岗位的标准性。(5)校外成功标准(Out-of-School Success Standards)，学生课程学业成功不是局限在学校情境，而是要看其毕业后在岗位上的表现，此时就需要课程体现出面向就业的多方面岗位技能标准。(6)学校—工作场所—社区之间的关系(School-Workplace-Community Relationships)，职业教育课程要体现出学校、工作场所和社区之间的关联性，课程要满足社区劳动市场对人才的需求，课程虽然属于学校教育范畴，但是还需要与工作场所紧密联系。(7)政府参与(Federal Involvement)，政府参与职业教育课程。(8)反应性(Responsiveness)，是指及时跟进社会中的技术变革，而能够迅速反应并调整好自己的内容，强调的是职业教育课程能够与社会发展保持密切联系。(9)逻辑性(Logistics)，面对复杂性，职业教育课程要保持自身的逻辑性。(10)昂贵性(Expense)，与学术教育课程相比，职业教育课程更加耗费资金、精力、时间和材料等，具有更高的价值要求。① 从以上观点中可以看出，职业教育课程具有诸多的独特性，需要我们深入揭示其本质。笔者提出以下观点。

一、职业教育课程作为基于职业活动的职业经验体系

每一事物的本质都是由它所包含的特殊矛盾决定的，因此要认识事物的特殊本质，就要对它自身内部的特殊矛盾进行分析。对职业教育课程本质的认识，首先就需要对其内部特殊的矛盾进行分析。职业教育课程内部特殊的矛盾是什么呢？笔者认为，职业院校学生现有的发展水平与未来岗位的素质要求之间的矛盾是职业教育

扫码观看微课视频

课程内部特殊的矛盾，实际上职业教育课程就是要解决这一矛盾的。职业教育课程就是提供发展资源，提供学生从现有发展水平向未来岗位所要求的素质转型的发展资源。这一发展资源又是什么样的？职业院校学生与普通院校的学生相比，在科学文化知识方面相对比较薄弱；他们渴求从事职业活动的一技之长，而又从未真正走上职业工作岗位。未来岗位的素质要求主要表现为综合职业能力，不仅要求工作者具备职业知识、职业技能，而且要求工作者具备相应的职业精神、职业态度和职业价值观，还要求工作者具备可持续发展的岗位迁移的工作方法，这些实际上囊括了职业活动中所涉及的所有体系。解决上述矛盾，需要考虑职业院校学生的身心发展特点，重在推动这类学生实现有效学习、获得胜任未来岗位要求的素质。此时，职业教育课程不是基于知识逻辑的学术理论体系，而是基于职业活动逻辑的职业经验体系。

基于以上分析，笔者认为，职业教育课程是能够推动职业院校学生发展的基于职业活动的职业经验体系。职业教育课程所表现出来的形态既不局限于书本、教材和知识，也不局限于学校、教室和课程表之中；实践性智慧、隐性的工作环境、生产过程等均打破了课程的传统形态，都属于职业教育课程的范畴。职业教育课程具有以下三个基本特征：（1）职业性。职业教育课程指向职业活动。职业教育课程要突出职业教育的特殊性，不同于普通教育，职业教育课程更多关注的是学生获得某种职业素养的原材料。职业教育课程不能被窄化为专业教育课程或技术教育课程，而应体现出职业性。（2）实践性。职业活动重在做事，体现出实践性。职业教育课程本身就是指向职业活动的实践。正如陶行知先生所认为的，"职业学校之课程，应以一事之始终为一课。每课有学理，有实习，二者联络无间，然后完一课即成一事"。再从技能的形成角度来看，技能并非靠人的死记硬背就可以实现，它是一个实践过程，技能是学习者付诸实践，并在实践中体验、涵养，将经验序化与理性化的结果。（3）体验性。职业教育课程是一种体验课程。学生在职业岗位上体验职业工作过程，认识职业活动的形式，践行职业活动的行为，感悟职业活动的价值。基于每一位学生的个性化经验和实践智慧，每一位学生所体验和建构的课程是不

① Curtis R. Finch & John R. Crunkilton, *Curriculum Development in Vocational and Technical Education：Planning，Content，and Implementation*，Boston：Allyn and Bacon，1999，pp. 14-18.

同的。

我们可以在这种基于职业活动的职业经验体系的课程本质观的指引下，对课程系统要素进行重新解读。课程目标通过职业活动的岗位能力分析和工作任务分析来确定；课程内容是职业活动中所做的事情，涉及职业知识、职业技能和职业态度；课程组织依据职业活动逻辑顺序，基于职业发展阶段设计课程结构；课程实施的过程是职业活动开展的过程，可以采取对接生产过程的任务驱动、项目教学等方式；课程评价注重学生职业活动能力水平和职业活动的结果；课程开发主体多元化，即开发主体包括政府、行业和企业、课程专家、行政人员、教师、学生及其他相关人员。

二、职业教育课程的职业性

职业教育课程不能等同于或窄化为专业教育、学术教育。过去，将职业教育专业课程仅仅设计为具体的专业教育领域的课程，职业性缺失，直接导致学生学了专业但不懂职业，对职业认识不足，甚至难以建立起职业认同感。职业教育课程以职业为出发点，应体现出职业性。

(一)职业的要素是职业教育课程的基础

姜大源教授曾说过，"职业教育以职业为基础并为职业服务，职业是职业教育的起点"[1]。赵志群教授也指出，"要想提高职业教育的质量，必须对'职业'有深入的了解，因为它是职业教育专业设置、课程开发和质量评价的基础"[2]。所谓职业，在德国劳动力市场与职业研究所(IAB)开展的职业研究中，进行了如此的界定："按照一定的典型特征、知识和社会能力组成的，相互协调的多项资格的组合；由工作材料、工作对象和工作环境组合确定的、从属于一定资格组合的任务领域；由(工作人员方面的)资格和(工作岗位方面的)工作任务所确定的、与职务高低有关的'自由行动空间'，它取决于地位(个人在企业中的地位)、所在单位(部门)和特定的工作环境；社会分配和评价的结构性特征。"[3]一般来说，职业的诸要素构成了职业教育课程开发活动的重要内容或需要考虑的因素。对职业的认识把握是职业教育课程开发的基础，职业研究是课程研究的基础性工作。职业要素一般包括：工作任务与岗位活动；职业资格和职业能力；职业中的工作方法和技术；相关的工作手段；影响职业活动的原料、材料和产品；企业应用场所；工作地点和工作环境；经济部门和行业；企业岗位的上下级关系；职业的地位；入职与离职的灵活性。[4] 比如，职业岗位是课程设置的依据，如果社会上存在一个职业工作岗位，那么就应该有对

---

① 姜大源：《职业科学辨析》，载《高等工程教育研究》，2015(5)。

② 赵志群：《关于职业研究》，载《职教论坛》，2010(18)。

③ ［德］菲利克斯·劳耐尔、［澳］鲁珀特·麦克林：《国际职业教育科学研究手册(下册)》，赵志群等译，6页，北京，北京师范大学出版社，2017。

④ ［德］菲利克斯·劳耐尔、［澳］鲁珀特·麦克林：《国际职业教育科学研究手册(下册)》，赵志群等译，6页，北京，北京师范大学出版社，2017。

应这一专业工作岗位的课程。职业岗位活动的工作任务是课程内容选择的重要依据，每一个职业岗位都有相应的工作职责和任务，那么课程中安排的内容就应该对应职业岗位中的典型工作任务。职业资格研究是职业教育课程开发的基础，"职业资格是进行职业活动时能够应用的、通过学习获得的能力或潜力的标志，包括知识、技能技巧和基本工作经验"①。

（二）职业教育课程的要素体现出职业性

在国际上，职业教育课程均体现出职业导向，均不同程度地以职业分析为基础。例如，德国职业教育课程开发的成功经验源于德国很好地认识和把握了职业教育课程的职业性。"德国职业教育课程的成功在很大程度上得益于其在职业资格研究方面的悠久传统。"②北美地区职业教育课程开发创立了 DACUM（Developing A Curriculum）的方法，实质上也是建立在对职业岗位能力分析的基础之上，仍然没有离开职业。"职业岗位所需要的素质体现出职业对职业教育课程的培养目标、课程结构、教学活动、课程内容和教学评价都有一定的规定作用。"③以一门具体的职业教育课程为例，课程目标着眼于学生能够胜任职业工作岗位，着眼于学生的职业生涯发展，课程目标重在发展学生的综合职业能力。课程内容涉及职业工作过程中的事情，课程内容是职业的典型工作任务。课程实施离不开真实的职业工作情境，课程实施过程是一个职业行动过程。课程评价考查的是学习者在职业中的表现。

（三）职业教育课程如何面向职业性

首先，要将职业科学作为职业教育课程的重要理论基础。"狭义的职业科学则是指向专门业务领域（Sachgebiet）里的以及与之相关的工作的知识，也就是指向关于职业的、关于职业领域的和关于职业性专业的理论与实践的知识以及在教学论和方法论背景下的科学认识。"④不论是开展职业教育课程的理论研究工作，还是进行职业教育课程的实践建设工作，都应将职业科学作为理论基础，理论研究者和实务工作者都要学习运用好职业科学的相关理论，以职业科学理论为指导。

其次，课程开发要围绕职业进行。在职业教育课程开发中运用好职业能力分析。分析职业岗位，寻找课程在职业中的方向；分析岗位职责，确定工作任务和职业资格，明确课程的目标定位；分析职业工作流程，推动课程内容序化，对接职业工作过程；以职业工作任务驱动学生学习过程，助推基于职业行动课程实施；以学生在真实情境中完成职业工作任务的职业行动能力来考核课程实施效果。

再次，在课程活动中发挥好"职业"的力量。这里所说的"职业"的力量是指直接与职业密切相关的主体，比如行业和企业，特别是在企业工作岗位一线的技术专

---

① 赵志群：《职业教育课程开发的重要基础——职业资格研究》，载《职教论坛》，2008（5下）。
② 赵志群：《德国与课程开发有关的职业资格研究》，载《职教通讯》，2005（6）。
③ 董显辉、肖凤翔：《职业及其对职业教育课程的规定性》，载《中国职业技术教育》，2011（21）。
④ ［德］Joerg-Peter Pahl：《职业科学与职业教学论研究的起源》，姜大源译，载《职业技术教育》，2006（28）。

家，他们应成为职业教育课程活动的一股重要力量。换句话说，在职业教育课程开发中，职业院校要积极发挥好相应的行业和企业的作用。

最后，课程研究者和课程开发者应拥有"职业"知识。一个合格的职业教育课程研究者和职业教育课程开发者一定对职业科学有着相应的研究和认识，不研究职业是研究不好职业教育课程的，不懂职业是开发不好职业教育课程的。

三、职业教育课程的实践性

人们普遍将实践性作为职业教育课程的一个基本属性，将实践性理解为与理论、学术相对立的一种品质，甚至以专门化的实践课程形态来强调职业教育课程的实践性。其实这些均是一种简单化的思维，实践有着丰富而深刻的内涵。究竟如何认识职业教育课程的实践性品质？笔者基于实践哲学的角度，从本体论、价值论和方法论三个方面来对其进行分析。

（一）本体论层面：基于职业活动的职业经验体系

本体论层面主要回答是什么的问题。要回答职业教育课程实践性是什么的问题，首先需追问实践是什么。历史进程中的哲人们对实践做了不断深化的认识。亚里士多德将人的活动分为理论、创制和实践三种，如表 2-1 所示。理论是一种探究事物本质的理性思辨活动，创制（制作）是一种创造各种事物的生产活动，而实践不同于上述两者。与理论不同，实践不是为了探究事物普遍的本质，而是为了探究一个个具体的实物；与创制（制作）不同，实践不是一种改造实物的技术技艺活动，而是帮助人变好的伦理活动。亚里士多德的实践概念有着多层含义：首先，作为政治伦理活动的实践，即与理论和创制相区别的实践，这是最为狭义的实践概念；其次，"以自身为目的的行为"，包括政治伦理的实践和理论的实践；最后，作为整体城邦的实践，在这一意义上说，人的一切活动都是实践的。亚里士多德曾说："实践不是一种制作，制作也不是一种实践。"[1]实践概念从根本上说就是人的一切行为与选择都趋向于善的活动。亚里士多德将实践区分为道德实践（目的在做的过程）和物质生产（最后的产品）两类。实践包含了人类一切活动，包括技术性的生产活动和道德性的伦理活动。但是不能以技术特征代替实践特征，实践本质上是一种终极的道德关怀，是一种基于终极关怀的人与人之间的交往行为原则。

表 2-1 亚里士多德对人类活动领域的划分[2]

	理论领域	实践领域	制作领域
活 动	观察	行动	做
知识类型	科学	深思熟虑	技艺
达到的目的	幸福	恰当的生活	福利

---

① ［古希腊］亚里士多德：《尼各马可伦理学》，廖申白译注，171 页，上海，商务印书馆，2003。

② Nathan Rotenstreich，*Theory and Practice*，The Hague：Martinus Nijhoff，1977，p. 18.

之后，培根的技术实践论将实践的含义转变为科学的应用，实践被视为一种技术性活动。从认识论的范畴考察实践，导致技术特征的普遍化，引发了人与自然和人与人的普遍危机，直接导致以人为对象的政治学科和管理学科的科学化和技术化，把人单纯当作科学和技术处理的客体，消解了其中的伦理维度。而康德的实践哲学认为，实践可以分为"道德的实践"和"技术的实践"，并将自己的实践哲学建立在道德实践的基础之上。从人与自然之间关系的认识论视角来进行分析，实践主要指人类改造自然的生产实践，即技术的实践；从人类改造社会、追求自由的本体论视角来进行分析，实践主要指调整人与社会关系的实践，即道德的实践。显然，培根的观点消解了实践的伦理维度，而康德认识到了实践的道德属性。

伽达默尔的实践概念，将生产看作实践的对立者，把生产、劳动和技术都看作无理性的、盲目的、机械的活动，过多强调了它们的非理性方面。"他批判将实践仅仅当作科学的应用，批判实践堕落为掌握社会生活的技术，批判用技术概念来取代实践概念。他认为这正是精神科学失去合法性的缘由，而要想恢复精神科学的合法性，必须恢复实践的真正内涵和恢复真正的实践哲学。"①他认为，实践具有社会性、具有自身目的性、具有乌托邦的批判性、具有反思性。"实践与其说是生活的动力，不如说是与生活相联系的一切活着的东西，它是一种生活方式，一种被某种方式所引导的生活。"②

综合上述观点，我们不应将实践简单地等同于技术性、技巧性、实验性、实操性的具体活动，不应将实践简单地理解为"制作""应用"和"劳动"，不应把实践简单地理解为物的生产，不应仅仅将其规定为物质和产品的价值。我们应该认识到实践的丰富内涵，实践者追求的价值是多样的。"'实践'不再是一种物质生产劳动，而是一种与人的确证、生活的展开和各层次的实现、生存使命的完成等联系在一起的活动总体。"③正如课程专家施瓦布所提倡的，不要把实践、生产性知识作为理论内容来传授或只重视科学知识而将丰富的实践排斥在课程之外。"如果一项活动主要以生产更多更好的'物'为目的，并且为了这个目的而采取相应合理的组织，确立相应的规章，就是'劳动'；而如果一项活动以塑造、改变'人'或实现非物化的价值为目标，那就是'实践'。"④实践就是一项关于完满的、终极的、"善"的实现的活动，它不同于以功利为目的的制作和生产活动。

因此，我们不应将职业教育课程窄化为技术性、技能性活动的组织体系，不应将职业教育课程简单地理解为职业活动中的操作过程集合，"实践不是一种仅仅在认识结论支配下的机械操作，而是人以全部信念、情感、认识、智慧和力量投入的

① 丁立群等：《实践哲学：传统与超越》，221 页，北京，北京师范大学出版社，2012。
② ［德］伽达默尔：《科学时代的理性》，薛华等译，79 页，北京，国际文化出版公司，1988。
③ 刘森林：《实践的逻辑》，162 页，北京，社会科学文献出版社，2009。
④ 刘森林：《实践的逻辑》，175 页，北京，社会科学文献出版社，2009。

具有丰富创造性的行动，认识只是其中的一部分"①。而如果将实践仅仅理解为动手做、动手操作，那么就消解了实践的丰富内涵，进而扭曲了职业教育课程应有的教育价值。基于上述实践哲学的观点，笔者认为，职业教育课程是能够推动职业院校学生发展的基于职业活动的职业经验体系。职业教育课程所表现出来的形态既不局限于书本、教材和知识之中，也不局限于学校、教室和课程表之中；实践性智慧、隐性的工作环境、生产过程等均打破了课程的传统形态，都属于职业教育课程的范畴。

（二）价值论层面：向善的实践智慧生成

职业教育课程究竟为了什么而存在？其价值诉求是什么？是职业技能的形成？还是专业知识的获得？还是高于二者的向善的实践智慧的生成？单纯关注专业知识和职业技能的训练，而忽视德性养成是职业教育课程实践一直存在的弊端之一。注重职业知识的传授价值、注重职业技能的传播价值、注重社会技术的积累价值，等等，是我们所历来关注的职业教育课程价值表现。从实践哲学视域来看，职业教育课程实践性的价值论层面，关注的是实践智慧的生成与获得，而不是窄化为知识和技能。正如舒伯特（W. Schubert）所说，"实践的课程探究的目的指向于教育情境中能力的提高和行为的德性化和效率化，而不是主要成为生成普遍的、可出版的知识"②。"施瓦布的实践课程范式把教师和学生作为课程的有机构成部分并作为相互作用的主体，课程被理解为相互作用的有机的'生态系统'，在这个'生态系统'中充满意义、理解和'交互主体性'（intersujectivity），它不是指向于知识技能的掌握和对环境的控制，而是指向于兴趣需要的满足和能力德性的提高。"③

那么，什么是实践智慧？英文 prudence 来源于拉丁文 prudentia，后者是对希腊语"phronesis"的一种翻译，有的时候也意译为"practical wisdom"（实践智慧）。而中文对该词有多种译法，比如深虑（严群译）、明智（苗力田、廖申白译）、明哲（吴寿彭译）、智德（潘小慧译）等。④"实践智慧是亚里士多德实践哲学中的核心概念，是理智德性之一种。它不同于技术，它的目的是善的实践自身，而不是制造什么东西；它不同于科学，它的对象是可变的具体的实践，而不是永恒不变的存在。"⑤"实践智慧存在于具体的变动的道德实践中，并通过具体的变动的道德实践实现自己，所以它不像确定的科学与技术那样可教可学，它是不精确的概略的知识，人们只能在不断的实践中把握它；如果将它看作独立于道德实践的确定性的规则与原理，那就会破坏自身就是目的的自由的道德实践，实践者将不再为自由'人'，而为

---

① 宁虹：《教育的实践哲学——现象学教育学理论建构的一个探索》，载《教育研究》，2007(7)。

② W. Schubert, *Curriculum, Perspective, Paradigm, and Possibility*, New York：Macmillan Publishing Company, 1986, p. 289.

③ 张华：《"实践的课程范式"及其应用研究》，载《外国教育资料》，1998(5)。

④ ［美］罗伯特·哈里曼：《实践智慧在二十一世纪（上）》，刘宇译，载《现代哲学》，2007(1)。

⑤ 李长伟：《实践智慧与教育》，载《教育理论与实践》，2010(16)。

机械的'人物'。"①实践智慧"是在实践上知道怎么做的知识类型和推理形式，它不等同于任何脱离主体而存在的客观知识，它是人在生活世界中知道怎样做的知识和经验"②。我们可以看出，实践智慧是一种不同于科学知识、不同于技术技能，而包含二者，并且高于二者的一种在实践过程中的如何合理地、有效地、有意义地做工作、做事情的谋划、熟虑、智识、善德等品质的集合。那么，具体到职业教育课程中，实践智慧是一种能够胜任课程所对应的工作岗位品质。

那么，为什么要将职业教育课程的实践性在价值论层面定位为向善的实践智慧生成？在亚里士多德看来，实践智慧作为一种区别于理论智慧和技艺创制的东西，不是为了处理永恒不变的客观事物，不是为了塑造自身之外的结果，而是为了在应对现实工作世界具体个别事物中实现自己、找到自己、完善自己。实践"它不同于理论知识或技术知识那样将某些普遍的、固定的原理、规则运用于对象，而是要在具体的实践活动过程中来完成自己、实现自己"③。职业教育课程所面对的是一个个个别化的学习者，所承载的是千变万化的工作世界经验，所要塑造的是能够应对具体工作情境的每一个独特的工作者。正如哈贝马斯主张，实践旨趣相对于技术旨趣，技术旨趣主要是指通过符合规律的行为对环境进行控制的人类基本兴趣，主要指向外在的目标，是一种控制的取向；而实践旨趣是指建立在对意义的"一致性解释"基础之上，主要是通过与外在或内在要素相互作用而达成理解的人类基本兴趣，不是为了主体改造客体的控制，而是众多主体形成的理解。

那么，职业教育课程的实践智慧价值又是如何体现的？首先，不能仅仅将技术作为职业教育课程的价值诉求，按照亚里士多德的观点，实践智慧与技术或应用科学有着根本的区别，技术在本质上是生产或制作，而实践智慧在本质上在于践行，是一种人类自身的行为，关心人类自身的价值和意义。其次，也不能仅仅将科学作为职业教育课程的价值诉求，科学研究的是不可改变的、永恒的事物，在于探寻客观的规律，而实践智慧面对的是可改变的事物，践行的领域是可以改变的，实践智慧所面对的应当是一个个特殊的可变的事物，具有实践智慧的人能通晓个别事物。"实践智慧意指一种实践的知识或明智考虑的能力。"④职业教育课程具有不可言说的价值，实践智慧以隐蔽的方式存在，很难用一定的语言进行描述，实践智慧是一种独特性的体现。一般来说，个体的实践活动首先要考虑其是否合理的问题，接着要考虑其是否有效的问题，此外还要考虑其是否有意义的问题。实践智慧作为职业教育课程的价值诉求，从个体实践活动的合理性角度来看，职业教育课程的价值诉求在于引导学生践行合理性的实践智慧以实现自身活动的合理性；从个体实践活动

① 李长伟：《实践智慧与教育》，载《教育理论与实践》，2010(16)。

② 金生鈜：《教育哲学是实践哲学》，载《教育研究》，1995(1)。

③ Gadamer, "Hermeneutics and Social Science," in Matthew Foster, *Gadamer and Practical Philosophy*, Atlanta, Georgia: Scholar Press, 1991, p. 9.

④ 洪汉鼎：《论实践智慧》，载《北京社会科学》，1997(3)。

的有效性角度来看，职业教育课程的价值诉求在于引导学生践行有效性的实践智慧以实现自身活动的有效性；从个体实践活动的意义角度来看，职业教育课程的价值诉求在于引导学生践行有意义的实践智慧以实现自身活动的意义性。"实践既不是单纯的物质性过程，也不是单纯的精神活动，它是物质精神结合在一起的追求意义、创造意义的活动。"①所以，职业教育课程的实践智慧价值在于引导学生实现合理性地存在、有效性地存在和有意义地存在。这种向善的实践智慧超越了窄化为技术技能和科学知识的价值立场。

（三）方法论层面：基于行动的课程运作策略

"实践"的德文是"praxis"，拉丁文则是"actus"，即"行动"的意思，并且是与人的意志选择有关的活动。它的英文"practice"，有"练习""实行""（知识的）应用"等意思。"实践和创制的区别在于实践是一种德行的实现活动，而创制在于依据自然的原理去制作；实践重在于'行'，创制重在于'知'。"②哲学中将行动理论归于广义的实践哲学，虽然不能将行动等同于实践，但是行动与实践有千丝万缕的联系，实践在方法论层面上表现为行动逻辑。换句话说，在探讨实践的方法论层面问题时，我们要基于行动来考虑。那么，职业教育课程的实践性在操作层面（课程目标确定、课程内容选择组织、课程实施和课程评价）是如何表征的？职业教育课程的实践性在方法论层面表现为一种行动的策略，只有行动的策略才能蕴含和体现实践性的智慧和品质。基于行动的课程运作策略，主要体现在以下四个方面。

1. 在课程目标确定方面，发展职业行动能力

课程的目标不是狭窄化为实践操作能力，而是定位在职业行动能力，即在职业活动中表现出能够娴熟操作的行动力。课程目标关注的是学生在职业活动中表现出来的具有一定首创性的行动反应形式，而不是预先规定的结果。目标的陈述应该用一系列基于特定情境的行动化语言来表述，目标的陈述包含行动的主体、行动的行为、行动的内容和行动的结果。换句话说，课程目标应规定学习者在实际工作情境中行动，通过学习某一内容能够在什么样的工作情境下，采取什么样的行动、达到什么样的行动程度。

2. 在课程内容的选择与组织方面，基于行动的逻辑

第一，职业教育课程内容不能简单地被理解为技术。实践不等同于纯粹的技术性活动，也不同于简单的操作性行为，不能将其简单地理解为人对自然的简单的加工、利用和改造活动，而是包含在行动过程中进行的思索、选择、探究等一系列的智慧性活动。超越技术至上的取向，要挖掘课程内容中的技德合一，关注职业教育课程内容中的道德问题。第二，课程内容的组织方面体现出职业工作的行动逻辑。课程内容的顺序与工作过程的行动顺序对应。第三，职业教育课程的表现形式为实践情境。正如亚里士多德主张的：实践对应于伦理活动，是多变的、特殊的、个别

---

① 秦光涛：《意义世界》，56 页，长春，吉林教育出版社，1998。
② 丁立群：《亚里士多德的实践哲学及其现代效应》，载《哲学研究》，2005(1)。

的，需要实践智慧；职业教育课程是具体的、特殊的、情境化的工作过程中的个性化实践智慧。以往的职业教育课程在剔除实践的具体情境中教授具有普遍性、抽象性的技术技能，技术技能必须放在具体的实践情境中才能释放出其本真的力量，技术技能的教授与获得离不开实践情境，从这一角度上说职业教育课程的实践性要求我们将课程表现形态回归到具体的实践情境之中，课程的表现形式为实践情境。

3. 在课程实施方面，走向行动的过程

第一，走向行动化的职业教育课程实施策略。"它不同于理论知识或技术知识将某些普遍的、固定的原理、规则运用于对象，而是要在具体的实践活动过程中来完成自己、实现自己。"①第二，基于行动的课程实施运作策略要求职业教育课程对接生产过程，但是职业教育课程不能等同于生产过程，不能完全生产过程化。同时，不能简单地将职业教育课程的实践性理解为实践课程、实训课程的开发与实施。职业教育课程的实践性不能将整体意义的课程肢解为理论课程与实践课程对立的两部分。第三，将工作场所学习（workplace learning）作为职业教育课程实施的主要方式。澳大利亚学者比利特（Billett，1993）认为，工作场所学习是一种在参与真实任务并获得熟练成员直接或间接指导的活动中获得知识和技能的途径。② 在观看别人的行动中学习，在自己的行动中学习，在别人指导的行动中学习。

4. 在课程评价方面，关注行动的表现

首先，课程评价不应是课程运作之外或结束后的一项活动，课程评价应该是贯穿在课程运作之中的一种行动过程。换句话说，不应将课程评价理解为传统意义上封闭式的考试评价，其本身就是一项开放的课程运作行动过程。其次，职业教育课程评价是对一项在真实工作过程中的表现性行为的价值判断，是动态的行动过程。再次，课程评价走向表现性评价的范式。"表现性评价通常要求学生在某种特定的真实或模拟情境中，运用先前所获得知识完成某项任务或解决某个问题，以考查学生知识与技能的掌握程度，或者问题解决、交流合作和批判性思考等多种复杂能力的发展状况。"③也只有这种开放的表现性评价，才能全方位地评估学习者的实践性智慧，能够达到传统纸笔式封闭评价所不能达到的效果。

四、职业教育课程的体验性

过程哲学将世界的本质理解为过程，任何事物都是以过程而存在的，以此来看，职业教育课程是一种过程，这种过程是学生体验的过程。体验既是一种活动的过程，也是一种活动的结果。作为一种活动的过程，即主体亲历某件事的过程并在过程中进行感悟反思；作为一种活动的结果，即主体从其亲历中和反思中获得新的

---

① Gadamer，"Hermeneutics and Social Science,"in Matthew Foster，*Gadamer and Practical Philosophy*，Scholar Press，Atlanta，Georgia，1991，p. 9.

② S. R. Billett，"Authenticity and A Culture of Practice,"*Australian and New Zealand Journal of Vocational Education Research*，1993(1)，pp. 1-29.

③ 赵德成、卢慕稚：《新课程与学生评价》，69页，北京，高等教育出版社，2004。

认识和情感。"'体验'是植根于人的精神世界，着眼于自我、自然、社会之整体有机统一的人的'超越经验'。它揭示了人作为一种精神存在的根本规定，也因而揭示了个性的根本规定。"①职业教育课程具有强烈的体验性，我们必须抓住职业教育课程的体验性，发挥其良好的育人功能。

"课程不仅仅是一个知识体系，而且是学科知识和个体经验的结合，是情感知识化和知识情感化的过程，是学生结合自身已获得的经验，通过与老师对话交流，并在此过程中探究知识。"②认识到职业教育课程的体验性，就是认识到职业教育课程的本真所在。职业教育课程的体验性帮助我们全方位、准确地认识职业教育课程。首先，职业教育课程的学习者对于正在发生的学习及过程是察觉的，职业教育课程的学习者能够体验感知到课程的全过程，而不是单纯的结果；其次，职业教育课程的学习者投入省思的体验中，并且联结当下的学习到过去、现在和未来，职业教育课程的这种体验性带给学习者的是一种深度的投入；再次，职业教育课程所带来的那些体验和内容是独具个人意义的；最后，职业教育课程的这种体验性过程牵涉学生完整的自己——身体、想法、感觉和行动，不是只关于心智，换句话说，学习者是整个人全然投入的。

因此，职业教育课程目标的达成离不开体验。职业价值观的获得不是一个直接传授灌输的过程，而是学习者在真实的或模拟的职业情境中体验而主动建构的一个过程。职业教育课程内容是职业工作过程的经验体系组织，便于学生参与体验。职业教育课程内容与其说是为学生创造的学习经验，不如说是学生要体验的经验。职业教育课程实施过程是一个职业经验的体验过程。

第三节 职业教育课程观

由于职业教育课程本身的复杂性，审视职业教育课程可以站在多个立场和角度，正是价值立场的不同进而生成了不同的课程观。总体来看，我国职业教育课程观经历了从知识导向到技能导向，再到工作过程导向的转变。知识导向的课程观重理论知识、轻实践技能，而技能导向的课程观则重实践技能、轻学术理论，始终没有将理论与实践有机整合起来，工作过程导向的课程观试图将理论与实践有机整合，达到理实一体化。当前存在三种主流的职业教育课程观，第一种是基于实践导向的课程观，第二种是基于职业能力的课程观，第三种是基于工作过程的课程观。

---

① 张华：《体验课程论——一种整体主义的课程观（下）》，载《教育理论与实践》，1999(12)。
② 刘莺：《构建体验式课程体系》，载《科教导刊》，2016(4 中)。

一、基于实践导向的课程观

实践导向的职业教育课程观旨在解决长期以来学科化、学问化的职业教育课程现状问题，突出实践在职业教育课程中的地位。持这种课程观的代表人物是华东师范大学的徐国庆教授，其著作《实践导向职业教育课程研究：技术学范式》系统地表征了实践导向的职业教育课程观。"实践不应仅仅理解为理论学习结束后的技能训练环节，实践是职业教育课程的逻辑中心，课程应全面体现实践性；要实现这一理念，必须重构理论与实践的关系，改变'实践必须以理论知识储备为前提条件'的观念，还实践相对于理论的独立地位。"①

(一)面向学生职业实践的职业教育课程目标

职业教育课程以工作实践体系为主要线索，把实践性渗透课程的方方面面，超越单纯地将实践理解为加强实训环节的范式，超越单纯地关注理论知识和操作技能的发展目标。徐国庆教授指出，"实践导向职业教育的课程目标是技术实践能力"②。他认为，技术实践能力是一种以技术为内容的实践能力，有别于以设计为内容的专家的实践能力。当然这种观点主要在于超越传统的学问化倾向，力图在作为传统职业教育课程目标的技能与学者的理论沉思能力、专家的设计能力之间寻找一种中间状态，这主要是从技术学的范式来考虑的。我们站在不同的视角审视，可能会有不一样的认识，但是每一视角的观点都应是一种合理的认识。在此，笔者认同尊重徐国庆教授的观点。同时，笔者认为：职业教育课程目标既不是局限在培养学生的理论或技术的应用实践能力，也不是局限在学生的职业知识获得，而是基于实践导向的职业教育课程目标在于服务学生能够胜任所从事的职业实践活动，即胜任职业活动的整体实践能力。从职业实践的整体性来考虑，这种面向学生职业实践的整体实践能力包括对职业进行认识的认知性能力、对职业进行适应的适应性能力、在操作中应用理论的应用性能力、在优化实践方案中的设计性能力、在解决问题中的创造性能力、在职业实践过程中或活动后的反思性能力。

(二)实践性知识构成的职业教育课程内容

实践导向的职业教育课程观认为，课程内容以实践知识为主，课程内容的组织以工作任务为中心。课程内容到底是什么？传统的观点认为，课程内容表现为教材中所呈现出来的知识体系，其实这是一种狭隘的观点，对于职业教育课程并不适用，因为职业教育课程中的有些内容是无法在教材中呈现的，更无法用教材中的知识体系来呈现。当然，一般来说，我们会将课程内容的基本性质定位为知识，这种知识是一种广义的知识。那么如果从知识观的角度来看，职业教育课程内容的知识既有理论性知识，也有实践性知识；既有可呈现为文字符号的显性知识，也有难以

① 徐国庆：《实践导向·任务引领·项目驱动——上海市职业教育专业课程体系改革探索与实践》，国家级教学成果奖申报成果展示，2014。

② 徐国庆：《实践导向职业教育课程研究：技术学范式》，167页，上海，上海教育出版社，2005。

用语言文字表达的隐性知识。所以，实践导向的职业教育课程观在课程内容上倾向于关注实践性知识。1966 年美国俄亥俄州立大学教授陶尔士等人(Towers et al.)将人类知识分为描述性知识、规范性知识、实践性知识和形式性知识，其中，实践性知识(Praxiological Knowledge)即对现象或事件采取适宜行动、实践的知识。① 美国人彼得·贾维斯(P. Jarvis)认为实践性知识包括内容知识(Content Knowledge)、过程知识与技巧(Process Knowledge and Skill)、信仰与价值(Beliefs and Values)、缄默知识(Tacit Knowledge)。实践性知识是在实践环境中学习到的与合法化的，是实践的、动态的、整合的、主观的。② 也有观点认为，实践性知识是职业教育知识的重要组成部分，它不是普通学科理论知识的简单应用，而是通过与工作整合，依附于工作实践中的知识，经过实践的重构，是理论与实践相整合的知识，存在于职业过程中。③ 而实践性知识在课程内容中到底如何呈现？因为实践性知识具有缄默性、个体性、情境性等特点，所以难以像传统的理论知识那样在课程内容中以固定的语言符号呈现出来，那么实践性知识在课程内容中的呈现形式主要是工作任务，工作任务也就成为职业教育课程内容的组织逻辑。

(三)工作场所学习范式的职业教育课程实施

在课程实施这一问题上，实践导向的职业教育课程观打破脱离工作实践的理论书本学习观，主张工作场所学习范式的课程实施。赖尔(G. Ryle)曾指出实践性知识和行动是不可分的。"当一个人知道了如何做某种事情，他的知识在他的所作所为中被实现或者说被执行"④。工作场所学习是一种在参与真实任务，并有熟练成员直接或间接指导的活动中获得知识和技能的途径；工作场所学习将工作与学习联系起来，是一种在工作场所中发生的学习活动。实践导向的职业教育课程观在课程实施方面有以下主张：一是职业教育课程实施不能局限在学校的教室和书本之中，要发生在实践场域——工作场所——之中，这是一种对职业教育课程本质的体现。因为如前文所述，职业教育课程内容本身就是以实践性知识为主体的，而实践性知识绝对不能单纯通过教室和书本来获得，实践性知识存在于现实的工作场所之中。二是工作场所学习范式的职业教育课程实施有助于推动学习者的职业实践适应性发展。有关汽车制造业工作场所学习实践的研究显示，工作场所学习在培养技能的同时能够培养员工或学习者的态度品质；生产部门技术改进和劳动新形式的应用，在

---

① 宁业勤：《职业教育实践性知识的开发与教学》，载《高等职业教育——天津职业大学学报》，2015(1)。

② Peter Jarvis, *Universities and Corporate University*, Stylus Pubishing Inc, 2001, p. 49.

③ 李俭：《实践性知识：高等职业教育项目课程设置的知识观基础》，载《陕西教育（高教版）》，2009(3)。

④ G. Ryle, "Knowing How and Knowing That,"*Proceedings of Aristotelian Society*, Vol. 46, 1945, p. 8.

促进劳动者技能发展的同时能够促使他们的新角色产生和角色转变。① 三是职业教育课程实施的主要方式是工作场所学习，"工作场所学习是指发生在工作场所的学习活动，而不是发生在传统的学校教育场域和机构中的学习活动。工作场所学习强调工作场所作为培训学习的地点和位置，比其他地点更加便捷和真实，因为它能够直接提供真实的工具、条件和环境。另外，工作场所学习不仅包含着所需的技能或能力，而且创造着适应未来工作的组织过程和文化。"②

二、基于职业能力的课程观

职业教育中存在学生走向工作岗位后不适应、不会动手的问题；而企业需要具有实践能力、创新能力的人才。如何培养学生的职业能力，成为职业教育课程需要解决的重要问题。针对不能很好地培养学生的职业能力问题，基于职业能力的课程观是要从根本上解决过去学科本位课程倾向。基于职业能力的课程观，也被称作能力本位的课程观，它强调以职业能力作为课程开发的中心，以职业能力为主线设计课程。职业教育课程与职业能力之间有着复杂的关系，职业教育课程是发展职业能力的重要载体，而职业能力是职业教育课程开发的依据和基础。正如有的观点所指出的，职业能力需求分析是职业教育课程开发的基础。当前，职业教育课程观念的范式正在发生着显而易见的转变，"职业学校课程由学科组织范式转向工作过程相关和能力本位范式"③。课程应基于培养学生有效地完成实际工作环境中的任务并达到专业标准的能力。④ 基于职业能力的职业教育课程观体现出以下特点：课程目标由促进学生"知识体系的构建"转向推动学生"综合职业能力的构建"，课程内容由"学科化的理论知识"转向"面向职业岗位的工作任务"，课程评价由"知识评价"向"综合职业能力评价"转变。

（一）为了职业能力、基于职业能力的职业教育课程目标定位

基于职业能力的课程观强调，职业教育课程是以胜任一种岗位的职业要求为出发点，通过基于职业能力的课程内容学习，学习者具备从事职业的能力和资格。为了职业能力、基于职业能力成为职业教育课程的目标定位。职业能力不能等同于职业技能。能力是一种知识和技能的整合。能力的胜任不只局限于获得直接可用的现有知识和应用技能，还包括获得反思和背景知识，以及对相关情况的了解、应对变化情境的行动措施所要求的个人、方法和社会的策略。

---

① B. Dankbaar, "Training Issues for the European Automotive Industry," *Industrial and Commercial Training*, 1999, 31(5), pp.174-181.

② 赵文平：《国际工作场所学习理论的基本观点分析》，载《职业技术教育》，2017(19)。

③ Martin Fischer, Waldemar Bauer, "Competing Approaches towards Work Process Orientation in German Curriculum Development," Paper presented at the European Conference on Educational Research, University of Crete, 2004, pp.22-25.

④ J. J. Joaz and L. M. Richards, "A Curriculum Plan to Develop Training Professionals," *Training and Development Journal*, 1977, 31, pp.22-24.

在课程开发之前，明确课程所对应的人才培养岗位方面的能力要求，要根据职业岗位的需求确定职业能力标准，进而按照能力标准开展课程开发。所以，职业能力是职业教育课程的目标定位。职业能力本位的课程观首先应有自己的职业能力观，这实际上也是职业教育课程的目标观，即职业教育课程目标定位是什么。有关这一问题，目前有多种观点，如有的观点明确将职业能力划分为职业特殊能力、行业通用能力和就业核心能力，职业特殊能力是指每一个职业所特有的能力，行业通用能力是指通用于本行业的基本能力，就业核心能力是指适用于就业的基本能力。

（二）以职业能力分析为基础的职业教育课程开发方法

基于职业能力的课程观主张在课程开发的操作层面以职业能力的分析为基础，形成一种非常经典的职业教育课程开发方法——职业能力分析法。这种职业能力分析法第一步需要开展行业企业调研，主要是确定岗位的职业能力需求，也就是明确专业人才培养的职业能力标准。第二步就是依据调研所确定的职业能力标准设计课程体系，这主要是从一个专业的角度来说，就是设计一个专门的整体课程体系，即一个专业应开设哪些类别的课程，应开设哪些具体课程。第三步就是依据职业能力标准为某一门课程选择其内容，细化一门课程对应的职业能力点，选择能够实现相应职业能力发展的内容，就是设计这门课程的具体内容。

如何将职业能力转化为课程，是职业能力本位课程观实践的核心问题。DA-CUM被公认为职业能力本位课程开发的一种典型的具体方法。DACUM是由一个专业委员会负责实施的。这个委员会是由在某一职业岗位上长期工作、经验丰富的优秀从业人员，如课程专家、学科专家、教师等组成。课程开发的程序如下：首先，将一种职业目标从工作职责和工作任务两个层次进行分析，分别得出综合能力和专项技能。通常职业可分解为8~12项综合能力，每项综合能力包含6~30个专项能力。对每个专项能力分别进行具体详尽的说明，形成一个工作能力分析表及说明。其次，由学校负责指定制订课程计划的学科专家、课程专家与经验丰富的教师，对各项细分过的专项能力所需要的知识、技能、态度等进行分析、融合，按难易程度及逻辑关系，考虑它们在实际工作中出现的频率及重要程度，加以系统组织排列，形成若干个课程模块。最后，把这些课程模块按一定的方式进行排列，最终获得某一职业或岗位完整的课程体系。根据职业能力分析表所罗列的专项能力按照从易到难的顺序来安排课程内容。

（三）职业能力本位的职业教育课程评价

基于职业能力的课程观将职业能力作为职业教育课程评价的取向和标准。对学生的评价以获取从事某种职业所需的能力为标准，以能力标准为参照评价教育与培训结果。对于课程本身的评价，要用能力框架标准来审视课程的内容体系是否符合能力培养，内容是否基于能力标准来选择和设计。

三、基于工作过程的课程观

工作过程导向的职业教育理念最初于 20 世纪 90 年代由德国教育学者提出，主要是为了解决传统职业教育与真实的职业世界相脱离的弊端，并有效地满足企业对生产一线技术型、技能型人才"不仅要具有适应工作世界的能力，而且要具有从对经济、社会和生态负责的角度建构或参与建构工作世界的能力"的要求。工作过程是

扫码观看微课视频

指在企业里为完成一项工作任务并获得工作成果而进行的一个完整的工作程序。工作过程不是一个具体的工作环节，而是在一个复杂的职业活动情境中具有结构完整的工作过程，包括计划、实施和工作成果检查评价等步骤，能反映该职业的主要工作内容和典型工作形式，并在从业人员的职业生涯发展中具有重要的意义，在整个企业的工作(或经营)流程里具有重要的功能。与此相对，工作过程导向课程是以培养学生为完成一项工作任务并获得工作成果所需的职业能力和关键能力为目标，以学习领域课程方案为课程模式，以行动导向学习为教学实施原则而开发设置的系统化的内容、活动、进程与评价等的总和。基于工作过程的课程开发是一个综合性的过程，它应当建立在整体化的、过程导向的职业分析基础之上，将职业分析、工作任务分析、企业生产(或经营)过程分析、个人发展目标和教学分析设计等结合在一起。按照工作过程来序化知识，重建内容结构，以工作过程为参照系，将理论知识与实践知识整合，课程不再片面地强调建立在静态的学科体系之上的对显性理论知识的复制与再现，而是着眼于动态的行动体系的隐性实践知识的生成与构建，是以从业中实际应用的过程性知识为主，以适度够用的陈述性知识为辅；以经验和策略的知识为主，以"事实、概念"和"理解、原理"的知识为辅。工作过程导向课程不仅仅是一种具有特定类型、层次和方法特征的课程开发模式或方案，更是一种具有现代职业教育课程观、指导当前职业教育课程改革与建设的理念。

(一)课程目标以培养学生参与建构工作世界的能力为主

传统的泰勒模式管理下的企业具有严格的多层管理机制，技术工人只需按照上级的指令完成工作任务，企业对生产一线的技术工人要求具有较强的职业适应能力。因此，传统的职业教育注重培养学生对企业、对工作岗位的适应性。其所蕴含的指导思想表现在：一是把个性作为专业任务的人力资源来培养，也就是说，把职业教育只是作为企业的人力资源开发的手段；二是把素质要求作为依赖性的变量看待，认为从组织和技术的改革中引导出素质要求，技术和劳动是预先确定的，这样就致使教育总是跟着技术跑，而在技术迅速变化的今天，必然导致职业教育所培养的人才不能满足企业的需求。

随着现代企业制度的发展，企业的管理模式由泰勒式的科学管理转向了知识管理。为了提高企业的核心竞争力，企业开始注重调动和发挥每个员工的积极性，为每个员工潜能的发挥与发展提供舞台和空间。为满足企业日益提高的对产品质量和员工创新能力的要求，以工作过程为导向的职业教育确立了全新的指导思想，体现

为三点：一是职业教育应使学生具有从对经济、社会和生态负责的角度参与或共同参与建构工作世界的能力。职业教育所培养的人才应具有适应工作世界的能力和创新的能力。二是把教育作为发展独立的自我意识和自我负责个性的前提条件。教育不仅是企业人力资源的开发手段，而且还是培养人的综合素质的前提条件。三是教育的目标和内容既依赖于劳动与技术，又独立于劳动与技术。职业教育已经成为技术、劳动和教育之间复杂关系的独立变量，必须有意识地促使职业教育对生产组织发展和技术进步产生积极的影响，从而实现由"适应能力"向"建构能力"的战略性转变。在德国所确立起来的工作过程职业教育理念中，强调课程目标在于就业能力的获得、工作过程知识的获得、自我管理和个体责任感的培养。比如，工作过程知识成为工作过程课程的目标导向，工作过程知识包含了在一个工作过程中所需要的理论，包括所有的美学、道德、社会和技术方面的表现。工作过程课程目标观所关注的不是简单的技能、知识和资格的传承和获得，而是掌握现代工作过程中所需要的综合职业能力；进而，工作场所学习是职业能力发展的重要支撑，职业能力发展是工作场所学习的立足点和出发点。工作过程课程目标所关注的是为学习者提供一个强有力的学习环境，便于学习者能够获得基于设备更新的实践技能、最新的工作方法和技术，便于学习者获得基于真实工作世界的关键软技能；推动学习者从学校过渡到工作。

（二）课程内容以工作过程知识为核心

在传统的职业教育课程中，课程内容主要指向专业理论知识和抽象的专业技能，而工作过程知识没有或很少被考虑到。而在工作过程导向的课程中，课程内容的重点则指向职业的工作任务、工作的内在联系和工作过程知识，以工作分析为基础，向学生传授工作过程知识，更加注重能力本位和理论知识与实践知识、职业技能与职业态度、情感的综合，而不仅仅强调知识的系统性和完整性，以促进学生职业能力的形成。作为推动学生综合职业能力发展的职业教育课程是一个整体，多种学科的职业教育课程知识之间有着天然的密切联系。因此，工作过程课程观强调，职业教育课程内容直接与职业工作过程相对接，工作过程中涉及什么样的工具、指向什么样的产品、经历什么样的流程、运用什么样的原料，等等，这些工作过程中的要素就成为职业教育课程的内容。其实，这些就是工作过程知识。当然我们不能把工作过程知识理解为工作过程中所涉及的理论知识和客观知识，而工作过程知识恰恰还包括那些实践性的知识和隐性知识。诸如会计专业的课程就要打破传统的"会计学原理、工业会计、商业会计、预算会计、经济法、统计学原理"等学术化的课程格局，而要构建"出纳业务处理、财产物资业务处理、总账业务处理、财务核算成果业务处理、成本核算业务处理"等面向工作过程的课程内容。

工作过程是工作过程导向课程的切入点，其核心要素包括劳动者、工作对象、工作工具、工作方法和工作产品，这些要素相互作用，并在特定的工作环境下完成预期的工作成果。工作过程知识涉及企业整个的工作过程，它不仅包含工作经验，而且包含有关生产的目的与生产进程方面的知识。工作过程知识是在具体的情境中积累起来的，它不仅是关于具体操作的知识，而且是有关不同的劳动怎样与企业的整体联系在一起的知识。因此，工作过程知识不是从学科知识中引导出来的第二手的知识，它具有自己的品质，隐含在具体的实际职业工作中。[1]工作过程导向的课程内容将不再按照学科及学科自身的逻辑体系来展开，而是根据个体职业能力的发展过程将课程实施内容划分为四个部分：(1)职业入门和概念性知识。该职业的主要工作内容是什么。(2)职业关联性知识。与工作过程和技术过程紧密相关的企业流程；在企业内所使用的原材料、设备和仪器的特殊性能；机械方面的、能源方面的、化学方面的和信息技术方面的内部过程特征，以及通过必要的活动所能够引发的结果的本质特征。(3)具体知识和功能性知识。为什么具体的工作是这样的。它是怎样运作的。(4)以经验为基础的专业系统化知识。如何专业系统化地解释事物和解决具体问题。[2] 因此，工作过程导向的课程内容完全突破了学科体系的框架，把工作过程知识作为课程的核心内容，将典型工作任务作为工作过程知识的载体，并且按照职业能力发展规律展开，能够更好地培养学生的综合职业能力。

(三)课程实施方式以行动导向教学为典型

"行动导向"教学并不是一种具体的教学方法，而是以行动或工作任务为导向的职业教育教学指导思想与理念，由一系列的以学生为主体的教学方式和方法所构成。在传统的职业教育中教师占据中心地位，学生在教师的指导下被动地接受知识和技能，相对缺乏自我学习的空间。在行动导向教学中，教师不再仅仅是知识与技能的传授者，而是更多地作为教学的咨询者和指导者，教学的重心由传统的教师的教转向了学生的学。这就意味着项目学习成为主要的学习方式。在项目学习中，学生是主要的行为者。在项目学习过程中，学生独立或以小组形式完成从信息的收集、工作计划的制订到工作任务的实施以及对工作成果的评价等，并在这一过程中获得工作过程知识。

情境学习成为以工作过程为导向的职业教育的典型特征。情境学习是以构建主义的学习原则为基础的，也就是说，不能把学习简单地理解为从教师到学生的知识传递，而应该把知识的获得视为学习者主动构建的过程。情境学习的主要关注点在于，学习情境的创建要尽可能地与以后的应用情境相接近，使二者尽可能地达到高度一致。在以工作过程为导向的职业教育模式中，教学内容就是从典型的职业工作任务中开发出来的。

任务导向的学习也是工作过程课程实施的一种重要方式。任务导向的学习是一种有助于实现对接工作过程的重要学习方式，主要以任务作为载体，在含有具体问

---

① M. Fischer，*Von der Arbeitserfahrung zum Arbeitsprozesswissen*，Opladen：Leske + Budrich，2000，p.121.

② 徐涵：《以工作过程为导向的职业教育》，载《职业技术教育》，2007(34)。

题的实际操作过程进行。所以，若要实施以任务为导向的自主学习，任务的设计是关键。在德国，学界提出了"学习性任务"这一概念，是指"从一个职业所涉及的典型工作任务中选取的，能将学习和工作以及职业学校和企业内与职业教育有关的各种元素进行有效整合"①。

---

① ［德］菲利克斯·劳耐尔、［澳］鲁珀特·麦克林：《国际职业教育科学研究手册（下册）》，赵志群等译，194 页，北京，北京师范大学出版社，2017。

第三章

职业教育课程的目标

任何一项活动都有其目标或方向，目标也是人们行动的一项依据和指南。职业教育课程究竟是为了什么，这是开展职业教育课程开发活动首先要解决的一个问题。本章主要在课程目标一般理论梳理基础之上，探讨职业教育课程目标的构成和设计问题。

第一节　课程目标的一般理论

一、课程目标的含义与依据

课程目标是各科类、各学科或各门课程的教育目标，属于教育目标在课程方面的具体化。课程目标是指课程落实后应达到的效果或学生应有的收获。比如，学生学习完数学课程之后应有的收获、学生学习完机械制图课程之后应得到的发展，均属于课程目标。一般我们所说的课程目标存在两个层面：一个层面是泛指某一类型教育的课程目标，此时课程目标是一个集体概念；另一个层面是具体某一门课程的目标，此时课程目标是一个具体所指的实物。

课程目标既是课程起点，也是课程的落脚点。之所以说课程目标是课程起点，是因为课程目标是一种导向，规定和引领着课程内容的选择和课程运作实施的方向，这一切都是围绕课程目标而展开的。正是有了这种导向的目标，因此在课程运作过程中，随时要围绕目标来调整方向，课程目标也是调控方向的指南针。之所以说课程目标是课程的落脚点，是因为课程目标是评判和衡量课程效果的"尺子"，课程最终的效果就是要达成课程目标。因此，课程目标具有导向功能、调控功能和评价功能。

一般来说，一个课程目标的形成有三个依据，即学生、社会和学科（知识）。正如泰勒在《课程与教学的基本原理》一书中，将课程目标的来源归纳为三个方面，即对学生的研究、对当代社会生活的研究和学科专家的建议。一是学生。课程目标的确定需要基于学生的身心发展特点和关注学生的需要。课程的根本价值在于促进学生的身心发展，因此，学生的特点与需要是确定课程目标的最基本的依据。把握课程所对应的学生身心发展特点和规律，便于确定适切的课程目标；研究学生的发展需要，明确学生到底需要什么，需要在哪些方面有所发展，便于确定具有发展意义的课程目标。比如，泰勒将初中学生的需要分为六个方面：健康；直接的社会关系，包括家庭生活以及与亲朋好友的关系；社会公民关系，包括在学校和社区的公民生活；消费方面的生活；职业生活；娱乐活动。① 总之，要想明确一门课程的目标或一个学段课程的目标，必须研究所对应学段的学生，虽然都是数学课，其课程目标在普通高中和中等职业学校中肯定是有差异的。二是社会。任何课程都具有社会时代性，课程一定是社会的课程。之所以说社会是课程目标制定的依据之一，在于社会需要什么样的人才，学校就要通过制定课程目标培养什么样的人才。一方面社会时代的变迁和更新不断赋予课程以新的目标迎合社会时代的需要；另一方面社会发展的未来趋势也不断赋予课程以超前的目标迎接未来的挑战。"课程目标不仅只是反映当下社会需求，更主要的是反映社会的未来发展趋势。"② 总之，在课程目标制定前，我们需要研究社会到底需要什么样的人才这一问题。三是学科（知识）。学科（知识）是课程目标制定的又一依据，它影响和决定着课程目标，它的影响作用主要体现在一门课程的目标要考虑该门课程所属学科领域在人类社会发展中的定位、在个体发展中的价值功能定位。比如，中小学数学课程目标的确定要考虑数学学科发展史和进展、考虑数学学科在人类社会和个体发展中的价值，尤其需要把握学科所具有的特殊价值，这是制定课程目标的一个重要依据。当然，在具体的课程开发中要通过向学科专家咨询建议的方式来把握学科。

二、课程目标的几种取向

（一）课程目标的价值取向

正是由于课程目标有三个制定依据或来源，在实际的课程活动中，往往会基于某种原因而偏向于某一依据或来源，进而产生不同的课程目标价值取向。第一种是学生本位的课程目标价值取向，第二种是知识本位的课程目标价值取向，第三种是社会本位的课程目标价值取向。

1. 学生本位的课程目标价值取向

课程目标主要反映课程促进个体成长的价值，强调课程应致力于满足个体发展的需要。比如，人本主义课程观就把情感（情绪、态度和价值观）与认知（知识和理

---

① ［美］拉尔夫·泰勒：《课程与教学的基本原理》，施良方译，6 页，北京，人民教育出版社，1994。
② 靳玉乐：《课程论》，187 页，北京，人民教育出版社，2012。

智技能)和学生行动的整合看成课程的核心。

2. 知识本位的课程目标价值取向

这一取向反映学科的价值,把人类文化遗产中最具学术性的知识看成课程中不可缺少的因素,学术系统性是课程的基本形式。课程目标主要反映学科的固有价值,强调课程传递文化遗产的功能。

3. 社会本位的课程目标价值取向

该取向主要反映课程的社会性价值,强调课程对社会的作用。主张课程应该围绕当代重大社会问题来组织,帮助学生学会如何参与制定社会规划并将它们付诸行动。

其实,在课程的实际运作过程中,往往会有三种价值取向同时交织在一起的情况,而且需要在实际运作中将这三种价值取向统筹兼顾,单纯地偏向某一种价值取向而忽视其他价值取向都是有弊端的。比如,《义务教育小学科学课程标准》(2017)规定了小学科学课程的目标:小学科学课程的总目标是培养学生的科学素养,并为他们继续学习、成为合格公民和终身发展奠定良好的基础。学生通过科学课程的学习,保持和发展对自然的好奇心和探究热情;了解与认知水平相适应的科学知识;体验科学探究的基本过程,培养良好的学习习惯,发展科学探究能力;发展学习能力、思维能力、实践能力和创新能力,以及用科学语言与他人交流和沟通的能力;形成尊重事实、乐于探究、与他人合作的科学态度;了解科学、技术、社会和环境的关系,具有创新意识、保护环境的意识和社会责任感。这一课程目标既强调了学生个体好奇心和探究热情的发展,也强调了科学知识的获得,还强调了环保意识和社会责任感的形成,兼顾学生、知识和社会三个方面的价值取向。

(二)课程目标的形式取向

1. 普遍性目标取向

普遍性目标是根据一定的哲学或伦理观、意识形态、社会政治的需要,对课程进行总括性和原则性规范与指导的目标。普遍性目标是一种宏观性、抽象性的描述,仅体现为一般性原理,为实施者提供了发挥创造性的广阔空间,但比较模糊,难以操作。以我国的课程目标为例,1957年毛泽东提出"我们的教育方针,应该使受教育者在德育、智育、体育几方面都得到发展";1985年《中共中央关于教育体制改革的决定》提出我国新的历史时期各级各类合格人才"都应该有理想、有道德、有文化、有纪律,热爱社会主义祖国和社会主义事业";等等。这类取向的课程目标具有普遍性,能够适用于所有的情境。

2. 行为性目标取向

行为性目标是以设计课程行为结果的方式对课程进行规范与指导的目标,它指明了课程结束后学生自身所发生的行为变化。行为性目标经博比特(Bobbitt)、查特斯(Charters)尤其是泰勒(Tyler)的"目标模式"之后,在20世纪的课程领域一度占据主导地位。比如,泰勒的课程目标强调"行为与内容的有机结合",即"行为—内容"二维图表,将每一个目标分解成行为和内容两个方面。他强调,"陈述教育目标

最有用的形式，是既指出应培养学生的哪种行为，又指出该行为可运用于哪些生活
领域或内容中"①。

3. 生成性目标取向

生成性目标是在教育情境中随着教育过程的展开而自然生成的课程目标。② 如
果说行为目标关注的是结果，那么生成性目标注重的就是过程。杜威（Dewey）之
"教育即生长"可谓生成性目标之萌芽。斯腾豪斯（Stenhouse）的过程模式则进一步
完善了这种理论：课程不应以事先规定的目标为中心，而要以过程为中心，即要根
据学生在课堂上的表现而展开。生成性目标取向基于课程的生成性品质，"课程是
由教师与学生缔造的，课程不是设计者预定好的固定化发展路径，而是由教师与学
生在其生活世界中演义着他们自身对知识与精神的追求轨迹"③。

4. 表现性目标取向

表现性目标是由美国课程论专家艾斯纳（Esiner）提出来的。表现性目标是指每
一个学生在具体的教育情境中的个性化的创造性表现，它追求的是学生反应的多元
化，而不是反应的同质性。它关注的是学生在活动中表现出来的某种程度上首创性
的反应形式，而不是事先规定的结果。它一般只为学生提供活动的领域，而结果则
是开放的。其目的主要是培养学生的创造性和个性。典型的表现性目标，如学习完
某一篇课文之后，请谈谈你的体会与感受。

三、课程目标的设计维度

课程目标的设计是课程开发的第一步，只有课程目标明确，课程的其他活动才
能有序展开。那么，到底如何设计一门课程的目标？一门课程目标应该包括什么要
素？这是课程目标设计的方法论问题，需要搞清楚课程目标的设计维度。

心理学家加涅（Gagne）提出学习结果的分类，可以为课程目标的设计提供参考。
加涅认为有五种学习结果：（1）言语信息，可以用言语进行描述，实际上是知道层面
的问题；（2）智慧技能，个体学会使用符号与外界环境保持接触的一种能力；（3）认知
策略，是一种处理内部世界的能力；（4）动作技能，完成某一动作；（5）态度，个体
事先倾向于一定行动选择的心理状态。一门课程的目标可以依据加涅的学习结果分
类理论来设计。比如，英语的课程目标包括语言知识、语言技能、学习策略、情感
态度和文化意识等方面。

再如按照布卢姆（Bloom）的教育目标分类理论，可以将课程目标分为三个维度：
（1）认知目标。在认知领域的教育目标可分成知道（知识）（knowledge）、领会
（comprehension）、应用（application）、分析（analysis）、综合（synthesis）、评价（evaluation）
六个水平层次。知道（知识）是指认识并记忆。这一层次所涉及的是具体知识或抽象

---

① ［美］拉尔夫·泰勒：《课程与教学的基本原理》，罗康、张阅译，47 页，北京，中国轻工业
出版社，2016。

② 钟启泉：《课程论》，120 页，北京，教育科学出版社，2007。

③ 赵文平：《生成性课程：一种基于生成性思维的课程形态》，载《全球教育展望》，2007(12)。

知识的辨认，用一种非常接近学生当初遇到的某种观念和现象时的形式，回想起这种观念或现象。领会是指对事物的领会，但不要求深刻的领会，而是初步的，可能是肤浅的，包括"转化"、解释、推断等。应用是指对所学习的概念、法则、原理的运用。它要求在没有说明问题解决模式的情况下，学会正确地把抽象概念运用于适当的情况。这里所说的应用是初步的直接应用，而不是全面地、通过分析、综合地运用知识。分析是指把材料分解成它的组成要素部分，从而使各概念间的相互关系更加明确，材料的组织结构更为清晰，详细地阐明基础理论和基本原理。综合是以分析为基础，全面加工已分解的各要素，并再次把它们按要求重新组合成整体，以便综合地、创造性地解决问题。它涉及具有特色的表达，制订合理的计划和可实施的步骤，根据基本材料推导出某种规律等活动。它强调特性与首创性，是高层次的要求。评价是认知领域里教育目标的最高层次。这个层次的要求不是凭借直观的感受或观察的现象做出评判，而是理性地、深刻地对事物本质的价值做出有说服力的判断，它综合内在与外在的资料、信息，做出符合客观事实的推断。(2)情感目标。布卢姆团队的成员、美国教育学者克拉斯沃尔(Krathwohl)认为，情感领域的教育目标主要包括态度、兴趣、理想、欣赏和适应方式等；根据价值内化的程度，其领域可分为接受、反应、价值评价、价值的组织和价值的个性化五项。①接受：指学习者愿意注意某特定的现象或刺激。例如，静听讲解、参加班级活动、意识到某问题的重要性等。学习结果包括从意识到某事物存在的简单注意到选择性注意，是低级的价值内化水平。②反应：学习者主动参与，积极反应，表示出较高的兴趣。例如，完成教师布置的作业、提出意见和建议、参加小组讨论、遵守校纪校规等。学习的结果包括默认、愿意反应和满意的反应。这类目标与教师通常所说的"兴趣"类似，强调对特定活动的选择与满足。③价值评价：指学习者用一定的价值标准对特定的现象、行为或事物进行评判。它包括接受或偏爱某种价值标准和为某种价值标准做出奉献。例如，欣赏文学作品、在讨论问题中提出自己的观点、刻苦学习外语等。这一阶段的学习结果所涉及的行为表现出一致性和稳定性，与通常所说的"态度"和"欣赏"类似。④价值的组织：指学习者在遇到多种价值观念呈现的复杂情境时，将价值观组织成一个体系，对各种价值观加以比较，确定它们的相互关系及它们的相对重要性，接受自己认为重要的价值观，形成个人的价值观体系。例如，先处理集体的事，然后考虑个人的事；或是形成一种与自身能力、兴趣、信仰等协调的生活方式等。值得重视的是：个人已建立的价值观体系可能因为新观念的介入而改变。⑤价值的个性化：指学习者通过对价值观体系的组织，逐渐形成个人的品性。各种价值被置于一个内在和谐的构架之中，并形成一定的体系。个人言行受该价值体系的支配；观念、信仰和态度等融为一体，最终的表现是个人世界观的形成。达到这一阶段以后，行为是一致的和可以预测的。例如，保持谦虚态度和良好的行为习惯、在团体中表现出合作精神等。(3)动作技能目标。辛普森等人(Simpson et al.)于1972年提出将动作技能目标分成七级。①感知：指运用感官获得信息以指导动作，主要了解某动作技能的有关知识、性质、功用等。②准备：指对固定动作的准备，包括心理定向、生理定向和情绪准备(愿意活动)。感知是其先决条件，在我国将感知和准备阶段统称为动作技能学习的认知阶段。③有指导的反应：指复杂动作技能学习的早期阶段，包括模仿和尝试错误。通过教师评价或一套适当的标准来判断操作的适当性。④机械动作：指学习者的反应已成习惯，能以某种熟练和自信水平完成动作。这一阶段的学习结果涉及各种形式的操作技能，但动作模式并不复杂。⑤复杂的外显反应：指包含复杂动作模式的熟练操作。操作的熟练性以精确、迅速、连贯协调和轻松稳定为衡量指标。⑥适应：指技能的高度发展水平，学习者能修正自己的动作模式以适应特殊的设施或满足具体情境的需要。⑦创新：指创造新的动作模式以适应具体情境。要有高度发展的技能作为基础才能进行创新。

还有观点将课程目标分为四大类：认知类目标、技能类目标、情感类目标和应用类目标。(1)认知类目标，包括知识的基本概念、原理和规律，理解和思维能力；(2)技能类目标，包括行为、习惯、运动及交际能力；(3)情感类目标，包括思想、观点和信念，如价值观、审美观等；(4)应用类目标，包括应用前三类来解决社会和个人生活问题的能力。

近些年课程改革理论将课程目标明确为三维目标：知识与技能、过程与方法、情感态度与价值观。(1)知识与技能目标。所谓知识目标，这里主要指学生要学习的学科知识(教材中的间接知识)、意会知识(生活经验和社会经验等)、信息知识(通过多种信息渠道而获得的知识)。所谓技能目标是指通过练习而形成的为完成某项任务所必需的活动能力。技能目标可为分"四种"：一是基本技能；二是智力技能；三是动作技能；四是自我认知技能。(2)过程与方法目标。所谓过程，其本质是以学生认知为基础的知、情、意、行的培养和发展过程，是以智育为基础的德、智、体全面培养和发展的过程，是学生的兴趣、能力、性格、气质等个性品质全面培养和发展的过程。所谓方法，是指学生在学习过程中采用并学会的方法。(3)情感态度与价值观目标。所谓情感，是指人的社会性需要是否得到满足所产生的态度体验。所谓态度，这里不仅指学习态度和对学习的责任，还包括乐观的生活态度、求实的科学态度、宽容的人生态度等。所谓价值观，本指对问题的价值取向的认识。三维目标不是三个目标，而是一个整体目标的三个维度。我们要从人的整体发展的角度审视三维目标，不能割裂三维之间的密切联系。

第二节　职业教育课程目标的构成
——职业能力的结构

关于职业教育课程目标的构成，除了要坚持一般课程理论中的课程目标划分维度之外，另有其特殊的地方。比如，职业能力就是

扫码观看微课视频

表征职业教育课程目标的概念，并且可以通过研究分析职业能力的结构来解剖职业教育课程目标的构成。职业能力有着丰富的含义，从不同的角度理解可以有不同的观点，并对职业教育课程目标有不同的意义。

一、一般职业能力与特殊职业能力

一般职业能力，又被称为普通职业能力，是人们从事不同职业活动所必需的共同职业能力，如语言表达能力、数学能力、沟通能力、收集信息能力、处理信息能力、创新能力等。比如，财会专业的课程需要实现的一般职业能力目标是语言能力、数学能力、交往合作能力等。

特殊职业能力，又被称为专门职业能力，是指从事某一特定职业所必备的特殊的或较强的能力。比如，财会专业的课程需要实现的特殊职业能力目标是会计电算化能力、处理财务的能力、点钞能力等。

一般职业能力是特殊职业能力的基础，特殊职业能力会促进一般职业能力的提高，只有具备二者并共同作用，工作者在职业活动中才能有效胜任工作。

这种一般职业能力与特殊职业能力的二分目标构成，重在提示我们职业教育课程目标不仅要关注特殊职业能力，而且要落实好一般职业能力。现实当中，我们往往重视某一专业课程的专业方面的目标，却忽视了非专业的目标。

二、综合职业能力结构

综合职业能力的观点将所划分的职业能力要素整合起来，这实际上是一种将整体职业能力分解的结构化思维。综合职业能力源于德国的职业能力观。专业能力、方法能力和社会能力构成综合职业能力，这种观点是德国职业能力观之一，而不是唯一的和全部的。在德国职业能力观中还有很多的观点。比如，德国奥斯伯格大学的

扫码观看微课视频

弗里茨·波尔（Fritz Böhle）提出职业行动能力，具体包括个人能力、专业方法能力和社会交往能力。个人能力包括个人经验知识，知识处理的个人技能，独特的工作态度、价值观和理想的发展，组织能力，决策能力，责任能力，领导能力。专业方法能力包括专业知识与技能，信息性知识，内容性基础知识，逻辑思维，创造性技巧，组织和工作领域中的职业技能，方法思想导向的分类组织知识，问题解决能力，生成解决方案。社会交往能力包括语言表达能力、自我表现、亲和、社会责任心，能够主动与其他人一起合作的能力、创造性沟通合作的能力，团队中工作、学习和生活的能力，能在团队中向他人学习并能够贡献自己的力量，能够接受其他人的观点，批判能力，遵守承诺、规章。

目前，我国通用的综合职业能力的观点认为，职业教育课程目标在于学生的专业能力、方法能力和社会能力三个方面得到整体发展。专业能力是学生所具备的从事职业活动所需的专业知识和专门技能，关键是解决学生会不会做的问题，比如，关于工作方式方法的专业知识能力、对工具的认识及使用、关于材料的处理。方法能力是学生所具备的从事职业活动所需的学习方法和工作方法，是一种独立学习和

工作、独立获取新知识技能的能力，能够把学到的知识和能力运用到解决新问题的实践中，关键是解决学生将来能否可持续性地做的问题，比如，如何获取与处理信息的方法、工作与学习的方法。社会能力是学生所具备的从事职业活动所需的行为规范和价值观念，特别强调学会共处、学会做人，是一种与他人交往、沟通、合作和共同工作的能力，关键是解决学生能否用心做、与他人合作着做的问题，比如，交流与合作能力、组织与完成任务的能力、独立性与责任性等。

以会计专业出纳岗位来说，其工作过程为：保管收付业务的相关资料及印鉴——办理收付业务——登记相关日记账——编制内部收付款报表。其主要工作任务为：库存现金收付、银行结算、库存现金及银行存款日记账登记、银行存款核对。出纳岗位专业能力包括：(1)能熟练办理现金收支结算业务、银行转账结算业务；(2)能明辨现金和各种银行结算票据的真伪；(3)能按照规定保管现金和各种结算票据；(4)能按照规定登记现金、银行存款日记账；(5)能按照规定核对现金和银行存款；(6)能正确处理在货币资金结算过程中出现的差错。出纳岗位的社会能力包括：(1)能友好地与单位内部、外部的办理相关业务的人员相处；(2)能充分预见货币资金收付过程中可能出现的矛盾和风险，并能化解矛盾和风险；(3)能严格公正地执行财经纪律，不徇私、不刁难；(4)能在关键时刻、危难之际，保护国家与集体的现金、会计档案等重要财产和资料。出纳岗位的方法能力包括：(1)能通过了解我国5套人民币的发展历史及特点，总结人民币防伪方法的变迁，掌握准确辨别真伪货币的技巧，预防假币侵害；(2)能通过7种银行转账结算方法的学习与训练，总结出银行转账结算的流程、主体、手续，为掌握未来出现的新结算方式打下基础。

三、职业能力的层次结构

原劳动和社会保障部1998年在《国家技能振兴战略》研究报告中，将人的职业能力分为三个层次，即职业特定能力、行业通用能力和职业核心能力。职业特定能力是面向和适用于某一职业的工作岗位的能力，是每一个职业自身所特有的能力。行业通用能力是同时存在于几个职业或工种中、通用于该类行业的职业能力。所以行业通用能力是以社会中各大类行业为基础的，普遍存在于某类行业中的诸个职业或工种之中。职业核心能力是所有职业活动中应具备的一种最基本的能力，不论工作者从事哪类行业或工作，都应具备的基本能力。

此时，职业院校某一个专业整体的课程目标和某一门具体课程的目标，就可以考虑从职业特定能力、行业通用能力和职业核心能力三个层次来设计其结构。

四、COMET 职业能力模型①

COMET 职业能力模型是一个三维能力模型，包括能力的要求维度、能力的内

---

①　本部分内容主要参考赵志群教授的相关研究成果，在此特别感谢！笔者不一一罗列其他相关成果。

容结构维度和职业行动维度。

在能力要求维度中，按照职业能力水平，分成了名义能力、功能性能力、过程性能力和设计能力四个层次。（1）名义能力是职业能力水平的第一层次，要求学生具备概括性和概念性的基础知识，这些基础知识并不足以引导出专业化的行动。参照国际学生评估项目（Program for International Student Assessment，PISA）在科学教育中对"名义能力"的定义（"风险学生"所在的能力水平），处于名义能力水平的学生属于风险群体，他们没有足够的职业能力，无法按照职业标准独立完成岗位任务。（2）功能性能力是进行岗位工作的基本能力，即基本知识和技能。这个层次并不要求学生理解复杂的关系，与情境关联性不大。（3）到了过程性能力这一层次，工作任务与企业生产流程和工作情境联系密切，完成工作任务需要考虑经济性、顾客导向和工作过程等多方面要求，学生需具备质量意识和工作过程知识。（4）在整体化的设计能力层次，则要求学生能将工作任务放到整个工作系统中认识，不但要满足任务的复杂性要求，而且要考虑复杂的企业和社会环境以及对于工作过程和结果的不同要求。

在能力内容结构维度中，按照职业成长逻辑规律理论，职业发展过程分为初学者、高级初学者、有能力者、熟练者和专家五个阶段，对应的职业学习内容则分为四个范围：（1）职业入门教育，即学习本职业（专业）的基本工作内容，了解职业轮廓，完成从职业选择向职业工作世界过渡并初步建立职业认同感；（2）职业关联性教育，学生对工作系统、综合性任务和复杂设备要建立整体性的认识，掌握与职业相关联的知识，了解生产流程和设备运作，思考人与人之间的关系以及技术与劳动组织间的关系，获取初步工作经验并开始建立职业责任感；（3）职业功能性教育，学生要掌握与复杂工作任务相对应的功能性知识，完成非常规性任务（如故障诊断）并促进合作能力的进一步发展，成长为初步的专业人员并形成较高的职业责任感；（4）知识系统化的专业教育，学生需完成结果不可预见的工作任务，建立学科知识与工作实践的联系，并发展组织能力和研究性学习的能力。

在职业行动维度中，按照行动导向学习理论，完整的行动过程分为六个阶段，即明确任务、制订计划、做出决策、实施、控制和评价反馈。

第三节　职业教育课程目标的设计

本节所讨论的职业教育课程目标是指具体一门课程的目标，所以下文将对一门课程的目标的设计问题展开分析。

扫码观看微课视频

一、职业教育课程目标设计取向——米歇尔·福柯技术观的审视

对于职业教育课程目标的设计，需要站在技术哲学的视角来审视，其中米歇尔·福柯（M. Foucault）从权力规训等角度为理解技术体系，进而为指导职业教育课程目标设计提供了很好的方法论基础。在福柯的技术观中，现代技术体系包括生产技术、符号技术、权力技术与自我技术四个方面。

所谓生产技术，在福柯看来，主要是指征服自然、改造自然的科学化工程技术，具有价值中立性。这里主要表现为操作层面。由此启发我们，学习者获得面对生产实践的技术操作能力，这是职业教育课程目标的一个方面。

所谓符号技术，与语言相关，是通过放置在一定的技术语境下来理解和使用的。基于此，学习者在自己大脑中获得一种技术认知，或者能够用相应的思想去表达技术，并有效传递技术，这也是职业教育课程目标的一个重要方面。

所谓权力技术，涉及人与人之间的关系，在技术操作中需要处理制度、人际关系和价值立场等问题。因此，在职业教育课程目标中需要关注学习者对技术规则、技术制度和技术价值等方面的把握。

所谓自我技术，"就是个体通过自由选择自己的生活方式实现一种独具特色的个性化生存技术"[①]。福柯进一步将自我技术描述为能够"允许个体以自己的方式或通过他人的帮助，对自己的身体、心灵、思想、行为、生存方式施加影响以改变自己，达到某种快乐、纯洁、智慧、美好、不朽的状态"[②]。可见，自我技术实质上是一种基于主体性和权力角度的个体对技术的自主力量或状态，是技术在个体身上的内化，是自我改造、自我提升和自我完善的技术。对于职业教育课程目标来说，就是学习者最终要在技术学习、使用、传递的过程中形成一个个性化的技术主体，强调"自我关怀而非社会操控"，体现出人文色彩。

总之，福柯对技术的理解是站在主体的立场上的，"福柯的技术概念是一种以主体作为载体的传统人体技术，它不同于以客体作为载体的现代科学技术与现代工程技术，前者直接根源于人的经验，后者直接根源于规范化和操作化的科学知识与工程知识"[③]。从福柯所提出的技术体系观来看，职业教育课程目标的取向在于立足生产技术，发展好符号技术和权力技术，最终实现自我技术，推动职业工作者实现个性化的生存。

二、职业教育课程目标设计过程——职业能力分析

其实早在 100 年前，博比特在其 1918 年出版的《课程》一书中就指出，寻找训练目标的极好方法就是找出最主要的职业、每种职业所需的流程，以及高效工作所需的知识、习惯和技能。博比特在《课程》中强调关注课程目标的以下内容："（1）工

---

① 贾玉树：《米歇尔·福柯的技术本体论》，载《哲学分析》，2015（4）。
② Michel Foucault，*Ethics：Subjectivity and Truth*，New York：The New Press，1997，p. 225.
③ 贾玉树：《米歇尔·福柯的现代技术体系》，载《山西师范大学学报（社会科学版）》，2015（4）。

人必须熟练掌握的工具和机器的列表；（2）工人必须熟悉的工作所需的原材料的列表；（3）与工作和流程相关的普通知识的列表；（4）工作中实际用到的数学运算；（5）控制工作流程所需的科学知识的条目；（6）工作中实际用到的规划和设计的要素；（7）在语言对一个人的工作至关重要的领域，如商贸行业，适宜的英语有怎样的特征；（8）卫生方面的要求，以确保一个人达到工作所需的身体标准；（9）经济学方面所需的知识。"[1]

其实，这里的关键是开展工作任务和职业能力调研与分析。主要的调研方法有问卷调查、访谈、研讨（头脑风暴）。调研参与人员包括企业专家、技术工人、技术员或工程师、本专业全体教师、课程专家、学生。调研的要素是岗位、工作过程、职业能力和职业行动情境。

（一）市场需求分析

首先要明确专业培养所对应的企业或产业是什么，然后分析企业或产业的性质是什么，进而明确专业培养所对应的岗位有哪些。比如，机械设计与制造专业可以做如下市场需求分析（见表 3-1）。

表 3-1　某机械设计与制造专业市场需求分析

对应的企业或产业	企业或产业性质	对应的岗位
某某重工集团公司 某某重型机械集团公司 ……	知名企业 工程机械知名品牌 特色产品	机械加工 工程机械装配 机械产品工艺 机械产品检验和质量管理 机械产品售后服务

（二）职业范围及职业岗位确定（见表 3-2）

表 3-2　某机械设计与制造专业职业范围及职业岗位分析

职业范围	职业岗位描述	典型工作任务
生产	机械零部件生产与工程机械调试	机械设备的操作和工程机械产品的装配工艺
	机械设备和工装维护	机械设备和工装的维护
	机械加工工艺规程编制与实施	根据图纸要求，制订合理的工艺流程方案，编制机械零件加工和工程机械装配生产工艺规程
管理	机械产品检验和质量管理	工程机械产品的检验和质量管理
售后服务	工程机械产品售后服务	熟悉工程机械产品结构、性能、特点，了解工程机械的工作原理；掌握销售渠道和方法，能稳妥地解决售后常见的技术问题

---

① ［美］约翰·富兰克林·博比特：《课程》，刘幸译，40 页，北京，教育科学出版社，2017。

(三)典型工作任务分析

明确好课程所对应的职业范围和岗位之后,要做的就是工作任务分析,并且最终抽取出典型的工作任务。"在一定条件下,如果一个主体从思想上预计可以实现一个目标,并意识到达到这一目标的必要性,任务就产生了。在任务实施过程中,个体一开始就监控自己的行为,并以不断展开的方式期待着目标的实现。从这个意义上讲,任务就是逐渐展开的目标。"①

扫码观看微课视频

这种典型工作任务分析主要需要运用好实践专家研讨法。实践专家研讨法的最终目的是解构职业技术工作中的知识和技能,实质上是通过典型工作任务分析来确定课程目标。"通过实践专家研讨会,可以按照从新手到专家的能力发展水平,描述存在于企业经营和工作过程中的典型工作任务,从而为课程体系开发奠定基础。"②所谓实践专家研讨法,是指凭借每一位参与研讨的实践专家的个人经验,围绕每位实践专家所列出的代表性任务进行集体讨论,最终确立一个具有共

扫码观看微课视频

识性的、能够正确描述所有参与者所认同的典型工作任务清单,将此作为课程目标,并为后续课程内容开发和组织结构设计提供基础。按照德国专家的观点,每个职业的工作一般由15~20个典型工作任务组成(见表3-3)。

表3-3　某机械设计与制造专业典型工作任务分析

职业行动领域名称	主要工作任务	职业行动领域描述	
		知识要求	能力要求(可进一步按照专业能力、方法能力和社会能力细化)
机械零部件生产与工程机械调试	1. 机床的操作 2. 机床的三级保养 3. 刀具的选用与磨制 4. 工件的装夹 5. 通用量具、专用量具的正确使用 6. 机械设备的操作和工程机械产品的装配	1. 掌握金属切削机床基本原理 2. 掌握金属切削机床结构 3. 掌握数控编程与操作 4. 掌握液压与气动回路结构 5. 掌握机械装配工艺 6. 掌握刀具知识	1. 熟练操作一种普通机加设备(车床或铣床),达到中级技工水平 2. 熟练操作一种数控机加设备(车床或铣床),达到中级技工水平 3. 能操作其他普通机械加工设备,达到初级工艺水平 4. 能编写常规零件的数控加工程序 5. 能熟练进行机加设备一、二级保养 6. 熟练使用各种常见装配工具 7. 能进行典型工程机械装配工序操作 8. 能按要求进行工程机械初步调试

---

① [德]菲利克斯·劳耐尔、[澳]鲁珀特·麦克林:《国际职业教育科学研究手册(下册)》,赵志群等译,353~354页,北京,北京师范大学出版社,2017。

② [德]菲利克斯·劳耐尔、[澳]鲁珀特·麦克林:《国际职业教育科学研究手册(下册)》,赵志群等译,361页,北京,北京师范大学出版社,2017。

三、职业教育课程目标表述

(一)注意目标的完整性与层次性

首先,所设计的目标应是完整的,即不管按照哪一种逻辑思路,目标是一个整体。比如,按照三维目标的思路,那么应同时包括知识与技能、过程与方法、情感态度与价值观;如果按照综合职业能力的思路,应包括专业能力、方法能力和社会能力。任何一门课程都要确立完整的课程目标体系,推动学生的全面发展。

其次,所设计的目标在每一维度下应有一定的层次性。根据布卢姆教育目标分类学的思想,每一类目标都可以分为一定的层次,目标的发展本身也具有过程性和阶段性,总是从一个阶段不断积累而向下一阶段跨越。

最后,在目标设计上要注意其完整性和层次性,通过"先分类后分层"的方法确保目标的完整性和层次性。如表3-4所示,"先分类后分层"的目标设计能够体现出目标体系的逻辑性。

表 3-4 "先分类后分层"的目标设计

第一种分类	某一维度的层次	第二种分类
知识与技能	了解—理解—应用	专业能力
过程与方法	模范—独立操作—迁移	方法能力
情感态度与价值观	感受—反应—内化	社会能力

(二)注意目标的主体性与发展性

所谓目标的主体性,是指目标的主体是学生,目标是学生的目标。所以在表述中,目标主体是学生而不是教师,不应出现"使学生""让学生""培养学生"的说法,这些都是不规范的表达,应该是"学生获得""学生发展""学生掌握"等类似的表达形式。

所谓目标的发展性,是指目标体现出一定的未来性,通过学生的努力能够达到和实现,体现学生的发展方向。这里包含两层含义,一是目标不能太低,低于学生现有发展水平或可能的发展水平而没有一定的难度,体现不出学生应有的发展空间;二是目标不能过高,远远高于学生可能的发展水平,不可能达到,不符合实际,反而挫伤学生的发展积极性,不利于学生发展。

(三)注意目标的可操作性与实践性

所谓目标的可操作性,是指目标是明确的,能够用行为或一定的标准去衡量,目标不是盲目的宏大和抽象,而要明确通过一门课程的学习到底能够实现什么样的发展,具体可以体现在哪些方面。

所谓目标的实践性,是指目标对于职业教育课程与教学实践能够起到引领、指南等作用,对于学生的发展具有实际促进作用。目标不是摆设,目标不是束之高阁的装饰品,目标在实践中应有现实的影响力。

第四章

职业教育课程的内容

　　课程内容是课程系统中的重要要素，课程目标的实现需要以课程内容为载体，课程实施的运作需要以课程内容为中介，由此可见课程内容的重要性。对于职业教育课程内容来说，其基本性质究竟是什么？是理论知识还是实践知识？是文字符号还是行动体系？职业教育课程内容如何选择、如何组织？本章试图对上述问题展开讨论。

第一节　课程内容的一般理论

一、课程内容的内涵

　　究竟什么是课程内容？不同的学者有不同的观点。廖哲勋在其《课程学》中认为，"课程内容是指由符合课程目标要求的一系列比较系统的间接经验与学生的某些直接经验组成的用以构成学校课程的基本材料"[①]。钟启泉教授主编的《课程论》将课程内容界定为"课程的核心要素，是根据课程目标，有目的地选择的一系列直接经验和间接经验的总和，是从人类的经验体系中选择出来，并按照一定的逻辑序列组织编排而成的知识体系和经验体系"[②]。靳玉乐教授主编的《课程论》指出："课程内容是符合课程目标要求的一系列比较规范的由间接经验和直接经验组成的用以

　　[①]　廖哲勋：《课程学》，98 页，武汉，华中师范大学出版社，1991。

　　[②]　钟启泉：《课程论》，141 页，北京，教育科学出版社，2007。

构成学校课程的文化知识体系。"①综合学界的诸种观点，我们可以从以下几个方面来认识课程内容。

首先，从课程内容的地位来看，课程内容是学生学习的对象，这意味着课程内容最终要落实到学生的学习上，课程内容不是为了教师教，而是学生学习的对象。课程内容是影响学生发展的材料，这意味着课程内容关系学生的发展情况，所以也会牵扯出究竟什么样的内容可以成为课程内容的问题。课程内容是人类文明成果的精华，课程内容一定是人类社会历史上的精华，是优秀的、积极的、有价值的经验。

其次，从课程内容的基本表现形态来看，课程内容具有直接经验和间接经验两种形态。课程内容既可以表现为以语言文字符号来承载的间接经验，诸如概念、原理、理论体系，等等；也可以表现为无法用语言文字承载的直接经验，如体验活动、技能技巧等。

最后，从课程内容的要素来看，课程内容是一定知识、技能、技巧、思想、观点、信念、言语、行为、习惯等方面的总和。也正如有的观点将课程内容的要素归纳为认知性要素、道德性要素、审美性要素、健身性要素和劳动技术性要素五个方面。② 也有人将课程内容的要素划分为科学知识、社会生活经验和学习活动三个维度。③

二、课程内容的选择

课程内容的选择是根据特定的教育价值观及相应的课程目标从学科知识、当代社会生活经验或学习者的经验中选择课程要素的过程。实质上是解决什么东西可以进入或成为课程内容，什么东西可以拿来让学生学习的问题。1859 年英国哲学家和教育学家斯宾塞提出"什么知识最有价值"这一著名的命题，被视作课程论发展史上首次明确提出了课程内容选择的问题。泰勒原理中关于"怎样选择有助于达到教育目标的学习经验"的问题，实质上是课程内容选择问题，泰勒提出了一些非常有价值的观点。笔者认为，以下几个基本问题是课程内容的选择中需要考虑的问题。

一是课程内容选择的制约因素。当前课程论学界形成一个基本共识，课程内容选择的制约因素主要是三大因素，即社会、学生和学科。(1)社会因素制约着课程内容的选择。社会作为一个大系统，可以包括政治、经济和文化等方面，那么社会大系统中的具体要素都会影响制约课程内容的选择。政治因素制约课程内容选择主要表现为政治制度制约着课程内容的选择、政治意识形态决定课程内容的意识形态属性等方面。中央集权制国家和地方分权制国家在学校课程内容的选择上表现出明显的差异，中央集权制国家倾向于国家统一的标准和大纲，甚至由统一的机构来控制和出版教材；地方分权制国家则由地方各州或省根据地方的实际情况选择确定具

①　靳玉乐：《课程论》，207 页，北京，人民教育出版社，2012。
②　钟启泉：《课程论》，150 页，北京，教育科学出版社，2007。
③　靳玉乐：《现代课程论》，195 页，重庆，西南师范大学出版社，1995。

体的课程内容，国家层面没有统一的标准和教材。在有的国家，人文类如政治、历史和语文的课程内容带有强烈的政治意识形态属性。经济因素制约课程内容。经济结构可能会决定课程内容的结构。经济发展水平的需求决定着对课程内容的需求。文化因素同样制约课程内容，从中西方古代学校课程内容的差异就可以看出文化的差异，中国古代主要受儒家文化传统价值观的影响，学校课程内容占主导地位的是儒家经典和伦理教育；西方国家随着文艺复兴和自然科学的发展，体现出了崇尚科技文化的百科全书式课程内容。（2）学生因素制约课程内容的选择。学生的身心发展水平决定了课程内容的难度水平，因此在选择课程内容时要考虑学生身心所处的发展水平，如小学阶段以直观形象思维为主，这就决定了小学阶段的课程内容不能太抽象。学生学习规律和特点决定了课程内容的特点，比如，职业院校学生学习表现出行动导向的特点，这就决定了职业院校课程内容主要是面向职业行动的实践性内容。（3）学科因素制约着课程内容的选择。人类科学文化知识是课程内容的直接来源，任何一门课程都是对相应领域人类科学文化知识的积淀和梳理。科学文化知识发展的速度制约课程内容的更新速度，诸如人类社会当前信息技术方面的学科知识发展速度非常快，也直接决定了这方面课程内容的更新频率高，不断有新的内容加入课程，不断有新的教材出版。科学文化知识结构制约课程内容的结构，科学文化知识自身的结构体系决定了课程内容的结构体系，比如，物理学科所形成的力、热、光、电等结构体系决定了物理课程内容也是这几个方面。

二是课程内容选择中应坚持基本原则。（1）科学性与思想性相统一。课程内容首先是科学的，而不是谬误的；同时课程内容应该是具有思想性的，在科学的概念、规律、原理背后蕴含着具有人文价值的思想。比如，《机械制图》这门课程内容涉及《机械制图》《技术标准》等国家标准及其有关规定，投影理论、零件图和装配体的识读和绘制等内容。这些内容一方面是科学的，另一方面包含着创新、精益求精等思想。（2）注重基础性。在当前的信息化社会中，学校教育给人的发展提供的是一种"基础教育"，学校教育中的课程内容为个体的终身发展奠定了基础。因此课程内容选择需要考虑为学生个体发展提供系统知识的基础、学习能力的基础、方法的基础、使用工具的基础、做人的基础、艺术鉴赏的基础、健身的基础。（3）尊重学生的生活经验。课程内容最终是为了促进学生的学习，也可以说课程内容是为了学生的学习，也应基于学生的学习。课程内容的选择一定要考虑学生的兴趣、需要、能力水平、身心发展规律和便于理解掌握知识的生活经验。（4）强化价值观和道德教育。在课程目标理论中，情感态度和价值观是一个重要的目标维度，是任何一个课程中都应有的目标。同样课程内容不仅包含那些认识性的要素和技能性要素，也应包含价值性要素和道德性要素。任何一门课程内容、任何一个具体的课程内容都应具有价值性和道德性要素，具有价值观教育和道德教育的功能。我们可以在化学化工类课程中选择那些告诉学生如何运用化学化工原理和材料加工制造服务于人类生产生活的化工产品的内容，但是不能选择那些运用化学原理和材料去制造残害人类的有毒物质方面的内容。(5)体现一定的文化性。课程与文化有着天然的联系，课程本身就是文化的象征，课程也传播着人类先进的文化。课程内容虽然从表面上看只是一系列的知识符号、技术技能行动，但是事实上总是承载着一定的文化。课程内容的选择要体现和挖掘出一定的文化，避免"有知识没文化""有技术没文化"等现象。

三、课程内容的组织

美国著名课程论专家麦克尼尔(McNeil)引用诗句"在这智慧的年代，亦有无知的时刻，大量闪烁发光的事实，自天倾盆而降，未经质疑，互不联系，睿智每日萌生，足以消除人间祸患，但至今没有编织机，将它梳理成章……"其实他在比喻课程内容组织的重要意义。一般来说，在课程内容的组织中存在几对关系需要把握。一是直线式与螺旋式。直线式就是将课程内容按照由浅入深、由易到难的原则，在逻辑上前后联系直线推进、不重复地进行排列。直线式排列的依据是课程知识本身内在的逻辑是直线的。螺旋式就是依据与学习者的思维方式相符合的形式，由一个小圆周开始，随着学生心智能力的成长，不断拓展课程的广度和深度所形成的一种循环往复、层层上升、立体展开的课程组织结构。螺旋式排列的依据是人的认知逻辑或认识发展的过程规律。二是纵向组织与横向组织。纵向组织又称垂直组织、序列组织，是指按照某些准则以先后顺序排列课程内容，由简到繁、由易到难、由已知到未知。横向组织是指将各种课程要素按横向关系组织起来，关注的是不同课程内容之间的横向联系。横向组织关注的是联系性、整合性，诸如经验课程、核心课程、综合课程。三是逻辑顺序与心理顺序。逻辑顺序是指根据学科本身的系统和内在的联系来组织课程内容。逻辑顺序强调较多的是学科固有的逻辑顺序排列，而不大考虑逻辑对学生有什么意义。心理顺序是指按照一定年龄阶段学生心理发展的特点来组织课程内容。心理顺序强调根据学生的身心发展特征，以及他们的兴趣、需要、经验背景来组织课程内容，而学科逻辑则处于从属地位。

关于课程内容的组织，美国的泰勒在其《课程与教学的基本原理》中提出了连续性、顺序性和整合性的原则。连续性是指直线式地陈述或呈现主要的课程内容；顺序性是强调每一后续内容以前面的内容为基础，同时又对有关内容加以深入、广泛的展开；整合性是指各种课程内容之间的横向关系，以一定的逻辑整合起来。美国后现代主义课程理论的代表多尔在《后现代主义课程观》中提出了课程内容的"4R"组织原则，即丰富性、回归性、关联性和严密性。所谓丰富性，主要强调课程内容能够为学生提供足够的可想象的空间，应有一定的模糊性和不确定性，在深度和广度上足够的丰富。所谓回归性，强调课程内容没有固定的起点和终点，每一个终点也是新的起点，每一个起点来自前一个终点，其实突出了课程内容组织上的交互作用。所谓关联性，强调课程内容本身的关系性，即课程内容内部知识之间的联系和课程内容同外部文化社会的联系。所谓严密性，强调课程内容的逻辑解释性与不确定性同时存在。

总之，课程内容组织作用类似于设计建筑图纸、制订球赛方案、编制乐谱，实现课程内容的结构化，处理好内容各要素之间的关系，使得各要素之间实现联系和统整，最终产生合力、发展累积效应、形成和谐整体，最大限度释放育人功能。

四、当前课程内容改革的方向

(一)综合化

课程综合化是当前课程内容改革的一个重要方向。为什么综合化成为当前课程内容改革的一个重要方向？有以下几个方面的原因：一是当前社会的发展对人才素质要求越来越全面综合。比如，随着人工智能时代的到来，智能化的生产方式模糊了工作过程中的分工界限、淡化了人才结构的分层现象以及颠覆了产销研服分离的传统，企业越来越需要具有复合素质的人才。二是人类社会知识的生产和传播方式走向整合化。知识与知识之间总是有着复杂的联系，不存在孤立的知识，各种知识构成一个体系。三是解决现实中的问题总是需要多方面的知识和能力，单一的知识与能力难以解决问题，这就需要我们学会灵活运用多方面知识去解决问题。

那么，课程内容的综合化到底可以表现为什么样的形态呢？目前有几种课程综合化的形态：(1)相关课程(correlated curriculum)，是指两种或两种以上学科既在一些主题或观点上相联系，又保持学科的相对独立。(2)融合课程(fused curriculum)，是指将有关学科融合为一门新的学科，融合之后，学科之间原来的界限不复存在。(3)广域课程(broad-fields curriculum)，是指能够涵盖整个知识领域的课程整体。(4)轮形课程由轮轴、轮辐和轮辋三部分构成。轮轴(核心)部分代表各学年教学的中心主题。轮辐代表由集体讨论、知识与技能的学习、职业训练、社会性经验等组成的各类课程，轮辐部分的学习与中心主题的学习相互支撑。轮辋部分意味着统一联结所有相关课题的学习，使整个车轮形成有机结构。

(二)生活化

课程一定是与社会生活相联系的，课程内容与生活密切联系，在课程内容的设计中需要将课程内容生活化。在当前的课程改革中，人们特别强调课程内容的生活化，主张课程内容应从学生的生活出发，让课程内容重返生活世界，实现科学世界与生活世界的和谐统一。

但是强调课程内容的生活化，需要警惕两个观念误区。一是课程内容不能等同于生活。作为课程内容重要组成部分的科学知识是人们从客观世界中概括、提炼出来的抽象概念、理性原理和观点等，抽象概念、理性原理和观点本身不是生活。课程内容要联系生活，但是课程内容不能等同于生活。课程内容源于生活而又高于生活。课程内容生活化不是对日常生活的简单再现、复制，而是需要对日常生活现象进行筛选、过滤、净化。二是课程内容不能完全生活化，课程内容的生活化是有限度的。需要注意的是，并不是所有的课程内容都要生活化，有些课程内容就是要与生活保持一定的距离。

实现课程内容生活化的两个途径：一是选择将现实生活的知识带入课程。以学生的个人认识、直接经验和现实世界作为学科知识的出发点和源泉，通过归纳的思维方式，从现实生活特例和具体问题情境中发现学科知识。二是将已进入课程的科学知识转化为现实生活。把学生获得的抽象的科学知识在现实生活中具体化，通过演绎的思维方式，运用科学知识去分析生活现象，解决实际问题，使科学知识获得直观、感性的整体意义，回归到现实生活世界之中，实现课程内容的生活化。

(三)学习化

课程内容是学生学习的内容，围绕学生的学习规律和特点来组织呈现，这是当前课程内容改革的一个重要方向。博比特认为，课程内容是由学生在学校所从事的各种学习活动构成的。这在一定程度上表明课程内容是围绕学生的学习来展开的。杜威也曾认为，课程内容是由学生获得的各种学习经验构成的，当然学习经验是学生同外部经验的相互作用。这也表明我们不能将课程内容仅定位为由专家或教师提供的内容，而是要关注基于学生学习的内容。

强调课程内容的学习化源于四个方面的考虑。一是学生作为学习者是主体，基于学生学习的内容选择过程是尊重并体现学习者个性差异的过程。二是学习者也是知识和文化的创造者。三是学习者创造着社会生活经验。四是在现实中存在课程内容单纯考虑知识逻辑，追求内容的科学化，而忽视内容是否符合学生学习特点的问题，导致课程内容不利于学生的学习的现象。

课程内容的学习化有以下几层含义。一是课程内容的形式符合学生的学习心理特点，比如，小学低段的数学课程内容多附以直观的插图或彩色的标识，符合学生的直观形象思维。二是课程内容的组织符合学生的心理发展规律，课程内容按照由易到难、由简单到复杂组织，符合学生认知发展规律。三是课程内容的主体是学习者，课程内容可以是一个个学生学习活动。

那么如何实现课程内容的学习化？首先，在课程内容的选择和组织中，不仅要考虑到内容的科学性和有效性等因素，还要考虑内容是否能够被学生喜欢和接受，是否符合学生学习的规律特点，因此要实现课程内容的学习化就需要学生参与到课程内容的选择和组织等决策之中。其次，内容的组织要考虑学习心理的逻辑。比如，内容安排的先后顺序符合学生由易到难、由简单到复杂的学习认知规律。最后，课程内容不能被局限在静态的符号文字这一层面上，课程内容应该作为学生的学习活动来对待，那就是说，课程内容是学生的学习活动，这需要将传统的静态化内容转化为一系列学生的学习活动。

第二节　职业教育课程内容的性质与构成

职业教育课程内容到底是什么？具有什么样的性质？职业教育课程内容由什么样的成分所构成？这些是职业教育课程设计中应明确的基本问题。

一、职业教育课程内容的性质——知识论的视角

按照一般的课程论观点，课程内容的基本性质是知识，课程内容由一系列的知识组成，其最直接的表现形式就是各种知识。职业教育课程本身的复杂性直接决定了职业教育课程内容是一种相对比较复杂的集合体，从知识的角度来看，既不是纯粹的理论知识，也不是纯粹的实践知识，还可能包含着技术知识、工作知识等方面。

（一）职业教育课程内容的性质——实践知识的视角

与普通教育课程内容以学科知识为主相比，职业教育课程内容以实践知识为主。1966年美国的陶尔士等人将人类知识分为描述性知识、规范性知识、实践性知识和形式性知识等，其中实践性知识是对现象或事件采取适宜行动、实践的知识。我国学者认为，初入职场的毕业生所具备的实践性知识包括基于技术的实践性知识、基于组织文化的实践性知识（组织的管理理念、规章制度、历史传承、服务宗旨、质量意识等所形成的特有的组织文化）、基于人际交往的实践性知识。[①]

扫码观看微课视频

贾维斯认为，实践性知识是不同知识的整合，其中包括内容的知识、过程知识与技巧、信仰与价值、缄默知识。[②] 其实，这种观点告诉我们，职业教育课程内容包括职业实践的内容、职业实践的过程与技巧、职业实践中的信仰和价值观、职业实践中缄默知识等。

赖尔关于实践性知识的观点认为：（1）实践性知识不能被还原为理论性知识。这是因为，"许多有智力的行为，也就是说包含了实践性知识的行为，它们的规则并没有明显地被表述出来；另外，命题性的思考本身就是一种活动，因此也蕴含了实践性知识，而假如实践性知识可以被还原为理论性知识，那么便会产生无穷倒退"[③]。相反，理论性知识只是实践性知识之一种，实践性知识是"公开的言行本身"。（2）实践性知识和行动是分不开的。"当一个人知道了如何做某种事情时，他的知识在他的所作所为中被实现或者说被执行。"[④]实践性知识意味着在行动中遵守特定的规则。

从实践性知识视角来认识职业教育课程内容性质，意义如下。首先，职业教育课程内容的实践性有着丰富的内涵，此时的实践性不是与理论相对立的，不能将实践简单地理解为理论的运用。此时的职业教育课程内容既有基于理论和技术的应用行动，也有基于实践共同体的组织文化体验，还有基于信仰和价值的意义沉思。其次，职业教育课程内容的实践性意味着课程内容的表现形式可能趋向于行动化的体

---

① 宁业勤：《职业教育实践性知识的开发与教学》，载《高等职业教育——天津职业大学学报》，2015(1)。

② Peter Jarvis, *Universities and Corporate University*, Stylus Publishing Inc., 2001, p. 49.

③ ［英］吉尔伯特·赖尔：《心的概念》，徐大建译，27～29页，北京，商务印书馆，2005。

④ G. Ryle, "Knowing How and Knowing That," *Proceedings of Aristotelian Society*, Vol. 46, 1945, p. 8.

系，正如当前职业教育课程实践中的任务、项目类的载体。

(二)职业教育课程内容的性质——技术知识的视角

职业教育课程内容的基本要素是技术知识。那么，究竟什么是技术知识？"从技术认识论的角度来看，技术知识是关于设计、制作和使用技术人工物的知识体系，目的在于求用。"①德国哲学家罗波尔（Ropohl）曾经提出五种技术知识：技术规律、功能规则、结构规则、技术诀窍和社会—技术知识。②分析哲学学者德维斯（Vries）将技术知识划分为四类：物理性质的知识、功能性质的知识、手段—目的的知识和行动知识。③ 我国学者在综合其他学者观点的基础上，提出了一种分类办法：基本设计知识（D）、行动知识（A）和理论工具（T）。基本设计知识是指"设想和计算，再用工程图纸表达出来，或者用参数化的电子文档表达出来，提交制造，实现产品的生产"方面的知识；行动知识也称"过程知识，作为一个技术知识的大类，是指在技术人工物设计、制作和解决难题的过程中，以结果为导向的过程知识"；理论工具是指"运用科学理论知识以指导技术实践过程，包括科学定律知识、数学、推理等"。具体如表 4-1 所示。④

扫码观看微课视频

表 4-1 技术知识的再分类

基本设计知识（D）	理论工具（T）	行动知识（A）
①功能知识	①技术概念	①工具—目的知识
②结构知识	②技术规则	②制造知识
③定量数据	③技术规律	③技术诀窍
④材料知识	④技术原理	
⑤社会—技术知识		

与之相关，在哲学研究中，有学者提出了技能性知识的概念，对于我们认识职业教育课程内容具有重要的意义。成素梅认为："技能性知识与认知者的体验或行动相关，其获得的过程是从无语境地遵守规则，到语境敏感地'忘记'规则，再到基于实践智慧来创造规则的一个不断超越旧规范、确立新规范的动态过程。技能性知识是指人们在认知实践或技术活动中知道如何去做并能对具体情况做出不假思索的灵活回应的知识。"⑤

---

① 林润燕、吴国林：《论技术知识的分类与逻辑结构》，载《科学技术哲学研究》，2017（1）。

② G. Ropohl，"Knowledge Types in Technology,"*International Journal of Technology and Design Education*，1997，24（7），pp. 65-72.

③ M. Vries，"The Nature of Technological Knowledge：Extending Empirically Informed Studies into What Engineers Know,"*Techn*，2003（6），pp. 15-17.

④ 林润燕、吴国林：《论技术知识的分类与逻辑结构》，载《科学技术哲学研究》，2017（1）。

⑤ 成素梅：《技能性知识与体知合一的认识论》，载《哲学研究》，2011（6）。

　　总括起来，技术知识的成分具有一定的复杂性，包括多种具体类型，既有实体的，也有过程的，还有规则的、意志的，等等。技术知识的获得、呈现和传播具有难言性的特征。"难言技术知识是高度个人化的知识，它依附于个体的体验、直觉、洞察力，深深根植于个体行为本身，根植于个体所处环境、能力、思维习惯、行为方式等，难以规范和学习，难言技术知识的最终获得，只能依靠个人实践，其间包含着艰难的试误学习。"①此外，技术知识具有一定的个体性，也就是说，有的技术知识不具有普遍性，只存在于某个个体身上，而且只在某个个体身上或某个特定情境下才有效存在。"技术知识中的默会知识部分，主要是技术主体（个人和组织）拥有的特殊经验、技巧、技能、诀窍、本事等，依赖于特定的技术主体（个人和组织），只具有局部有效性，不能公开传达和解释。"②

　　技术知识的视角带领我们认识职业教育课程内容的意义。首先，职业教育课程内容不能完全用传统意义上的文字符号来呈现。其次，要处理好职业教育课程内容的显性化与隐性化的关系问题。按照技术知识的难言性特征，有的课程内容是无法用显性化的知识和行动来表达的，相当一部分课程内容将会以内隐的方式存在。最后，职业教育课程内容要关注个体的课程内容，要将个体经验的课程内容纳入正式的课程内容体系之中，注重吸纳那些具有绝活的技能大师的经验进入课程内容之中。

（三）职业教育课程内容的性质——工作知识的视角

　　与普通教育课程内容相对比，职业教育课程内容的特殊之处在于其主导成分是来自工作之中的工作知识。究竟什么是工作知识？徐国庆认为，工作知识是"关于工作原理、工作过程、工作方法、工具材料、工作诀窍的知识，人们用它来表达工作过程中具有实践功能的知识"③。和震认为："工作知识是指根据工作所需并且按照

扫码观看微课视频

工作过程的逻辑进行组织的、介于经验性知识与理论性知识之间的一种特殊知识。"④张弛认为："工作知识是企业劳动者实施生产活动的过程性规律，是适切于企业工作事务情境的总结性经验，是职业事务与生产（工程）环境性因素相联系的知识。"⑤按照德国不来梅大学的乔治·斯庞特和基尔特·卢瑟（Georg Spöttl & Gert Loose）的观点：工作过程知识以系统而非偶然的方式将理论知识和实践经验结合起来；工作过程知识面向企业的整个工作和业务流程，而不限于工作场所的工作经验；工作过程知识是在需要完成工作任务的情况下积累起来的；工作过程知识在问题情境中展开，尤其是在企业决策的关键点上，例如，引入新技术或在运营创新流程框架内对现有工作进行决定性的变革。从上述观点中我们可以看出，工作知识是

①　李晓军、刘智英：《基于技术知识难言性的技术本科课程开发》，载《教育与职业》，2009(3)。
②　乔佩科：《技术知识的特性及其对技术教育的启示》，载《东北大学学报(社会科学版)》，2009(2)。
③　徐国庆：《工作知识：职业教育课程内容开发的新视角》，载《教育发展研究》，2009(11)。
④　和震：《构建以工作知识为起点的职业技术教育学理论体系》，载《教育与职业》，2007(2)。
⑤　张弛：《工作知识的含义及其向知识能力的转化生成》，载《职教通讯》，2015(7)。

一种行动化的知识，不是静态化的知识；工作知识是一种复合化知识，不是单一的学科化的知识；工作知识是一种规则化与隐性化、规范化与个性化相结合的知识。

从工作知识的视角来审视职业教育课程内容的性质，其一，职业教育课程内容与工作密切相关。从一定程度上说，职业教育课程内容就是工作当中的事情，那么职业教育课程内容就不能表现为脱离实际工作情境的抽象化的学科化知识，而是基于特定工作情境的思想、方法、价值观等工作内容。其二，职业教育课程内容的组织形态不再基于学科演化逻辑和知识演化逻辑，而是基于工作过程的逻辑。职业教育课程内容的组织顺序既可以是一道道工序，也可以是一个个工作岗位方向，亦可以是一系列工作难题。

从工作知识的视角来看，对于职业教育课程内容的改革，要改变学科内容体系，构建起以工作知识为主体的课程内容体系，将工作作为职业教育课程内容的逻辑起点之一。那么，若要设计一个专业的课程结构体系，就要以这个专业所对应的工作为起点进行分析；若要开发一门课程的内容，就要从这门课程所对应的工作方向来进行分析，从工作对象、工作内容、工作方法、工作成果等一系列的工作知识范畴来确定课程内容。

二、职业教育课程内容的构成——整体论的视角

姜大源认为，课程内容的构成可以分为陈述性知识和程序性知识两大类。其中，陈述性知识是由专业学科构成的以结构逻辑为中心的学科体系知识，程序性知识是由实践情境构成的以过程逻辑为中心的行动体系。他主张职业教育课程内容应以过程性知识为主、以陈述性知识为辅，即以实际应用的经验和策略的习得为主、以适度够用的概念和原理的理解为辅。[①] 徐国庆认为，职业教育专业课程内容应包括技术实践知识和技术理论知识两个部分。技术实践知识包括职业规则、职业情境知识和判断知识。技术理论知识是根据实践需要选择的知识，既包括科学理论的应用又包括经验的归纳。[②] 上述观点都非常有理论意义和实践指导价值，但是显然都将职业教育课程内容陷入二分法的格局，容易形成一种二元对立的思维，实质上也不利于全方位整体地认识把握职业教育课程内容。基于这样的考虑，笔者试图采取一种整体的视角来把握职业教育课程内容。

在笔者看来，职业教育课程内容由一个个典型工作任务构成，典型工作任务是描述一项完整的工作行动，包括资讯、计划、决策、实施检查和评估整个行动过程，它反映了职业工作的内容和形式以及该任务在整个职业中的意义、功能和作用。典型工作任务同时也构成职业技术教育的一个学习领域课程。比如，高职文秘专业在实际的工作岗位中所涉及的典型工作任务有文书制作与处理、办公室日常事

---

① 姜大源：《学科体系的解构与行动体系的重构——职业教育课程内容序化的教育学解读》，载《中国职业技术教育》，2006(7)。

② 徐国庆：《职业知识的工作逻辑与职业教育课程内容的组织》，载《职业技术教育》，2003(16)。

务处理、档案管理、会议组织与服务、商务活动、文书写作、信息管理与调研、办公室管理等，这些典型工作任务就是文秘专业的一门门课程。而一个典型工作任务可以分解为一系列具体的子工作任务，并且构成了具体的课程内容，如办公室日常事务处理这门课程，其内容为走进办公室、办公室日常环境维护、电话接打、邮件信函处理、来客接待、印信管理与保密、前台值班与服务、上司办公室事务料理、文员工作程序与方法等，这些就是文秘在办公室日常事务处理方面所要做的一个个子工作任务。

其实，典型工作任务是一个集合体。一般来说，个体的活动可以划分为三类：一类是认知活动，另一类是实践活动，以及在这两类活动的基础上形成的第三类活动，即价值评价或反思活动。[①] 基于此，每一个典型工作任务实际上可以包含认识或认知活动、实践活动和价值评价或反思活动。在此，为避免用"知识"概念引发对职业教育课程内容的狭隘化理解，笔者引入杜威的"经验"概念。杜威打破了过去对经验的五种认识：经验主要与认识相关、经验具有主观性、经验仅与过去相联系、经验与联系和连续性无关、经验与思想和推论无涉；而他认为，经验并不是一个认识论概念，因为经验和生物与其物质的、社会的环境之间的相互作用相关，在这种关系范畴中得以界定的经验不是一个纯然的主观世界，恰好相反，经验揭示了一个"真正客观的世界"，"这个世界进入人们的活动和忍受之中，并通过人们的反应而被修改"。[②]

而每一项具体的职业活动实际上可以包括职业经验、专业经验和技术经验，那么从这一角度来说，职业教育课程内容由职业经验、专业经验和技术经验构成。进而，面向认识活动的内容包括职业认识经验、专业认识经验和技术认识经验，面向实践活动的内容包括职业实践经验、专业实践经验和技术实践经验，面向反思活动的内容包括职业反思经验、专业反思经验和技术反思经验。职业教育课程内容构成如图 4-1 所示。

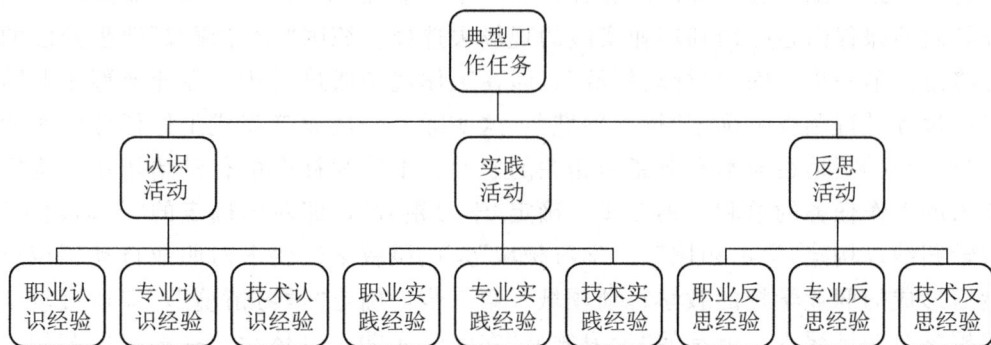

图 4-1　职业教育课程内容构成

---

① 孙显元：《论人的素质和能力》，载《教育与现代化》，1996(1)。

② 涂纪亮、陈波：《杜威文选》，64 页，北京，社会科学文献出版社，2006。

以典型工作任务作为职业教育课程内容的基本要素，有以下几个方面的原因：第一，典型工作任务基于某项职业工作岗位的实际，充分说明并且贯彻了职业教育课程的本质特征，职业教育课程基于职业工作实际，体现出课程内容的职业性。第二，典型工作任务是一个整体，如图 4-1 所示，可以从活动和经验两个层面将其分解为一系列具体的组成部分，将职业教育课程内容作为一种整体来认识和把握，体现出课程内容的整体性。第三，典型工作任务对于学生的学习有一定的难度，但是可以通过教师的指导和学生的自主探索，克服困难，完成任务，实现发展，也体现出课程内容的发展性。

第三节　职业教育课程内容的选择与组织

如上文所述，如果将职业教育课程内容理解为集实践知识、技术知识和工作知识为一体的典型工作任务，那么这一典型工作任务是如何选择出来的？又如何组织呢？

一、职业教育课程内容的选择

集实践知识、技术知识和工作知识为一体的典型工作任务作为职业教育课程内容，具有复杂性，这也就决定了职业教育课程内容的选择中会存在一些复杂的逻辑矛盾需要调和。一是知识逻辑与工作逻辑矛盾的调和。二是学科体系与行动体系矛盾的调和。三是显性知识与隐性知识矛盾的调和。

要实现上述矛盾的调和，可以借鉴德国基于工作过程结构的"学习领域"课程的内容选择思路。工作过程导向的课程开发绝不可能在"书斋"里完成。职业教育工作过程导向的课程内容必须到职业实践的现场去选择。德国"学习领域"课程开发的基本思路是：第一步，确定"行动领域"，即在工作现场通过对相关专业典型职业活动的工作过程进行调查来确定"行动领域"，这实际上是从业者完成工作任务的职业情境。"行动领域"是在与本专业紧密相关的职业、生计和社会的行动情境中，构成职业能力的工作任务的总和。第二步，确定"学习领域"，即对已确定的"行动领域"进行教学归纳以构建"学习领域"。"学习领域"是按照教学论要求对职业行动领域进行归纳后形成的职业学校的教学行动领域。第三步，确定"学习情境"，即通过教学实践传授学习领域课程，就是使"学习领域"在教学实践中具体化。一般采取范例、项目等教学组织和教学方法构成"学习情境"。"学习情境"是"学习领域"的具体表现，是在与本职业紧密相关的职业、生计和社会的行动情境中，职业工作任务和职业行动领域在教学过程中的具体反映。

典型工作任务提取通常采用实践专家座谈会方式完成。邀请与课程相关工作岗位中的若干名行业专家或技术骨干专家，以座谈会的形式，各专家通过头脑风暴叙述各自岗位的工作任务，现场工作人员通过粘贴板法将专家所叙述的工作任务进行整合分类，再经过专家的多次交流讨论，提炼出岗位典型工作任务。

二、职业教育课程内容的组织

对于已经选择出来的职业教育课程内容，如何进行组织以便发挥课程的功能？这是一个重要的问题。职业教育课程内容的组织在处理好几对基本关系（横向组织与纵向组织、逻辑顺序与心理顺序、直线式与螺旋式）的基础上，还要重点处理好认知逻辑与工作逻辑的关系、学科逻辑与工作逻辑的关系，最终要形成以工作为基础的职业教育课程内容组织格局。

（一）认知逻辑与工作逻辑

个体认识的规律特征与个体工作的规律特征是两种思路。职业教育课程内容的组织以个体认识规律来进行，还是以实际工作岗位中工作的程序、体系来进行，这样会出现两种组织体系。以《汽车发动机机械维修》的课程内容知识为例，如果按照认知逻辑来组织，那么《汽车发动机机械维修》的课程内容包括发动机的原理、发动机的构造、发动机的功能、发动机的特点、发动机的维修，等等；如果按照工作逻辑来组织课程内容，那么《汽车发动机机械维修》的课程内容组织为发动机基本认识、汽缸盖和配气机构的检修、汽缸体和曲柄连杆机构检修、冷却系统的检修、润滑系统的检修。显然，这是两种组织逻辑，前者是按照人们认识一个事物的逻辑开展组织的，从基本原理到结构，从结构到功能，从特点到应用；后者是按照人们在实际的工作中工作的逻辑开展组织的，从工作中的系统要素来组织内容。

（二）学科逻辑与工作逻辑

以学科逻辑来组织职业教育课程内容，还是以工作逻辑来组织职业教育课程内容？这成为职业教育课程内容组织中面临的又一个难题。学科逻辑强调的是按照知识在学科体系中的逻辑顺序来组织课程内容，其前提是将知识作为职业教育课程内容；工作逻辑强调的是按照流程、任务或能力在工作体系中的逻辑顺序来组织课程内容，其前提是将工作本身的属性作为职业教育课程内容的性质。其实这两种课程内容组织的逻辑都是建立在我们如何认识职业教育课程内容的基础之上的。比如，传统的语文课程内容按照语文文体或语言文学的学科逻辑来组织，当前一些职业院校改革语文课程内容的组织形态，按照职业工作的逻辑来组织，有的语文教材是这样组织内容的：第一单元唱响人生[孔子的诚信观、实话实说丁大卫、哲学家的思考、"感动中国年度人物"颁奖词]，第二单元思想空间[威科特先生的陷阱、经济学家和真正的动物世界、庄德之辩——可分与不可分、《大国崛起》解说词（节选）]，第三单元职业境界[把信送给加西亚（节选）、女教师的特异功能、一位出租车司机的职业水准、最后一片叶子]，第四单元经典力量[我与地坛（节选）、亮剑（节选）、站起来，我依然是巨人、我的五样]，等等。这种组织显然是一种以职业为导向的工作逻辑组织。

（三）以工作为基础的职业教育课程内容组织

在典型工作任务的基础上，按照典型工作任务对应的岗位、产品类型、操作部位/系统、复杂性/难度级别、工作工艺流程、服务对象来组织课程内容。以下介绍几种典型的内容组织思路。

1. 基于工作流程的职业教育课程内容组织

某职业院校《蔬菜优质高效生产》这门课程中的项目之一"蔬菜春提早生产"的具体内容是制订计划、蔬菜育苗、定植、田间管理、生理障碍及控制,这一内容的组织就是以蔬菜生长的过程来展开的。

2. 基于工作任务的职业教育课程内容组织

这是以典型工作任务作为职业教育课程内容组织的依据,对典型工作任务进行描述分析,明确完成典型工作任务所需要的学习任务,并具体化为课程内容。比如,某高职《合成氨生产技术》课程以学生职业生涯发展为目标,根据企业工作岗位必备职业知识能力及相关知识确定学习任务,组织课程内容。"合成氨化工现场操作岗位必备职业知识能力及相关知识:①具备合成氨工艺基础知识,理解主要反应原理工艺指标和工艺流程;②会识读合成氨化工工艺流程图及设备图;③知道合成氨主要生产设备构造,并能进行设备操作;④能按合成氨化工生产操作规程进行规范正确操作;⑤具备生产操作故障判断及处理能力,会调节工艺参数;⑥具备安全风险识别能力,能进行急救和自救;⑦具有安全、环保意识。学习任务:①学习合成氨工艺基础知识,理解主要反应机理、工艺指标和工艺流程;②练习识读带控制点的合成氨化工工艺流程图及设备图;③熟悉合成氨主要生产设备构造,并进行设备操作训练;④学习合成氨化工生产操作规程,在实训室煤制甲醇仿真工厂进行岗位工艺操作训练;⑤训练生产操作故障判断及处理能力和工艺参数调节能力;⑥进行安全风险识别,进行灭火器等安全防护设备操作训练。"[①]

3. 基于工作能力的职业教育课程内容组织

这是按照能力形成过程来组织课程内容。比如,某高职院校的《建筑工程计量与计价》课程内容组织,"以工程造价的形成过程为导向,以真实的工作任务为载体,遵循学生认知规律,整合、序化教学内容,由预算定额计价→工程量清单计价→造价软件计价的三大模块的操作方法、步骤,构建课程理论教学体系。其组织形式是以模块、课题、任务取代了章、节、目传统的做法。"[②]

4. 基于工作服务对象的职业教育课程内容组织

武汉职业技术学院的《网点建设与推广》这门课程的内容组织形式为面向个人购物的淘宝网、面向企业内贸的慧聪网、面向企业外贸的中国制造网、面向企业内外贸的阿里巴巴网。这是按照业务服务的对象来组织课程内容的。

5. 基于工作产品或服务种类的职业教育课程内容组织

重庆工业职业技术学院的《宴会设计与服务》课程内容为中式生日宴、西式鸡

① 赵志英、于英慧:《基于工作过程的高职〈合成氨生产技术〉课程内容组织》,载《河南化工》,2016(3)。

② 刁静、冯桂云:《高职〈建筑工程计量与计价〉课程内容设计与组织》,载《科技信息》,2011(12)。

尾酒会、中式谢师宴、西式冷餐婚宴、中式婚宴、中西结合式宴会，这是按照服务种类来组织课程内容的。再如该校《宣传画册设计制作》课程内容为个人生活学习纪念画册、团队友谊纪念画册、旅游景点宣传画册、产品宣传画册、房地产楼盘宣传画册、企事业单位形象宣传画册，这是按照工作产品类型来组织课程内容的。

第五章

职业教育课程的结构

学校教育提供给学生的课程如同我们提供给孩子的饮食，饮食结构决定着营养和健康，课程结构决定着育人功能。从"结构—功能"的角度来看，结构如何将直接影响功能的达成。所以，课程结构关系课程育人功能的实现。课程结构问题是一个容易被忽视的问题，但该问题是一个关系我们育人功能效果的问题。

第一节　课程结构的一般问题探讨

一、课程结构的基本含义

课程结构是课程类别之间的组织关系形态。课程结构作为课程门类或内容组织关系的形式，主要包括两个方面：一方面是一门课程内容体系的组织形式；另一方面是一个专业所有课程门类的组织形式。

扫码观看微课视频

目前，学界普遍认为，课程结构有三个层次，即宏观层次、中观层次和微观层次。（1）宏观层次的课程结构是指构成各级各类教育体系的课程门类及其组织形式与相互关系的总称。如有研究者认为，课程结构是指"学校课程中各组成部分的组织、排列、配合的形式"[1]；还有研究者认为，课程结构是指与人才结构相适应的整体结构，是培养人才的总体规划。[2] 它要解决的问题是根据培养目标，设置哪些课程，如何设置这些课程，它们相互间如何结合。课程结构是一个多序列、多层次

---

[1]　顾明远：《教育大辞典》，65页，上海，上海教育出版社，1991。
[2]　刘克兰：《现代教学论》，70页，重庆，西南师范大学出版社，1996。

的整体结构。其基本成分是各种类型的课程，因此需要处理好以下课程类别之间的关系：国家课程、地方课程和校本课程的关系；正式课程与潜在课程的关系；学科课程与活动课程的关系；选修课与必修课的关系。(2)课程中观结构的涉及面稍窄，反映各"科（类）"课程（正式课程）的构成及相互关系，以及各科（类）课程内各具体科目（或活动项目）的构成与相互关系。其需要处理好以下关系：学科课程内工具科、社会科、自然科、体艺科等之间的关系以及上述各科内各具体科目的构成及相互关系；活动课程中各类活动课程以及各类活动课程内各具体活动项目间的关系；构成隐性课程的各类成分之间以及各类成分内各具体要素间的关系；限定性选修课与任意性选修课的比例关系。(3)微观层次的课程结构是指具体到一门学科或一类教材的学科结构或教材结构，就是这个学科内部的知识点内容的安排顺序及组织方式。例如，课程结构是指一门课程中各组成部分的组织、排列、配合的形式，具体体现为教材。① 课程结构指的是某一具体的课程其内容组成及组成部分的相互关系，又称为教材结构，它所涉及的是某一课程的教材（课程标准）编制问题。② "Disciplines Structure"译为"学科结构"，词条释义为"在课程发展中，'结构'一词是指课程内容之间的逻辑关系和心理学方面的关系……现在，一般的倾向性做法是在高年级采取逻辑结构的内容教学，而在低年级采取心理学结构的内容教学"③。可见，学科结构着重讨论课程内容编排的逻辑体系，属于微观课程结构的范畴（见表5-1）。

表 5-1　宏观、中观、微观三层课程结构④

宏观课程结构			中观课程结构		微观课程结构
国家课程	正式课程	学科课程 必修课程	工具科	语文、数学、外语等	各科目内的结构（教材结构）
			社会科	政治、历史、地理等	
			自然科	生物、物理、化学等	
			体艺科	体育、音乐、美术等	
地方课程		学科课程 选修课程	限定选修课程		
			任意选修课程		
		活动课程 必修课程	科技活动	各种具体活动项目	各活动项目内的结构
			文体艺术活动	各种具体活动项目	
			社会实践活动	各种具体活动项目	
校本课程		活动课程 选修课程	限定选修活动项目		
			任意选修活动项目		
	隐性课程		物质—空间类	学校建筑、教室布置等	各构成要素内的结构
			组织—制度类	学校组织方式、课表、教育评价制度等	
			文化—心理类	教育语言、教师期望、心理环境等	

① 顾明远：《教育大辞典》，65页，上海，上海教育出版社，1991。

② 刘克兰：《现代教学论》，70页，重庆，西南师范大学出版社，1996。

③ 江山野：《简明国际教育百科全书·课程》，115页，北京，教育科学出版社，1991。

④ 廖哲勋、田慧生：《课程新论》，231页，北京，教育科学出版社，2003。

二、课程结构的类型

(一)实际课程与空无课程

根据在学校中是否实际存在，课程可以分为实际课程与空无课程。实际课程是指学校已经提供的课程，实际课程包括正式课程、非正式课程、潜在课程等。与实际课程相对应，还有一类课程是学校未提供但是对学生的发展具有重要意义的课程，这就是空无课程。1979 年，美国美学教育家、课程论专家埃利奥特·W. 艾斯纳 (Elliot W. Esiner)在《教育想象——学校课程设计与评价》(*The Educational Imagination：On the Design and Evaluation of School Programs*)一书中提出了"空无课程"的概念，他将空无课程描述为"一种未曾提供给学生的选项；学生或许从不知晓，更不太可能用到过的观点；一种并非属于他们自身智能的理念或技能"①。"空无课程"被作为思考课程问题的一个独特视角。在艾斯纳看来，那些被学校和社会在课程变革过程中有意或无意排除于学校课程体系之外的课程就属于"空无课程"。有些"空无课程"是学校和社会出于某种需要而有意识排除的，也有些"空无课程"是人们受习惯的影响而未意识到其价值所导致的。空无课程是指学校课程中所缺乏，该有而未有、应教而未教的部分，可以是那些学校教育忽略的心智能力培养、学校教育遗漏的科目或教材、学校教育忽略的情操陶冶。

实际课程与空无课程的这种课程结构分类带给我们的启示是，在学校课程建设过程中不仅要思考现行的实际课程的合理性，还要思考学校教育中的"空无课程"，即学校可能忽略哪些对学生发展有意义的课程，如何及时弥补。空无课程可能会被我们根据时代发展的需要而不断转化为实际课程，但同时随着时代发展的需要又会不断出现新的空无课程。

(二)分科课程与综合课程

按照课程分化与整合的逻辑组织关系，课程可以区分为两大类型，即分科课程与综合课程。纵观人类社会发展历史，学校教育中的课程经历了"综合——分化——综合"的发展历程。人类社会早期，科学事业不太发达，知识分化程度低，知识体系更多趋向于混沌，一切科学都在哲学的母体中孕育。后来，随着科学知识向精细化方向发展，开始出现了分支，并且单个独立的领域自成体系，于是逐渐形成了一门门独立的知识领域或科目，学校教育课程逐渐走向分科化。但在当前，社会发展越来越需要人们具备综合能力，特别是在一些问题解决中会同时需要多方面的知识和能力，于是课程向综合化发展成为一种趋势，综合课程在学校教育中受到重视。

根据历史发展的经验，同时结合其相关的理论基础，我们可以把分科课程理解

---

① ［美］埃利奥特·W. 艾斯纳：《教育想象——学校课程设计与评价》，李雁冰译，101～111 页，北京，教育科学出版社，2008。

扫码观看微课视频

为从不同门类的学科中选取知识，按照知识的逻辑体系，以分科教学的形式向学生传授知识的课程。分科课程强调不同学科门类之间的相对独立性，强调一门学科自身的逻辑体系的完整性。分科课程的优势在于强调知识体系的独立性和逻辑性，有助于学生系统掌握各个领域的知识；体现出一定的专业化程度；有助于教师分科教学，有助于提高教学效率。但是分科课程可能存在不足：如果分科太细的话，可能会增加学生的课业负担；过分分化，以分门别类的方式组织课程，会将现实中完整的生活割裂，同时造成学习内容之间的分离与脱节，不利于问题解决的综合素质能力培养。

我们可以把综合课程理解为打破传统分科课程的知识领域，由两个或两个以上的学科领域构成的课程。综合课程是一种主张整合若干相关联的学科而构成一门更广泛的共同领域的课程。根据综合程度及其发展轨迹，综合课程可分以下几种：一是相关课程(Correlated Curriculum)，就是在保留原来学科的独立性基础上，寻找两个或多个学科之间的共同点，使这些学科的教学顺序能够相互照应、相互联系、穿插进行。二是融合课程(Fused Curriculum)，也称合科课程，就是把部分的科目统合兼并于范围较广的新科目，选择对学生有意义的论题或概括的问题进行学习。三是广域课程(Broad Curriculum)，就是合并数门相邻学科的教学内容而形成的综合性课程。四是核心课程(Core Curriculum)，这种课程是围绕一些重大的社会问题组织教学内容，社会问题就好像包裹在教学内容里的果核一样，因此这种课程又被称为问题中心课程。前三种课程都是在学科领域的基础上进行的知识综合的课程形式，它们打破了原有的学科界限，是旧的学科课程的改进和扩展；而核心课程则是以解决实际问题的逻辑顺序为主线来组织教学内容的。综合课程的优点：打破了学科界限，有利于培养学生的整体认识能力；从生活和社会问题出发整合课程，有助于培养学生的动手能力。综合课程可能会遇到的难题：现有教师培养体系难以满足一门综合课程对师资队伍的要求；综合课程的考核评价应是跨学科的，但当前的学业成绩评价主要还是分科的，对于综合课程的实施有一定的阻力。

总之，在课程结构设计中要处理好分科课程与综合课程之间的关系，保持分科与综合之间的张力。

(三)学科课程与活动课程

学科课程与活动课程是依据不同的教育哲学取向划分的两种课程类型。学科课程是以文化知识为基础，按照一定的价值标准从不同知识领域或学术领域选择一定的内容，根据知识的逻辑体系将所选出的知识组织为学科。学科课程强调知识的系统传授，强调根据知识的逻辑性编排课程，学科课程是学习系统科学文化知识的最佳途径。活动课程是指以学生的主体性活动为中心、以活动为组织形式的课程，更加关注直接经验、实践性知识和个体性知识。活动课程的优势：具有过程的实践性、活动的自主性、内容的开放性、形式的多样性等特点；照顾学生兴趣，重视学生学习主动性，密切学习与实际生活的联系，重视直接经验的作用，培养学生手脑并用的实际能力；承认学生个别差异，把教学的重心由教师转向了学生。活动课程可能存在的弊端：强调儿童本位，以生活为中心，容易造成对系统知识的忽略；课程内容杂乱无章，缺乏系统性、连贯性甚至内在联系性。

（四）国家课程、地方课程与校本课程

国家课程、地方课程与校本课程是三级课程管理体制下的产物，1999年，《中共中央 国务院关于深化教育改革，全面推进素质教育的决定》明确指出要"调整和改革课程体系、结构、内容，建立新的基础教育课程体系，试行国家课程、地方课程和学校课程"。2001年，教育部颁布了《基础教育课程改革纲要（试行）》，明确提出我国基础教育实行"国家、地方和学校三级课程管理模式"。21世纪以来，我国全面实施三级课程管理体制，学校课程体系中存在按照管理体制所划分的三类课程。国家课程集中体现着国家的意志，它是专门为培养未来的国家公民而设计的，并依据这些公民所要达到的共同素质而开发的。地方课程是在国家规定的各个教育阶段的课程计划内，由省（自治区、直辖市）一级的教育行政部门或其授权的教育部门依据当地的政治、经济、文化、民族等发展需要而开发的，并在国家规定的课时范围内实施教学。校本课程是学校在"三级课程管理"的总体框架下，以学校的教师为主体，依据国家和地方课程计划、学生的需求、学校可资利用的课程资源而开发的多样性、可供学生选择的课程。国家课程、地方课程与校本课程有助于处理好课程的统一性与多样性的关系。

（五）显性课程与隐性课程

所谓"显性课程"，是指学校教育中有计划、有组织地实施的课程。这类课程是根据国家或地方教育行政主管部门颁布的教育计划、教学大纲编制的，是"正式课程"或"官方课程"。

所谓"隐性课程"，亦称"潜在课程"，是指学生在学习环境（包括物质环境、社会环境和文化体系）中学习到的非预期性或非计划

扫码观看微课视频

性的知识、价值观念、规范和态度。这类课程当然是非正式的、非官方的，具有潜在性和隐蔽性。

提出显性课程与隐性课程的课程结构分类的意义在于：一是我们要认识到课程的丰富内涵，课程既不再局限于课程表中所列出的科目，也不再局限于书本和文字；课程既超越了课程表中的科目，也超越了书本和文字，我们要在更加广阔的视野和场域来认识课程的丰富内涵。二是在课程设计中，要提供给学生完整的课程结构体系，既要考虑进入法定规划中的正式显性课程，也要关注未进入课程表但是对学生发展具有重要意义的环境、文化、制度等隐性课程。

（六）认知类课程、情意类课程与体验类课程

人本主义理论将学校中的课程分为三大类，即认知类课程、情意类课程和体验类课程。认知类课程主要面向认知教育，包括自然科学、人文科学和社会科学，实际上是一种文化知识课程；情意类课程主要面向情意教育，包括游戏、伦理和健康

等，实际上是一种自我认识课程；体验类课程主要是面向人性的教育，将前面的认知和情意统一起来，实际上是一种自我实现课程。要把学生培养成为个性全面和谐发展的人，那么就得构建由认知类课程、情意类课程和体验类课程共同构成的完整的课程结构体系。

（七）集合型课程与整合型课程

英国的教育社会学家伯恩斯坦（Basil Bernstein）从知识社会学的视角区分出两大类课程："集合型"（a collection type）课程与"整合型"（an integrated type）课程。这种分类源于伯恩斯坦所区分的两种类型的教育知识代码，一是集合代码，二是整合代码。伯恩斯坦在其著作《论教育知识的分类和架构》中提出了分类与架构两个概念，分类涉及内容之间差异的性质和清晰程度，架构用于描述课堂上教师和学生对课程的控制程度。他认为，如果内容处于封闭的关系中，内容间的界限分明，相互隔离，那么这类课程为集合型课程；如果内容处于一种开放的关系中，内容间的界限并不分明，那么这类课程则为整合型课程。所以，集合型课程分类严谨，知识是通过一系列明显分离的学科等级来加以组织和分配的，因而是一种高度分化和相互割裂的分科课程。这种课程强化了教师的权威，抑制了学生的积极性和主动性。整合型课程的知识组织分类较弱，学科之间分化松散而且容易被统整起来，这样就降低了教师的权威性，提高了学生的主动性和积极性。伯恩斯坦的这种分类体现了课程结构的社会属性。

（八）理论课程、实训课程与一体化课程

在职业教育领域和高等教育领域中，依据理论和实践的情况课程可以分为理论课程、实训课程与一体化课程三种课程结构形态。如果按照课程存在的场域来理解，我们可以将理论课程解释为在传统的教室中实施的课程，可以将实训课程解释为在实训室里实施的课程，可以将一体化课程解释为在一体化教室中实施的课程。如果按照实施的方式来理解，我们可以将理论课程解释为以传统的理论知识讲授、讲解为主导方式进行教学的课程，可以将实训课程解释为以操作、模仿等动手实践的方式进行教学的课程，可以将一体化课程解释为结合理论教学方式与实践教学方式开展教学活动的课程。如果按照课程的表现形态或内容来理解，我们可以将理论课程解释为以理论知识为内容、以传统的学科形态存在的课程，可以将实训课程解释为以实践操作为内容、以实训规则规程的形态存在的课程，可以将一体化课程解释为以整合理论知识与实践操作的项目或任务等为载体的课程。例如，高职教学中的机械设计与制造专业中的理论课程包括高等数学、英语、机械制造基础原理、机械设计基础原理、机械制图原理等，实训课程包括 Siemens NX/creo 项目实训、数控加工实训、CAE 软件应用、快速成型与逆向工程实训、机械产品设计综合实训等，一体化课程包括机械制造工艺与装备、典型零件的普通加工等。

如果给它们三者下一个科学的定义的话，理论课程是指以理论知识传授为主、以学科理论的形态而存在的课程。实训课程是指专门针对实践技能开展训练的实践性课程。一体化课程是将理论教学和实践学习结合成一体的课程，它的核心特征是"理论学习与实践学习相结合，促进学生认知能力发展和建立职业认同感相结合，科学性与实用性相结合，符合职业能力发展规律与遵循技术、社会规范相结合，学校教学与企业实践相结合"，学生通过对技术（或服务）工作的任务、过程和环境所进行的整体化感悟和反思，实现知识与技能、过程与方法、情感态度与价值观学习的统一。[①]

为克服理论与实践的两张皮现象，既保证理论水平又强化实践能力，当前职业教育课程改革中特别推崇一体化课程建设。当然，一体化课程其实是从传统的理论课程与实训课程转化发展过来的，所以在很大程度上，在课程结构体系中要保持"理论——实训——一体化"的格局，每种类型都要有，有一些课程就应该是理论课程，有一些课程就应该是实训课程，还有一些课程可以是理论与实践相结合的一体化课程。在教育实践中我们需要合理地处理好理论课程、实训课程与一体化课程的关系，要研究分析哪些必须是理论课程，哪些一定是实训课程，哪些可以是一体化课程。

第二节　职业院校专业课程结构设计的几种模式[②]

多年来，在职业院校办学实践中形成了"三段式""宽基础活模块""理论＋实践"等多种课程结构模式。特别是近年来，随着课程改革的深化，在办学实践中又形成了几种具有典型意义的课程结构模式。笔者试图解读办学实践中的经验，归纳出以下几种典型模式，为职业院校课程结构设计提供参考思路。

一、基于完整职业能力的课程结构

职业能力是职业教育的人才培养目标，也是职业院校课程开发与设计的依据。职业院校各专业开设哪些课程、如何开设？学生的职业能力培养是一个出发点和逻辑。从某种程度上说，学生需要发展什么样的职业能力，那么职业院校就对应开设什么样的课程。进一步说，职业院校专业课程结构同构于职业院校学生应达成的职业

扫码观看微课视频

能力结构。在办学实践中和理论研究中，这一模式目前较为普遍。

如有的院校从学生的职业素养发展角度出发，强调学生基本职业素养，包括自律敬业、团队精神、信息素养、自主学习、创意创新。在此基础上提出基本职业素

---

① 赵志群：《职业教育工学结合一体化课程开发指南》，1页，北京，清华大学出版社，2009。

② 本节内容主要来自赵文平发表于《职教论坛》2015年第6期上的《职业院校专业课程结构设计的几种模式评析》一文，略有修改。

养课程体系，包括思想基础模块、身心健康模块、职场基础模块、职场拓展模块、职业素养实践模块、自选助推模块。① 这一具体做法需要我们对学生的职业素养进行全面、科学、合理的剖析，首先应研究学生的职业素养到底可以分解为哪些要素。也有研究者提出基于职业工作者完整职业能力结构的课程结构体系②，把职业能力划分为职业特定能力、行业通用能力、跨行业职业能力和职业核心能力，对应于这四种职业能力形成由专业平台课程、专业方向课程、专业拓展课程和公共课程构成的课程结构体系。笔者也曾提出，职业院校的完整课程结构应由职业技能课程和职业文化课程两部分构成。因为一个完整的职业人既要具备精湛娴熟的职业技能（硬件），也要具备德性良好的职业文化素养（软件）。基于此，职业院校的专业课程结构包括职业技能课程和职业文化课程。这种思路重在突出职业文化教育，特别强调职业理想、职业价值、职业精神、职业伦理等方面的教育。

　　通过上述分析，我们可以形成以下几个重要结论。首先，人才素质结构是职业院校专业课程结构设计的一个重要依据，从某种程度上说，职业院校专业课程结构与人才素质结构具有一定的同构性。搭建一个系统完整的专业课程结构，需要研究分析该专业的人才培养目标定位，也就是说，专业所培养的人才应具备什么样的素质、能力，那么课程的结构就应围绕人才的素质和能力来构建。其次，不论从职业素养、职业能力、职业文化等哪个角度进行课程结构的设计，一种基于人的全面发展的思想始终渗透其中，职业院校专业课程结构应着眼于学生的多方面素质发展，课程结构应体现出完整性。最后，需要注意的事情是，职业能力如何转化为课程？职业能力结构如何转化为课程结构？职业能力结构是设计课程结构的重要依据，但并不是某类课程一定完全对应于某一职业能力，某一职业能力的形成需要学习多类课程。比如，对于有些核心能力的培养，是否一定要专门独立开设相应的课程？可否将相关职业能力的培养融入或渗透在具体的专业课程实施过程之中？

二、基于课程功能优化的课程结构

　　某一方面育人功能的实现并不是只靠某一门或某一类课程的学习，某一门或某一类课程并不是只对应某一方面的育人功能，课程的育人功能具有复杂性。育人功能的实现需要多门多类课程之间发生关系。办学实践中形成的一种基于课程功能优化的课程结构模 扫码观看微课视频式，是指课程的门类由功能关系所决定，或者说课程类别所体现出
来的是一种或多种复杂的功能体系，如有的地方探索的"公共基础课程＋专业核心课程＋拓展课程＋顶岗实习""公共课程＋核心课程＋教学项目""专业平台＋岗位方向"等具体思路。

　　第一种是"公共基础课程＋专业核心课程＋拓展课程＋顶岗实习"。北京市推行

　　① 王九程：《高职生基本职业素养课程体系构建》，载《湖北工业职业技术学院学报》，2014(1)。
　　② 蒋庆斌：《职业能力结构化与职业教育课程体系构建》，载《职业技术教育》，2012(22)。

以工作过程为导向的课程改革，打破以学科知识逻辑性、完整性为特征的传统课程体系，将专业知识与核心技能相互融合、有机整合，按照由浅入深、由易到难、循序渐进的原则，以典型职业活动确定专业核心课程设置，按照企业工作过程设计课程关系，以工作任务整合理论和实践课程内容，构建了"公共基础课程＋专业核心课程＋拓展课程＋顶岗实习"的课程体系。公共基础课程落实教育部新颁教学大纲要求。专业核心课程落实核心技能培养，是专业必修课程，包括基础的、公共的、对职业岗位群素质起导向性作用的专业公共课程，以及针对职业岗位、具有典型职业特征、对职业能力形成起重要作用的专业技能方向课程。拓展课程包括专业拓展和文化素质拓展等课程，由学校自主设置。顶岗实习是学校教学的延伸，是学生了解、体验社会和岗位工作的综合实训环节，纳入课程体系中。专业核心课程体现该专业基本的人才培养规格要求，由市教委组织统一开发；拓展课程体现学校、专业特色，以适应订单培养和学生个性发展的需要，由学校自主开发。这样既保证了中等职业教育人才培养的基本规格要求，也给学校留有自主开发课程、形成专业特色的空间。这种课程结构既考虑到专业人才培养规格的统一性，又兼顾各校办学的特色差异性，体现了规范性与灵活性的结合。

第二种是"公共课程＋核心课程＋教学项目"。浙江省在 2008 年提出，要加快构建以"公共课程＋核心课程＋教学项目"类型为主的中职课程新模式，确立以核心技能培养为课程改革主旨、以核心课程开发为专业教材建设主体、以教学项目的设计为专业课程改革重点的改革思路。公共课程着眼于基础性、应用性和发展性，为后继专业课程教学服务，为学生终身发展服务；核心课程突出实践能力和动手能力的培养，原则上每个专业确定 5 种左右核心技能，设置 5 至 8 门核心课程；教学项目努力为专业教学与岗位工作任务有效衔接服务，根据不同专业，每个专业设计 70 至 100 个"教学项目"。这一课程新模式以促进学生岗位就业能力为本位，不同类别的课程发挥不同的育人功能。

第三种是"专业平台＋岗位方向"。专业平台课程由专业支撑课程、专业核心课程和拓展课程构成，着重培养学生的基本专业能力和知识结构；岗位方向课程主要是有侧重性地进行专业技能训练和拓展专项能力。这种课程结构模式能够实现课程与职业标准的对接融合，能够打破以知识传授为主的课程模式。

第四种是"专业平台课程＋专门化方向课程＋综合实践课程"。专业平台课程以职业活动为依据，以该专业共同的学习单元(项目)为载体，以基础技能、基础知识为课程内容，是宽厚的、综合性的专业基础训练课程，是形成该专业各专门化方向职业能力的共同基础。专门化方向课程是在专业平台课程基础上，根据学生职业生涯发展的需求和岗位的特殊任务，开发可供学生选择的方向性课程，是针对某一(些)就业岗位能力的发展，以相关项目(任务)为载体的课程。综合实践课程是强化综合职业能力培养、完善职业人格、与就业岗位对接的课程。

其实，上述四种具体做法都是"某类课程＋某类课程＋……"的具体形式，其背后是一种"功能＋功能＋……＋功能"的实质性结构，在学生职业能力结构的基础上，充分考虑课程内在的价值功能，进而形成功能整合的板块化的课程结构体系。这类课程结构模式的设计需要分析每门每类课程在整体的人才培养工作中发挥什么样的作用，是基础作用还是拓展作用？是平台作用还是方向作用？是理论作用还是实践作用？最终以课程群集合的形式组合为彼此功能互补整合的整体性结构体系。

三、基于职业发展阶段的课程结构

职业内在规律是职业教育活动应遵循的规律之一。尤其是学生职业成长的内在规律，它是职业教育课程结构设计的又一逻辑依据。以往，我们关注遵循学生的学习认知规律，而相对忽视了人的职业成长和生涯发展规律。著名学者德莱福斯（S. Dreyfus）等研究

扫码观看微课视频

发现，人的职业成长不是简单的"从不知道到知道"的知识学习和积累过程，而是"从完成简单工作任务到完成复杂工作任务"的能力发展过程，必须经历从"初学者到实践专家"的五个发展阶段，每个阶段都有对应的知识与能力形态。[1] 因此，职业院校课程结构如何才能帮助学生从较低职业发展阶段有序、有效地进入更高的发展阶段？如何设计符合职业成长逻辑规律的课程结构？德国不来梅大学的费舍尔教授（Fischer）和劳耐尔教授（Rauner）主张，对于职业教育课程的开发，要明确好工作者职业发展三个不同的阶段——新手、进一步的学习者和专家，可以通过对不同阶段工作者的核心资格领域研究来明确其职业发展任务和相关知识。

目前，在办学实践中形成一种基于职业发展阶段的课程结构模式，即课程结构按照职业成长发展阶段所需要的经验和所经历的发展历程进行设计。比如，广州高级技工学校汽车运用与维修专业课程结构框架：职业认知阶段课程（主要为公共基础课程和专业基础课程）、职业培养阶段课程（主要为专业核心课程）、职业实践阶段课程（主要为拓展课程和顶岗实习）。

有的院校注重学生的职业生涯发展过程，提出国际贸易专业课程体系由公共基础课程、学生企业轮岗、职业技能课程、职业技能拓展课程、职业情境课程和素质教育课程构成。[2] 课程开设的顺序是：公共基础课程、企业轮岗、职业技能课程、职业技能拓展课程和职业情境课程，而素质教育课程则贯穿学生整个学习过程。学生学习完公共基础课程后，进入企业进行为期半年的轮岗，能够对工作岗位和专业有直接的经验上的认知；在直接经验的基础上学习职业技能课程，有助于学生深刻理解，再学习职业技能拓展课程，能够强化技能操作能力；最后以顶岗实习的方式实施职业情境课程，将自己所学的专业理论和技能应用到真实的工作情境中，全面提升综合职业能力。

---

① 赵志群：《职业教育工学结合一体化课程开发指南》，3页，北京，清华大学出版社，2009。
② 钱华生：《基于国家职业标准的高职国际贸易专业课程体系改革》，载《中国职业技术教育》，2013(35)。

有的根据岗位职业能力发展阶段的要求，构建理论课程体系和实践课程体系。① 理论课程体系由公共基础课程、职业基础课程、职业技术技能课程、职业拓展课程四部分组成。公共基础课程模块主要是培养学生的文化素质，满足生活需要，其目标是以一般能力培养为主，兼顾职业能力的培养。职业基础课程模块主要是培养学生具有大类专业中较通用的共同的能力，使学生具有除胜任主要岗位工作外还能转换相关岗位工作的能力。职业技术技能课程模块主要是培养学生某个岗位的主要职业能力。职业拓展课程模块则是尊重学生的个性特长，给个性发展留有充分的空间，主要为适应学生的综合素质提高而设置的。实践课程体系主要根据职业岗位和岗位能力的要求，按认知实习、岗位单项技能实训、岗位综合模拟实训与毕业实习四个层次划分。

基于职业发展阶段的课程结构模式非常适合那些工种级别明显的专业，如技工院校培养的初级工、中级工和高级工，根据对应的不同发展阶段，课程结构应体现出职业发展阶段的规律。有的学校将课程整体结构分为核心技能课程和专业技能课程。② 其中核心技能课程按照工种阶段来安排课程，在初级工阶段凸显基础性的课程功能，如开设语文、英语、数学等课程；中级工阶段凸显服务于专业技术教育的课程功能，如开设专业数学、专业英语、应用文写作等课程；高级工阶段凸显综合化的课程功能，根据专业需要开设专业数学、专业英语等课程。

四、基于生产流程环节的课程结构

学生的学习要遵循工作中生产过程的规律和顺序。课程的结构要依据工作的过程顺序构建。这种模式具有一定的适用范围，适合那些生产流程化非常明显的专业，对于所做事情的顺序要求比较高，那么课程的结构也应按照生产的流程设计。比如，服装设计与工艺、烹饪工艺、物流运营等专业的工作流程性非常强，需要有对应的课程结构。

扫码观看微课视频

以印刷技术专业为例，针对印刷工作的三个阶段，对应于印刷前所开设的课程：印刷色彩、印刷设计应用软件、数字印前技术、印前综合训练、图像处理技术、图形制作、计算机直接制版技术、中高级专业技能训练；对应于印刷中所开设的课程：印刷工艺、胶印机操作、印刷设备、特种印刷、中高级专业技能训练（平版印刷）；对应于印刷后所开设的课程：印后加工工艺、印刷企业管理、顶岗实习。再如德国职业学校美容美发专业所涉及的学习领域课程也是按照工作流程环节来设计的。③ 德国北莱茵—威斯特法伦州框架教学计划里关于美容美发职业培训所涉及的学习领域包括：职业基础课（60 课时）、头发与头皮的清洁（60 课时）、头发与头皮的护理（60 课时）、剪发（60 课时）、造型设计（220 课时）、染发工艺（200

---

① 李源：《基于岗位需求的高职物流管理专业模块化课程体系构建》，载《河南机电高等专科学校学报》，2012(5)。

② 汪立极、王晓沛：《高级技工学校课程结构研究》，载《职教论坛》，2006(12)。

③ 成光琳：《德国职业教育课程改革给我们的启示》，载《职教论坛》，2005(3)。

课时)、指甲护理(60 课时)、皮肤化妆(60 课时)、皮肤护理(60 课时)。

这一模式实际上是一种基于工作过程课程理念的体现,将课程视为工作过程,依据工作过程的环节流程安排具体的课程。课程即工作过程中所做的事情,课程的门类分别对应工作过程中的具体步骤或环节,课程开设的顺序即生产流程的程序。这种模式的设计需要系统研究专业所对应工作岗位的具体工作任务、流程、内容,这也就是开展工作分析,是进行职业院校专业课程结构设计的一项基础性工作。这种模式的优势在于课程与岗位的对接,有助于学生学习内容与生产过程的联系;但是,其可能会出现的问题是,课程的顺序对应生产流程而不是学生认知的规律,某种程度上可能会影响学生学习。

从上述几个模式分析来看,当前职业院校课程打破了学科体系为逻辑的课程结构,构建以工作体系为逻辑、以素养体系为逻辑的课程结构。职业院校课程结构的构建要关注职业人的发展、关注工作过程。职业教育课程结构的设计需要考虑好学生职业能力、课程内在功能、职业发展阶段和生产流程环节这几个方面的因素。实际上,学生、课程、职业和工作构成了职业教育课程结构设计的四个基本依据。

第三节 职业能力导向的职业教育课程结构模式构建[①]

拉杰什瓦里(Rajeshwari)认为有四大组织课程结构的方法:基于项目或主题内容的课程结构;基于能力的课程结构;基于具体问题的课程结构;基于关键概念、主题和智能的课程结构。其中,能力是构建课程结构的重要逻辑之一。能力也被定义为胜任工作中关键职业任务的"合乎标准"的专业品质。正是这些核心的工作任务表现这一职业的专业性特征。培训和绩效指导标准国际联盟(IBSTPI)将能力定义为促使人们在给定的职业活动中能够有效行动或实现就业岗位中预期标准的知识、技能或态度的集合。职业教育课程与职业能力之间有着复杂的关系,职业教育课程是发展职业能力的重要载体,而职业能力是职业教育课程开发的依据和基础。正如有的观点所指出,职业能力需求分析是职业教育课程开发的基础。当前,职业教育课程观念的范式正在发生着显而易见的转变,"职业学校课程由学科组织范式转向工作过程相关和能力本位范式"[②]。课程应基于能够使学生有效地完成实际工作环境

---

① 本节内容主要来自赵文平、郭思彤发表在《职教论坛》2016 年第 18 期上的《职业能力导向的职业教育课程结构模式构建》一文,略有修改。

② Martin Fischer,Waldemar Bauer,"Competing Approaches towards Work Process Orientation in German Curriculum Development,"Paper presented at the European Conference on Educational Research,University of Crete,2004,pp. 22-25.

中的任务并达到专业标准的能力。① 能力选择作为课程的组织原则，是将现实生产活动回归于课堂教学的一种方式。② 因此，职业教育课程结构应该围绕职业能力不同层次和方面来构建。"职业院校专业课程结构同构于职业院校学生应达成的职业能力结构。"③

下文讨论的核心问题是如何在分析职业能力规律基础之上构建职业教育课程的结构。(1)职业能力的规律和特点是什么？(2)如何根据职业能力的规律和特点来确定职业教育课程的结构？(3)基于职业能力构建什么样的课程结构？分析能力结构的模式至少存在两种不同的维度。一种是从平面上的角度来划分的，在同一阶段，能力结构由不同的部分组成，也被称为能力领域结构模式；另一种是从学习和发展过程的角度来剖析的，是阶段性垂直的三维模式，也被称为能力发展模式。根据COMET-model，能力发展可以以图 5-1 中几种维度的组合来呈现，即能力领域、能力水平、能力的成长阶段、工作过程(生产流程)环节所需的能力。基于相关的职业能力理论，笔者提出基于职业能力的四种课程结构模式，即基于职业能力任务分析的学习领域课程结构模式，基于职业能力水平的课程结构模式，基于职业能力成长阶段的课程结构模式，基于工作流程环节所需职业能力的课程结构模式。

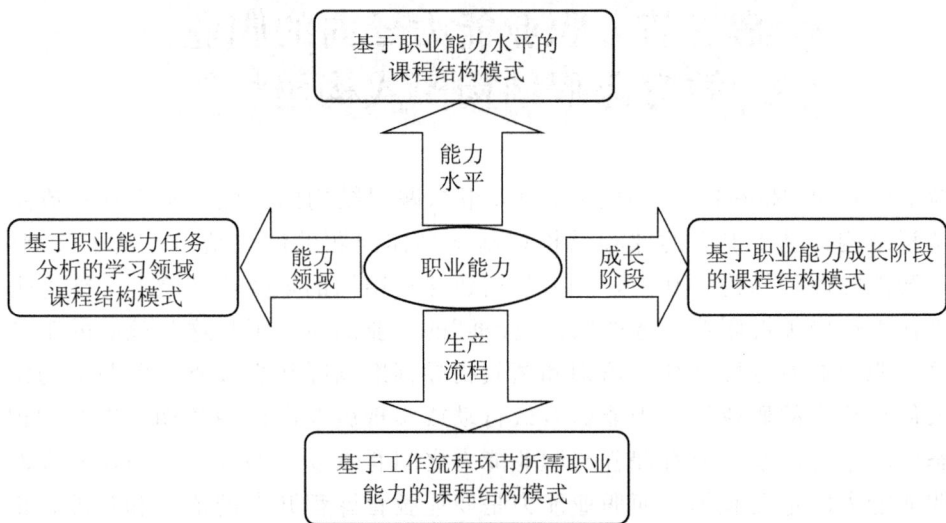

图 5-1　职业能力导向的职业教育课程结构模式

一、基于职业能力任务分析的学习领域课程结构模式

依据不同的标准，可以划分出不同的能力类别。比如，能力可分为软质能力

① J. J. Joaz and L. M. Richards, "A Curriculum Plan to Develop Training Professionals,"*Training and Development Journal*, 1977, 31, pp. 22-24.

② Philippe Jonnaert, Domenico Masciotra, Johanne Barrette, Denise Morel, Yaya Mane, "From Competence in the Curriculum to Competence in Action,"*PROSPECTS*, 2007, 37(2), pp. 187-203.

③ 赵文平：《职业院校专业课程结构设计的几种模式评析》，载《职教论坛》，2015(6)。

（由一系列能够反映个人特质的要素组成，包括个人的人格特质、社交能力、与人沟通的能力、语言能力、个人行为等）和硬质能力（体现为一个人的专业技术能力），核心能力（是否拥有这种能力与企业利益得失直接相关），通用的功能性能力（一组具有共同特征并具有相似功能的工作所需的能力），特定的能力（这种能力直接指向具体的工作），甄别筛选能力（这种能力用于甄别筛选不同能力层级的劳动者），入门能力（具备完成一项特定工作基本的能力），迁移转换能力（具有灵活性并善于以创造性的方法在未知的领域发现并解决问题，这种能力攸关个人的职业生涯的发展）。此外，欧盟委员会（2005）将能力划分为认知能力、功能性能力、个人能力、伦理能力。认知能力包括对理论和概念的把握和运用，以及在工作过程中经验性地获得隐性知识的能力。功能性能力表现出在给定的工作、学习和社会活动领域中，知道如何运用技巧和策略的胜任能力。个人能力涉及在特定的情境中，知道如何操作，表现自己的能力。伦理能力包括个人道德和职业价值观。

　　上述关于能力的观点，实质上体现出能力在工作中的一种存在状态——基于工作任务的平面状态的能力领域。能力作为一种能够胜任工作中关键职业任务的"合乎标准"的专业品质，始终与工作、工作任务是分不开的。在工作场所中，一位有能力的专业人员，具有令人满意的工作表现。在一项工作中，关键的职业任务体现出这一职业工作的专业性特征。因此，有研究者用 20～30 个关键的职业任务描述某一专业工作（Hager & Gonczi，1996）。图 5-2 展示了学习领域课程结构模式。学习领域及其内容，是基于工作导向的能力所构建的，职业工作任务分析尤为重要。在这一课程结构模式中，每门课程包括一系列学习领域，而每个学习领域都与一个或一系列特定的能力有关联。笔者将这种课程结构的模式称作基于职业能力任务分析的课程结构模式（基于能力领域的学习领域课程结构模式）。这种模式在学校办学实践中确实存在，如有学者基于实践提出了基于职业能力结构的课程结构体系[①]，职业能力分为职业特定能力、行业通用能力、跨行业能力和职业核心能力。对应于这四种类型的能力，课程结构体系可由专业平台课程、岗位定向课程、专业拓展课程和公共课程组成，如图 5-3 所示。

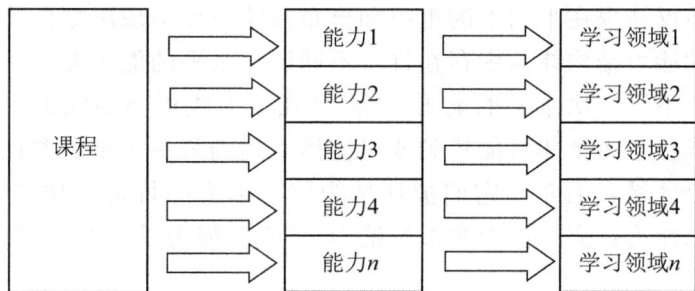

图 5-2　基于能力任务分析的学习领域课程结构模式

---

① 蒋庆斌：《职业能力结构化与职业教育课程体系构建》，载《职业技术教育》，2012(22)。

职业能力			
职业特定能力	行业通用能力	跨行业能力	职业核心能力
⇩	⇩	⇩	⇩
专业平台课程	岗位定向课程	专业拓展课程	公共课程

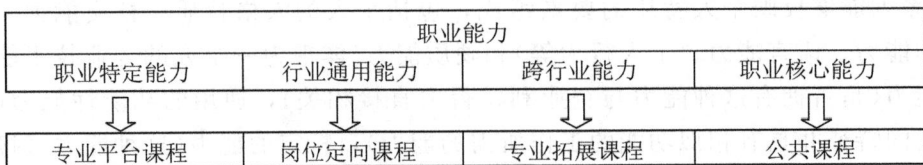

图 5-3　职业能力结构与课程结构

那么，如何构建这种课程结构模式呢？首先，需要对职业能力的结构和领域进行研究和分析。对于一门课程，要明确这一课程所能够对应的职业能力体系是什么，即这门课程的能力目标，具体有哪些能力领域，将这门课程的内容对应到能力领域。一般来说，一门课程往往只对应职业岗位中的一项工作任务或简单的整合性的几项工作任务。对于一个专业，如何构建一个完整的课程结构体系，需要研究该专业的人才培养目标定位。也就是说，专业人才的培养应该具备什么样的素质、能力。一个专业往往对应一个职业岗位所包含的全部工作任务，所以要系统、全面地分析在整体的工作任务下的能力领域体系。

事实上，创建一个能力模型是非常必要的。有学者建议，创建一个能力模型所需的步骤包括：(1)收集有关工作角色的信息；(2)采访主题专家，以发现目前的关键能力，预想他们的职业角色在未来如何变化；(3)确定高效率工作者的行为；(4)创建、评审(或审批)和提供能力模型。因此对于所提出的基于能力的课程开发，系统的方法包括六个阶段：(1)概念化；(2)规划；(3)数据采集；(4)数据分析与创建能力目录；(5)开发基于能力的课程；(6)开发应用及试点测试。

构建好能力模型后，我们需要注意以下几个问题：如何将职业能力转化为课程？如何将职业能力结构转化为课程结构？职业能力结构是课程结构设计的重要基础，但课程设置不一定能够对应于一定的职业能力，因为形成一定的职业能力需要学习多种课程。例如，一些核心能力的培养，是否有必要建立与之相应的课程？我们是否可以整合相关的能力课程或在一个特定的课程实施中加以整合和渗透？

二、基于职业能力水平的课程结构模式

课程结构不仅体现在平面上的组织和分布，还应该呈现出立体化的形态。因为在同一个个体的能力结构体系中存在许多不同层次水平的能力要素，在不同的个体身上又存在处于不同层次水平的能力集合。"在可大或可小的能力领域中，某一水平的能力规定或标志为个体可能达到或可能尚未达到某一水平的参照点。这种水平可以具体到一个区域，通常，它们被评估为能力水平的特定区域。"[1]有观点认为，存在两个水平的能力：实际能力和虚拟能力。"实际能力是指为应对所参与的情境，

---

[1] Simon Grant and Cleo Sgouropoulou, "What is A Level of Competence?" The 5th European Conference："Competence Modelling for European HR and Policies：Bridging Business，Education，and Training"(COME-HR)-Brussels，Belgium 2011-11-09.

通过调动和利用各种资源来处理具体问题的所有行动的总和。"①"虚拟能力只是一个教育计划制订的一种假设，表明按所规定的计划，在占有一定数量的资源情境下，一个人处理具体的问题潜在的能力。"②NVQ 标准描述了在给定职业中所有的工作功能并划分出五个职业等级。等级 1：在一定范围内的工作活动中应用知识和技能的能力。等级 2：在重要的工作活动中，应用知识和技能，并在多种情境中能够胜任的能力。等级 3：在更为宽泛的工作活动中，多为复杂和非常规的工作情境，应用知识和技能的能力。等级 4：应用相应的知识和技能，基于更丰富、复杂的专业性和技术性更强的工作活动，呈现出的胜任力，并在一定程度上，具备个人责任和自主意识。等级 5：灵活应用相关的知识和技能，在基本原则基础上，能够创造性地在未知领域发挥工作胜任力。

　　基于存在能力水平的逻辑规律，我们可以根据不同水平或层次的能力构建阶梯式课程结构。如图 5-4 所示的是基于三个层次能力的课程结构。三个层次能力分别是通用能力、基础专业能力、专业能力。因此，基于这三个层次能力，与之对应的课程结构分别是公共课程、基础专业课程、专业课程。

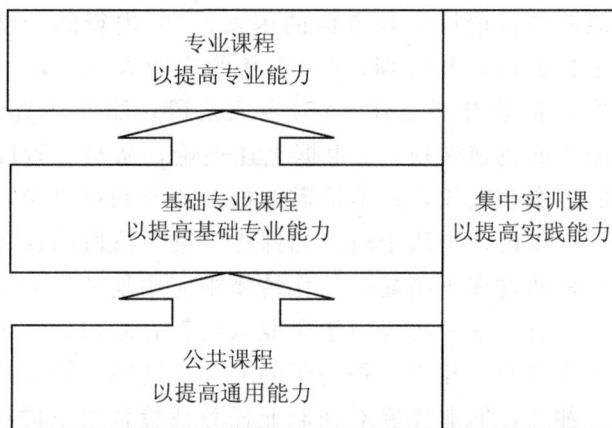

图 5-4　基于能力水平的课程结构框架

　　如何设计基于能力水平的阶梯式课程结构？布卢姆的教育目标分类理论可以提供一个参考。他将能力目标分为认知、情感和动作技能三个领域。而每一领域又可以划分为多个水平。认知领域：知识、理解、应用、分析、综合、评价；情感领域：接收、反馈、外在价值、组织个人价值、内化价值体系；动作技能领域：模

---

① Philippe Jonnaert，Domenico Masciotra，Johanne Barrette，Denise Morel，Yaya Mane，"From Competence in the Curriculum to Competence in Action,"*PROSPECTS*，2007，37(2)，pp. 187-203.

② Philippe Jonnaert，Domenico Masciotra，Johanne Barrette，Denise Morel，Yaya Mane，"From Competence in the Curriculum to Competence in Action,"*PROSPECTS*，2007，37(2)，pp. 187-203.

仿、操作、精细化、衔接、自动化。布卢姆的分类法是一种基于职业能力水平的课程结构的参考模型。以动作技能领域为例，（1）模仿：观察和模仿别人的行为，是一组低水平动作。（2）操作：通过指示和练习来执行某些行动。（3）精细化：精练，动作更准确，达到少有明显的错误。（4）衔接：协调一系列行动，实现和谐与内在的一致性。（5）自动化：不需要过多地、有意地思考，能够将较高水平的动作自然化。所以，课程结构可以根据认知、情感、动作技能的水平进行设计。

三、基于职业能力成长阶段的课程结构模式

如何设计与职业能力发展的逻辑规律一致的课程结构？目前，在职业院校中存在一种基于职业能力发展阶段的课程结构模式。课程门类安排顺序、形式与职业能力成长的阶段具有一致性，课程的顺序体现出个体职业能力成长的阶段性。而构建这种基于职业能力成长和发展阶段的课程体系，需要分析各个阶段经历的过程和条件，以及对应的工作经验。德莱福斯等学者提出了职业能力发展的五阶段理论，对于这种课程结构模式的构建具有重要指导意义。他们提出的五个阶段分别是：（1）新手阶段，表现出局限于规则的行为，具有很强的限制性和不灵活性；（2）有经验的初学者阶段，能够整合情境中各方面的因素；（3）内行的行动者阶段，能够在行动中有意识地考虑长远目标和计划；（4）熟练的专业人员阶段，能够将情境视为一个整体，并基于个人信念开展工作；（5）专家阶段，能够凭直觉理解工作情境，并能聚焦工作不同的方面迅速转换。[①] 根据上述理论，从每一阶段向新的阶段发展实际上是一种能力的转变和成长，这恰恰需要提供相应的可供学习者成长的职业能力课程。据此，我们可以设计出四个阶段的课程。第一阶段的课程内容主要为定向和概括性知识，是一种通过在不明显的工作情境中应用复杂规律所获得的职业经验的知识。从某种程度上说，这一阶段属于职业入门教育阶段，主要帮助学生认识本职业或专业的基本工作内容，建立一种初步的职业认同感。第二阶段的课程内容主要是关联性知识，一种通过职业经验对在职业任务情境背景下的很多事实、模型和规律的关注与重视所获得的知识，主要帮助学生掌握与职业相关联的知识内容，实现对工作整体系统、工作综合性任务和工作复杂设备等形成整体性的认识。第三阶段的课程内容是细节与功能性知识，即通过认证未预先考虑解决方案的复合问题情境而获得的与之相应的专业体系的知识。这一阶段需要为学生提供课本之外的真实性生产场所，在解决真实问题的过程中综合运用理论知识和工作经验，能够成为初步的专业人员。第四阶段的课程内容是基于经验的专业系统的深入知识，能够应对复杂的、不可预见的和综合性的工作任务。因此，基于职业能力发展阶段，课程呈现出动态的特点。

---

①   Stuart E. Dreyfus and Hubert L. Dreyfus（February 1980），"A Five-Stage Model of the Mental Activities Involved in Directed Skill Acquisition,"（PDF）Washington，DC：Storming Media，Retrieved June 13，2010.

```
┌──────────┐
│   专家   │◄────┐      ┌────────────────────────────────┐
└──────────┘     ├─────►│      基于经验的专业系统知识      │
┌──────────┐     │      └────────────────────────────────┘
│ 熟练的专业 │◄────┤
│   人员   │◄────┤      ┌────────────────────────────────┐
└──────────┘     ├─────►│        细节和功能性知识          │
┌──────────┐     │      └────────────────────────────────┘
│ 内行的行动者 │◄───┤
└──────────┘     │      ┌────────────────────────────────┐
┌──────────┐     ├─────►│          关联性知识             │
│ 有经验的 │◄────┤      └────────────────────────────────┘
│  初学者  │     │
└──────────┘     │      ┌────────────────────────────────┐
┌──────────┐     └─────►│        定向和概括性知识          │
│   新手   │◄───────────└────────────────────────────────┘
└──────────┘

┌──────────┐           ┌────────────────────────────────┐
│ 职业能力 │           │      基于职业能力成长阶段        │
│ 成长阶段 │           │        的课程内容               │
└──────────┘           └────────────────────────────────┘
```

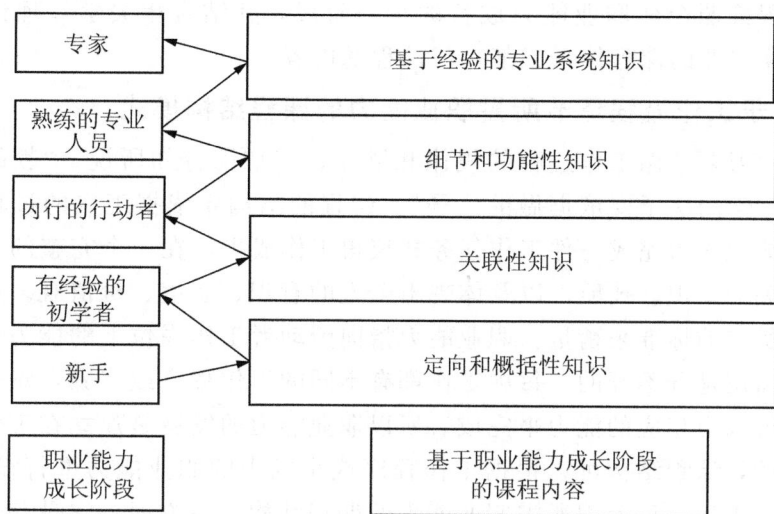

图 5-5　基于能力成长阶段的课程结构模式

　　所以，职业能力成长的阶段性规律是职业教育课程结构序化的重要依据。例如，广州高级技工学校汽车应用与维修专业的课程结构就依据职业能力发展的阶段而设计：在职业认知阶段，开设公共基础和专业基础课程；在职业培训阶段，开设专业核心课程和实践课；在职业实践阶段，开展企业实践。再如金华职业技术学院畜牧兽医专业构建以学生职业能力成长为主线的课程体系。[①] 以职业成长过程为主线，分阶段实施课程。第一阶段为生产性课程，学生一入学就进行猪生产、家禽生产、草食动物生产等生产性课程的学习。第二阶段为技术性课程，学生带着畜禽饲养中的技术性难题进入技术性课程的学习阶段。第三阶段为顶岗实习，全面熟悉生产流程和发展职业能力。其中职业素养课程和原理性课程贯穿三个阶段的始终。这种按照职业能力成长过程来设置课程的做法符合学生职业能力成长"从感性到理性、从简单到复杂、从具体到抽象"的阶段性规律。

　　那么，如何构建这一基于个体职业能力成长阶段的课程结构模式？"职业院校应该关注和研究在校学生初始职业能力的内在逻辑规律和发展路径，真正提高职业院校的人才培养质量。"[②]首先，要明确所在专业对应职业岗位中工作人员职业能力成长有什么样的阶段性或过程性规律特点。换句话说，要分析某一岗位工作人员职业能力是如何成长发展的。对于一门课程来说，要分析这门课程所对应的某一个职业能力在个体身上是如何获得成长的。其次，对于一个专业，要考虑职业岗位中工作人员实现某一职业能力阶段性发展需要哪些内容或课程做支撑；对于一门课程要明确某一职业能力的每个成长阶段需要哪些具体的课程内容来实现。最后，将所推

---

　　① 马美蓉、朱雄才、徐苏凌：《以学生职业成长过程为主线的课程体系的构建与实践》，载《职教通讯》，2011(6)。

　　② 周衍安：《职业能力发展和职业成长研究》，载《职教论坛》，2016(10)。

导出来的课程按照个体职业能力成长的每一阶段，并结合相关学习理论和教育实际，整合序化专业的课程体系或某一门课程的内容。

四、基于工作流程环节所需职业能力的课程结构模式

学生的学习要遵循工作过程的规律和顺序，正如陶行知所说，"教的法子要依据学的法子，学的法子要依据做的法子"。课程的结构要依据工作的过程顺序来构建。而能力被定义为完成一件工作任务并获得工作成果，在一个完整的工作程序中综合应用相关的知识、技能，以及体现出个人的意识、态度、价值观。这些可以通过工作过程所需的标准来衡量。职业能力指向劳动者工作岗位上的能力，所以职业能力与职业岗位是分不开的。每项工作都有不同的工作程序或步骤，每一个工作程序或步骤都可以由相应的能力来完成。所以职业能力的发展是建立在工作程序或步骤的基础上的，课程结构可以根据工作程序或步骤中的职业能力进行设计。因此，存在一种基于工作过程流程所需职业能力的课程结构。一方面，它是基于工作过程的职业能力；另一方面，它是基于工作过程中职业能力的程序。这种课程结构体现了课程的工作流程性，而不是无序混乱。

如何构建这样的课程？对于一门课程，需要明确工作内容和岗位任务，然后分析为完成工作内容或岗位任务所需的步骤或过程以及在每一个步骤或过程中所需要的职业能力。所以，我们可以根据一个步骤或过程的职业能力，进一步提炼出课程内容。总之，这种有逻辑组织性的课程打破了基于认识论的学科体系课程的组织结构，可以建立一个基于工作流程的行动系统。对于一个专业，我们需要先明确某一专业人才培养方向所指向的工作内容和任务，然后分析和序化工作内容和任务，并找到相应的职业能力点。课程设计是基于工作流程概括出有序的能力发展框架。专业的整个课程体系体现了基于工作过程的职业能力序列。因此，为行业企业和职业院校开发设计基于能力的课程提供结构化的过程参考，开发基于能力的职业标准体系和建立能力发展框架，十分重要。如图5-6所示，首先，确定工作内容和任务；其次，分析和明确工作流程；再次，找到相应的职业能力点；最后，序化某一课程内容，优化专业课程体系。例如全国中等职业技术学校市场营销专业教材《推销实务》(中国劳动社会保障出版社，2012)围绕市场营销岗位需求，依据推销工作流程构建全书模块和课题。该教材内容具体包括七个模块：推销准备、接近客户、介绍产品、报价议价、处理异议、达成交易、售后跟踪。模块一推销准备，包括课题一选择推销形式、课题二寻找潜在客户、课题三制订拜访计划、课题四准备推销工具；模块二接近客户，包括课题一确定约见内容、课题二掌握电话约见技巧、课题三正式接近客户；模块三介绍产品，包括课题一用利益法介绍产品、课题二用兴趣法介绍产品、课题三用需求法介绍产品；模块四报价议价，包括课题一合理报价、课题二议价谈判；模块五处理异议，包括课题一识别异议实质、课题二处理常见异议；模块六达成交易，包括课题一识别成交信号、课题二促成交易、课题三签订买卖合同；模块七售后跟踪，具体包括课题一货款回收、课题二培养与客户的感情。

这一课程教材内容就是按照工作流程环节所需职业能力来决定和组织的。按照推销的七大工作流程确定了七个模块，再按照每个流程的行动领域确定了每个模块下的相应职业能力点，由此确定了对应的课题（具体的课程内容）。

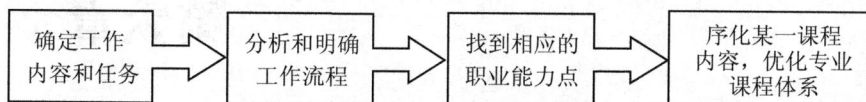

```
┌──────────┐    ┌──────────┐    ┌──────────┐    ┌──────────┐
│ 确定工作  │ ⇒ │ 分析和明确 │ ⇒ │ 找到相应的 │ ⇒ │ 序化某一课程│
│ 内容和任务 │    │ 工作流程  │    │ 职业能力点 │    │ 内容，优化专业│
│          │    │          │    │          │    │ 课程体系  │
└──────────┘    └──────────┘    └──────────┘    └──────────┘
```

图 5-6　基于工作流程环节所需能力的课程结构构建程序

第六章

职业教育课程的实施

20世纪50年代末至60年代末在美国所进行、影响波及全球的"学科结构运动"并未达到预期的目的。为什么会这样？原因是花费巨额资金设计出来的课程实际上根本没有得到实施。事后专家学者们对其进行反思，发现教师参与这项课程改革活动的积极性并没有被调动起来，教师不具备参与这项课程改革的能力，最终改革必然失败。美国著名的教育专家富兰(Fullan)认为，教育变革的成功25%来源于课程方案的设计，75%来源于课程实施。可见，课程实施是课程运作的一个关键环节，即使课程设计得再完美，没有得到有效实施，课程也不能发挥其功能。那么，到底什么是课程实施？职业教育课程实施的过程是怎么样的？需要什么样的条件？教师作为课程实施的主体应该具备什么样的能力？等等，本章试图回答上述问题。

第一节　课程实施的一般理论

一、课程实施的含义

实施通常被理解为实际施行、执行或实际的行为，那么依此演绎，课程实施就是将预先确定好的课程在实际的教育教学过程中落实的过程。目前，学界对课程实施也有着较为一致的认识。靳玉乐认为，"课程设计所产生的各种课程文件，只能被看作是预期的或理想的课程。要实现这些预期的课程中所包含的课程目标，只有把它们付诸实践，这就是课程实施"[①]。施良方认为，"课程实施是把新的课程计划

[①]　靳玉乐：《现代课程论》，385页，重庆，西南师范大学出版社，1995。

付诸实践的过程。课程实施的研究所关注的焦点是课程计划在实施中所发生的情况，以及影响课程实施的种种因素"①。因此，课程论学界普遍认为，课程实施是将课程方案付诸实践的过程。课程实施是指一套规定好的课程方案实际的运行过程。

为进一步认识课程实施的丰富内涵，我们将课程实施置于某个视角来审视。从课程实施所发生的场域来看，其存在国家、学校和课堂三个具体的层面。一是国家课程标准的执行，即教育部和各地方在执行国家课程标准上的课程实施。二是学校课程的实施，即学校中就其内部所有课程的执行。三是课堂层面的课程实施，即教师在课堂教学中落实课程的情况。从上述三个场域来看，课程实施不等于教学，课程实施存在多个层面的场所之中。

按照课程实施过程中涉及相关要素的变化情况，课程实施存在五个方面的变化：一是教材的改变，即一种新课程的实施首先要有新的教材，一体化课程的实施需要有一体化教材，项目课程的实施需要传统教材向项目化方向变革。二是组织方式的改变，即一种新课程的实施也意味着新的组织方式的改变，研究型课程的实施需要小组合作的教学组织形式。三是角色或行为的改变，即一种新课程的实施意味着教师的角色或行为的转变，工作过程课程的实施要求教师具备一定的生产实践经验或能力。四是知识与理解的改变，即一种新课程的实施在很大程度上是课程内容（课程知识）的新体系落实，工作过程课程的实施意味着职业教育课程知识从学科化体系向工作化体系的转型，工作过程知识作为一种新的形态被关注。五是价值的内化，即一种新课程的实施最根本的是一种新的价值观念的生成和内化，新课程的实施蕴含着课程价值观、教学价值观等方面价值的变化。总之，课程实施是一个动态的过程，不完全是静态地执行课程方案。

再从教师在课程实施中发挥的作用和推进的情况来看，霍尔（Hall）提出教师课程实施存在八个水平。② 一是未实施（Non-use），即教师对要实施的课程一无所知或者知之甚少，没有参与改革，也没有做任何有助于自己参与改革的事情。二是定向（Orientation），即教师开始获得有关信息、探讨价值，思考对自己的要求。三是准备（Preparation），即教师做好迎接一种新课程实施的准备。四是机械地实施（Mechanical use），即教师按部就班、不连贯的、表面的，少反思；实施中的变革，主要是为了满足教师的需要。五是常规化（Routine），即稳定的、熟练的做法，很少考虑去变换一些做法或者提高效果。六是精制化（Refinement），即基于对学生短期和长期影响的认识，教师改变实施做法。七是整合（Integration），即教师联合同事，一起实施改革，一起影响学生。八是更新（Renewal），即重新评价成效，寻求较大的修正或替换，追踪该领域的最新发展，以及为自己和为所在的系统探讨新目标。

---

① 施良方：《课程理论：课程的基础、原理和问题》，128 页，北京，教育科学出版社，1996。

② G. E. Hall, S. Loucks, "Teacher Concerns as a Basis for Facilitating and Personalizing Staff Development," *Teachers College Record*, 1978, 80(1), pp. 36-53.

对于课程实施的内涵认识，我们也可以从不同的学科理论视角来分析。有的学者从解释学的视角来分析课程实施，指出传统解释学将课程实施理解为试图恢复和符合课程设计者的思想和意图的过程，而主张运用哲学解释学来剖析课程实施，认为课程实施是师生和课程设计者的视界融合过程，课程实施是师生与文本的对话和课程意义的创造与生成过程，课程实施是师生精神相遇、经验共享的过程。① 也有的学者从后现代主义的视角来分析课程实施，在本体论上将课程实施视为对话；在课程实施过程中将教师和学生作为主体，并给其赋权；面向教育情境、面向师生本身是后现代课程实施理论的精髓所在。② 笔者曾从复杂科学的视角来认识课程实施的复杂性③，复杂科学视野下的课程实施是一个非线性的发展过程，也就是说，课程实施不能总是按照预设好的程序发展，或者课程计划不能总是按决策者的意图线性地执行，课程实施的过程和结果与预想的不完全一致。课程实施作为一个动态的创造过程，就是指课程实施不再是静态机械地执行课程计划的过程，而是一个动态的不断调整课程计划或实施策略的过程，甚至是一个再创造课程意义的过程。

二、课程实施的取向

所谓课程实施的取向，是指人们对课程实施的看法以及在课程实施实际运行过程中所表现出的行为倾向。学界目前对于课程实施的取向形成两大认识范式，一是"技术—政治—文化"范式，二是"忠实—调适—创生"范式。第一种范式主要是综合考虑宏观因素对课程实施进行整体上的审视，第二种范式主要考虑课程实施结果、过程与计划的变化情况。

（一）"技术—政治—文化"范式的课程实施取向

20世纪70年代末期，侯斯（House）提出了一种理解课程实施取向的分类方式。他建议从技术、政治和文化三种视角出发分析课程实施。④

课程实施的技术取向将课程实施视为一种技术，认为实施只是预定计划的线性的执行过程，其成效以目标达成程度为衡量标准。"这种观点主张以理性的系统分析来处理变革的实施问题，因此主要通过改革教材和教学方法，以及引进新的技术来提高教学质量和实施成效。在实施策略上，技术性取向强调以研究—发展—传播（RD＆D）模式，把变革方案转化为可应用的技术和知识，由教师贯彻执行。实施的关键在于澄清实施者对变革必要性的认识，同时对他们进行培训以增强其效能。除了把课程实施假设为一个生产过程外，技术性取向还关注课程变革本身的成果与效率问题。"⑤课程实施的技术取向其实源于经济学，主要考虑效率，强调投入产出

---

① 张增田、靳玉乐：《论解释学视域中的课程实施》，载《比较教育研究》，2004(6)。
② 李子建、尹弘飚：《后现代视野中的课程实施》，载《华东师范大学学报（教育科学版）》，2003(1)。
③ 赵文平、于建霞：《论课程实施的复杂性及其应对策略》，载《教育导刊》，2007(12)。
④ E. R. House, "Technology versus Craft: A Ten Year Perspective on Innovation," *Journal of Curriculum Studies*, 1979, 11(1), pp. 1-15.
⑤ 尹弘飚、李子建：《再论课程实施取向》，载《高等教育研究》，2005(1)。

的直接关系，属于生产导向。

课程实施的政治取向强调在课程实施中的权威、权利的运用，以及不同团体力量之间利益的竞争和妥协。课程实施过程实质上是一个利益博弈的过程，课程实施更像是一个不同力量之间协商的过程。课程实施的政治取向源于政治学和社会学，注重用政治和社会的立场看待课程实施，主要关注系统中权利要素之间的关系。

课程实施的文化取向强调课程实施系统的文化要素、文化生态，将课程实施看作一个文化再生的过程。"其目的在于促使学校成员重新思考课程、教学以及学校教育的本质和目的等问题。"①因此，在课程实施中我们要关注学校文化系统内的诸种亚文化，课程实施要想取得成功需要基于良好的文化生态系统。课程实施的文化取向基于文化学和人类学的理论视野。

(二)"忠实—调适—创生"范式的课程实施取向

早在 1977 年美国学者富兰与庞弗雷特(Fullan & Pomfret)就提出了课程实施的两大取向(orientations)：忠实观与相互调适观(或称过程观)。20 世纪 90 年代以来美国学者辛德等人(Snyder et al.)在富兰研究的基础上，进一步归纳出三种取向，即忠实观、相互调适和课程缔造。我国的课程学者多采用辛德等人的观点，认为课程实施可分为三种不同取向，即忠实取向(fidelity orientation)、相互适应取向(mutual adaptation orientation)和缔造(创生)取向(enactment orientation)。

1. 忠实取向的课程实施

忠实取向认为课程实施过程就是忠实地执行课程计划的过程。衡量课程实施成功的基本标准是课程实施过程实现预定的课程计划的程度。如果实施课程的程度越接近计划的课程方案，那么课程实施就越成功，而且愈加忠实；如果与预定的课程方案差距越大，那么计划的课程实现程度就越低，课程实施越不忠实。

2. 相互适应取向的课程实施

相互适应取向认为，课程实施过程是课程计划与班级或学校实践情境在课程目标、内容、方法、组织模式诸方面相互调整、改变与适应的过程。相互适应取向倾向于把课程实施视为一种复杂的、非线性的和不可预知的过程，而不是预期目标与规划方案的线性演绎过程。因此，人们应关注课程实施过程中的社会情境因素的分析，借以揭示课程变革的深层机制。相互适应取向考虑了具体实践情境，如社区条件、学校情境、师生特点等对课程实施的影响，反映了师生的主动性、课程实施的复杂性、不确定性和过程性。与忠实取向相比，相互适应取向更符合课程实施的实际情况。

3. 创生取向的课程实施

创生取向认为，真正的课程是教师与学生联合创造的教育经验，课程实施本质上是在具体教育情境中创生新的教育经验的过程，既有的课程计划只是供这个经验

---

① 尹弘飚、李子建：《再论课程实施取向》，载《高等教育研究》，2005(1)。

创生过程选择的工具而已。课程创生取向即把课程实施视为师生在具体的课堂情境中共同合作、创造新的教育经验的过程。真正的课程并不是在实施之前就固定下来的，它是情境化、人格化的。课程创生取向强调"课程是实践"。课程既不是被传递的教材或课表，也不是理所当然的命令与教条，而是需要加以质疑、批判、验证和改写的假设。课程创生取向强调"教师即课程"。教师是决定新课程成败的关键角色。

创生取向的课程实施可以表现在多个层面上。比如，学校层面的创生。学校对国家课程的创造性实施方面的案例如东北师大附小。国家规定小学一、二年级开设品德与生活课程，三到六年级开设品德与社会课程，东北师大附中为强化德育，突出生活和社会教育，于是将品德课剥离出来，同时为对接国际标准改为道德课贯穿一到六年级，生活课在一、二年级独立开设，社会课在三到六年级独立开设。再如人大附中在 20 世纪 90 年代积极开设"现代少年"课。当时学校意识到中小学使用的思想政治课教材，青春期教育、心理健康教育教材，或偏重于思想政治内容，或偏重于生理、心理知识，两类课程各自为政，互不衔接，不能面向未来，兼顾提高学生的思想道德素质和心理健康素质的目标。为了推进这门课程的改革，1989 年，时任人大附中副校长刘彭芝与北京师范大学丛立新教授、政治教师靳忠良共同研究了美国中学"生活技能课"的教材，创新设计了一门集思想道德、心理健康和生活技能教育为一体的综合创新课程"现代少年"课。这是一种学校层面的创生取向的课程实施。再如课堂层面的创生。教师课堂教学中的课程创生的案例，如北大附中的张思明老师的"数学建模"，就是把一个生产、生活中的实际问题，经过适当的刻画、加工，抽象表达成一个数学问题，进而选择合适的正确的数学方法来求解。学生们掌握了一套从生活中发现数学问题的本领，提出并解决了一大批生活中的数学问题，如小区保安巡逻的最佳走法、北大校园果皮箱分布的最佳方案、蚊香的持续燃烧时间与蚊香片的直径大小……

表 6-1　不同课程实施取向的比较

取向	对课程的认识	对课程内容的认识	对课程实施过程的认识	对教师的认识
忠实取向	体现在课程、教科书、指导用书、教师的教案或课程革新方案中的有计划的内容	课程知识是由课程专家创造、选择并提供的，教师对课程知识的创造和选择没有真正的发言权	一种线性过程：课程专家在课堂外制订课程变革计划，教师在课堂中实施课程变革计划	教师即课程专家制订的课程变革计划的忠实执行者。他应当按照课程专家对课程的"使用说明"，循规蹈矩地实施教学

续表

取向	对课程的认识	对课程内容的认识	对课程实施过程的认识	对教师的认识
相互适应取向	课程不仅包括体现在学程、教科书或变革方案中有计划的具体内容，而且包括学校和社区中由各种情境因素构成的谱系，这些情境因素会改变课程变革方案	课程知识是广大的、复杂的社会系统中的一个方面，实践者（教师）所创造的课程知识与专家所创造的课程知识同等重要	是一个复杂的、非线性的和不可预知的过程，而绝不是一个预期目标和计划的线性演绎过程	教师是主动的、积极的"消费者"。为了使预定课程方案适合具体实践情境的需要，教师理应对之进行改造
创生取向	课程是教师与学生联合创造的，并且是教师与学生实际体验到的经验。这种课程是情境化、人格化的	课程知识不是一件产品或一个事件，而是"一个不断前进的过程"。具体情境中的课程知识是经由教师和学生深思熟虑的审议活动而获得的	是教师和学生个性的成长与发展过程——思维和行为上的变化，而不是一套设计和实施新课程的组织程序	教师是课程开发者，教师连同其学生成为建构积极的教育经验的主体

　　三种取向如表 6-1 所示。如何协调和把握这三种取向？是不是忠实取向完全不好？是不是只有创生取向是好的？什么情况下采取某种取向？一要因人（教师）而异。专业素质高的教师在课程实施的过程中会有更多的调适与创生取向；反之，专业素质较差的教师则会有（也应有）更多的忠实取向。二要因学科（课程）而异。在课程实施中，不同性质的学科或课程对忠实取向、调适取向和创生取向三种价值取向的倾向度应该是有差异的。语、数、外学科在课程生态系统中的定位是作为以工具性为主的学科，其知识的系统性较强，在实施中，可能会较多地倾向于忠实取向，在此前提下亦注意一定的调适与创生。一旦失度，带来的损失将是难以估量的。

三、课程实施的影响因素分析

　　为什么会出现课程实施效果不理想的现象？那是因为课程实施总是受到诸种因素的影响，那么究竟哪些因素在影响课程实施？有学者指出，"课程实施是个很复杂的过程，包含了许多因素与条件的配合，其中包括课程实施的时间、技术、文化、资源、人的合作与沟通、政治观点等，这些因素主要可分为课程实施的技术层面、政治层面以及文化层面来探讨"[1]。国内外学者关于课程实施影响因素的观点集合如表 6-2 所示。

---

[1]　简楚瑛：《课程发展理论与实践》，191 页，北京，教育科学出版社，2010。

表 6-2 国内外学者关于课程实施影响因素的观点集合

Fullan & Pomfret	Snyder	汪霞	冯生尧、李子建	施良方	马云鹏
A. 革新方案的特征 a. 清晰度 b. 复杂性	A. 变革的特征 a. 需要与相关性 b. 清晰度 c. 复杂性 d. 计划的质量与实用性	A. 课程计划的特征 a. 课程计划设计的合理性 b. 课程计划的明确性 c. 课程计划的复杂性 d. 课程计划的实用性	A. 课程设计的特征 a. 改革是需要的 b. 改革的建议清晰 c. 创新的规模 d. 复杂性适中 e. 改革的实用性	A. 课程计划本身的特征	A. 课程改革本身的性质
B. 实施策略 a. 在职培训 b. 资源支持 c. 反馈机制 d. 参与	B. 校区层面的因素 a. 校区的革新史 b. 采用过程 c. 管理部门的支持 d. 教师发展与参与 e. 时间与信息系统（评价） f. 社区及委员会的特征	B. 教师的特征 a. 教师的参与 b. 教师的课程决策 c. 教师的态度 d. 教师的能力 e. 教师间的合作	B. 政府对于课程改革的整体策略	B. 交流与合作	B. 校区的整体情况
C. 采用单位的特征 a. 采用过程 b. 组织氛围 c. 环境支持 d. 人员因素	C. 学校层面的因素 a. 校长 b. 教师之间的关系 c. 教师的特点与取向	C. 学校的特征 a. 校长的工作 b. 学校行政的工作 c. 学校的支持系统 d. 学校的环境 e. 学生的学习	C. 教师发展 a. 教师的信念、知识和技能 b. 教师角色和行为	C. 课程实施的组织领导	C. 学校水平上的影响因素
D. 宏观的社会政治特征 a. 设计 b. 激励系统 c. 评价 d. 政治复杂性	D. 外部环境 a. 政府机构 b. 外部协助	D. 校外环境的特征 a. 学校所在的行政区域 b. 社会	D. 资源提供 a. 教学设备 b. 课堂空间 c. 资料教材	D. 教师培训	D. 外部环境
			E. 学校行政和教师文化 a. 校长的力量 b. 教师文化	E. 外部因素	

(一)课程方案本身特征

课程方案一般是指依据培养目标所制定的有关课程工作的指导性文件，具体包括课程计划、课程标准等方面。课程方案本身的特征是影响课程实施的一个基础性因素。具体来说，课程方案的清晰程度、复杂程度、课程方案的质量和各学科课程标准将会影响课程实施。比如，有些课程新的方案没有有效实施，其中一个原因是该方案的目标欠缺清晰，使得教师不明白到底为什么这样做或到底该如何做。再如，如果各学科课程标准过于复杂，不容易被使用者理解，而且计划不符合学校实际情况，那么就可能会影响教师实施该门课程的程度与效果。

(二)学校层面的资源与条件

课程的实施是需要一定的资源与条件的，学校层面的资源与条件是课程实施的重要保障。这方面的因素包括学校管理层的理想和远见、建设学校合作性文化、鼓励教职员进修、与他人分享权力、提供时间经费等支持和校长的课程领导力，等等。比如，如果学校领导层对于慕课的认识不到位，没有预见其未来发展的方向，那么其可能会对慕课课程建设与实施缺乏应有的支持，可能不会将其列入学校课程建设的重点项目。再如，浙江省初中阶段推进的科学课程改革与实施，作为一门综合课程，其实需要学校层面建设合作性文化、支持原有师资队伍进修等条件，那么这方面的资源条件是否到位就关系科学课程的实施。

(三)教师的力量

教师的力量是影响课程实施的一个重要因素。"近些年来，研究者逐渐发现了主观因素的重要作用，如教师的不安(anxieties)、忧虑(concerns)、抵制(resistance)等情绪因素，观点(perception)、理解(sensemaking)等认知因素。它们极大地影响了教师参与课程实施的程度与实施程度的表现程度。"[1]"课程意识是课程实施的首要因素。"[2]教师对课程实施的影响主要体现在三个方面：第一，教师的参与。课程实施的必要前提，是教师自觉以课程计划为依据，设计教学活动，确定教学策略，把课程的实施直接作为课程的一部分，让教师始终参与课程计划的拟订，就可以增强这种自觉性。第二，教师的课程决策。在课程实施过程中，教师不是一个被动的执行者，而是一个主动的决策者，他们要面对许多与课程有关的问题，需要依据不同的情况随时做出相应的专业判断。第三，教师的态度。教师在教学中拥有一定的自主权，对待这种自主权，有的教师会采取开放式的态度，关注改革的进程，愿意投身改革，乐意接受新课程、新方法，拥有对改革的知觉和信念。还有的教师则采取封闭式的态度，不愿观察别人的教学，不愿被别人观察，不愿影响别人的教学，也不愿自己的教学被影响。对课程改革缺乏关注，不愿意投入，也不易接受新的理念和方法，具有明显的惰性。普拉特(Pratt)的研究表明，教师对课程实施的态

---

[1]　夏雪梅：《四十年来西方教师课程实施程度研究的回顾与评论》，载《全球教育展望》，2010(1)。

[2]　和学新：《课程意识是课程实施的首要因素》，载《教育科学研究》，2003(11)。

度一般类似于常态分布：反对者占 5％，拖延者占 25％，沉默者占 40％，支持者占 25％，热诚者占 5％。① 造成这种现象的原因很复杂，至少与教师的惰性，教师对其职业、利益的防卫有关。

(四)学生的情况与特征

学生的情况与特征是影响课程实施的因素之一。虽然是同样的课程内容、同样的课程实施策略、相当的课程实施条件资源，但是面对不同的学生可能会产生有差异的课程实施效果，这是由于学生的现有发展基础和身心发展规律特点会影响课程实施。此外，学生参与课程实施的情况也会影响课程实施效果，学生在心理和行为上参与课程实施的情况会直接影响课程实施的效果。总体来看，学生的能力、学习兴趣、学习背景、受教育经历、家庭背景、自我期望、学生的需要等，都会影响课程实施的顺利进行。

(五)学校所处的外部环境

对课程实施的影响，除了一些内部因素之外，还有一些学校之外的外部因素，集中以学校所处的外部环境来体现，包括社区与家长的影响、政府部门的影响、社会团体的影响和所处社区资源等。比如，社区课程资源——博物馆、科学馆、图书馆、教育网络资源中心、青少年活动中心，学校周边的自然环境，等等，对课程改革如学校开展综合实践活动与研究性学习十分有利。

第二节　职业教育课程实施的过程与条件

一、职业教育课程实施的过程

(一)学校层面的课程实施过程

一所学校能否真正贯彻落实党和国家的教育方针政策和官方规定的课程方案，取决于学校层面能否把国家正式课程转变成为学校层面可以操作的有效课程，这一过程就是学校层面的课程实施过程。"学校课程实施的过程其实质是规划的学校课程与学校现实之间的一种调适过程，是课程理想与现实不断融合的过程。"②学校层面的课程实施过程实质上是一个课程规划与运行的过程，不仅是一个机械执行的过程，同时还是一个规划、创造和丰富课程的过程。

1. 学校课程规划

学校课程规划的基本框架：基于学校内外环境分析，探讨如何建构和描述学校

---

① 黄政杰：《课程设计》，413 页，台北，东华书局股份有限公司，1991.

② 靳玉乐、董小平：《论学校课程的规划与实施》，载《西南大学学报(社会科学版)》，2007(5)。

发展的愿景；课程改革是否成功，取决于多种因素，人是关键因素，规划好与课程相关人员的培训活动；教与学的政策是学校发展的基本政策，是规划的重要部分，制定规划好推动课程实施的学校教学政策；建立满足学生发展需求的学校适切课程；课程方案编制是规划的核心；学校有了适合的课程且编制了课程方案，就应该采取具体的行动，学校课程规划就要规划好落实课程方案的具体行动策略；规划好如何进行课程监控和评价，以便确保学校课程发展的目标及方案的实现。

2. 学校课程运作

在学校层面的课程实施过程中，规划好课程之后就是课程运作了，这是将课程方案付诸实践的一个关键环节。这一过程重在执行学校层面的课程规划。一般来说，学校课程运作就是直接将学校课程规划中一系列计划在实践中执行；但也强调要根据实际的教育情境进行课程创生。不管以哪种方式进行课程运作，学校始终是主体。其实从一定程度上说，学校层面的课程实施主要是对国家课程政策的执行，将国家课程政策文本转化为学校适切的课程行为，因此，学校课程运作实际上是将国家课程政策从文本向行动转化的过程。

3. 学校课程监测

课程监测是学校层面实施课程过程中的一个重要环节，它是学校课程实施质量的重要保障，推进课程实施的重要手段。在学校课程监测中，纯粹以达成课程目标为架构的忠实准则被认为是一种最"幼稚"的监测标准。人们逐渐认识到，应在保证课程方案的"基本原则"下，承认学校和教师的适度调适，不违背课程方案的基本理念的调适就是合理的。实际上，学校课程监测不完全是看课程实施过程是否一直在执行预定的计划方案，而是看学校课程实施是否在执行预定的计划方案基础上根据实际的学校教育情境进行调适，重点监测的是实际发生的课程是否符合教育情境。

（二）专业层面的课程实施过程

对于职业教育来说，一个专业的课程实施是一项非常复杂的活动，不同于中小学的课程实施，中小学课程在学校层面做好课程实施规划之后就可以直接由教师层面执行了，但是职业教育的课程实施中还有一个非常复杂而重要的环节，那就是专业层面的课程实施。专业层面的课程实施实际上主要是为了落实专业人才培养方案和实现专业人才培养目标，所以围绕专业人才培养目标的确立与达成，专业层面的课程实施过程可以分解为以下几个重要环节。首先，明确专业人才培养目标，这实际上是一个专业整体的课程目标，这是课程实施的出发点和落脚点。其次，构筑专业课程体系，这集中体现在专业人才培养方案之中，这是专业层面课程实施的框架。最后，提供好专业课程实施的人员、资源、环境等条件。

当前，在专业层面的课程实施中，专业课程实施标准的建设是一个薄弱环节。职业教育领域中有着成千上万个专业，尽管我们的教育理念鼓励"百花齐放"，但是绽放出来的百花却参差不齐，没有一个基本的标准依据，课程实施迫切需要一个专业层面的标准以供参考。教师层面的课程实施标准有的时候可以用教师教学能力标准去替代，但是专业层面的课程实施标准目前没有很好的工具和办法去呈现。在此，笔者将其作为一个未来研究探索的问题抛出来，供学界研究和实践探索。

(三)教师层面的课程实施过程的几种模式

1. 关注为本采纳模式

关注为本采纳模式(Concerns-Based Adoption Model，CBAM)[①]是美国学者霍尔(Hall)和霍德(Hord)在富勒(Fuller)研究的基础上，基于对课程实施变革的研究而提出的。该模式主要从教师面对新课程时的关注、行为等方面来刻画其课程实施过程，包括三个阶段。一是关心发展阶段，从情感维度考察教师的课程实施情况，依据教师在课程变革中关注点的不同分成七个小阶段。二是实施阶段，依据教师在课程变革中表现出的行为划分为八个水平，有决策点帮助研究者判断教师所达到的水平。评估实施水平的方法有长期观察、分支访谈和焦点访谈。三是革新构造阶段，研究者注意到了在变革中，实施者总是倾向于对于新事物和新方法进行一些改变，一种变革必然伴随着不同的构造，进而开发出一种工具，设想某一具体革新可能会出现哪些不同的构造，使之具体形象化，为实施者指引方向。

2. "认知—行为—反省—改变"模式

笔者通过对教师实施课程的实践活动进行观察，提出教师层面课程实施过程的"认知—行为—反省—改变"模式，即教师实施课程的认知阶段—教师实施课程的行为阶段—教师实施课程的反省阶段—教师实施课程的改变阶段。在教师实施课程的认知阶段中，教师要对所实施的课程进行认识，形成一种关于该课程的立场，确立起实施课程的价值取向。在教师实施课程的行为阶段中，教师会对所实施课程的内容、材料、资源等方面进行使用、改造或创造，推动课程运行。在教师实施课程的反省阶段，教师可以在行为阶段中渗透或在行为阶段结束之后对课程方案、运作、自身等方面进行反思并做出调整的计划。教师实施课程的改变阶段实质上是课程实施效果的见证阶段，如了解实施课程后学生学习的转变情况和教师课程实施能力的改变提升情况。由上述分析可以看出，课程实施过程实际上是一个认识和实践的过程。

3. "领悟—运作—经验"模式[②]

目前，在理论界和实践中，逐渐形成了一种"领悟—运作—经验"的课程实施模式，即首先是教师领悟课程，然后是在行动中运作课程，最后是教师在经验课程中反思。教师层面去实施一门课程的起点是教师要去对该门课程进行领悟，实质上是教师理解课程的过程。教师理解课程不应该是直接复制课程文本，而应该是"意义

---

① ［美］吉纳·E. 霍尔、雪莱·M. 霍德：《实施变革：模式、原则与困境》，吴晓玲译，46～122页，杭州，浙江教育出版社，2004。

② 黄小莲：《决策与执行：中小学教师国家课程实施过程表征》，载《教育发展研究》，2014(2)。

创生"的过程，"教师理解课程文本是教师与课程文本之间理解对话、视界融合的过程，是课程意义再生的过程和教师自身成长的过程。"[①]教师理解课程一定要凸显教师的主体性，在教师对课程掌握熟知的基础上，要体现出教师自身的创造性和个性，形成基于教师经验的课程。教师在课程实施过程中就是将自己理解的课程带到课堂当中来运作，这个过程是一个计划执行的过程，也是一个基于情境的创生过程。教师在经验课程中不断反思，形成自己的课程实施个性风格。完整的课程实施过程还包括实施活动结束之后的反思与积淀，尤其是课程运作之后教师形成的新认识和新行为、学生的新收获。

二、职业教育课程实施的条件

（一）工作过程课程实施条件

工作过程课程标准涉及课程的性质、工作过程描述、课程内容和要求、课程目标、实施建议等方面。工作过程课程实施的条件如下。

（1）工作过程课程要求教材应该以工作任务或项目为载体。教材内容要贴近真实岗位，并遵循资讯、决策、计划、实施、检查、评估这一完整的行动过程，体现工作过程完整性的特点。

（2）建设有效融合学习与生产为一体的校内外生产性实训基地。工作过程课程的实施需要认知学习过程与职业能力培养过程的有效融合，依赖与企业生产环境、条件、内容相吻合的校内外实训基地的建设，便于基于工作过程的生产项目的实施。

（3）对接工作环境的学习情境创设。利用校内外实训基地创设好真实的工作环境，利用现代先进的信息技术创生好模拟的工作环境，总体上是便于将学习环境与工作环境相对接。在真实的工作环境中，进行简单的产品生产，直接提升学生的真实生产能力。在模拟工作环境的过程中可以引入企业的生产工艺、生产设备、技术管理、运行模式及安全环保要求等企业生产元素，模拟生产情境进行教学。

（4）教师要拥有丰富的企业工作经历，具备将课程内容与企业生产过程相对接的能力，了解新工艺、新材料、新技术的发展趋势。

（5）以工作任务为载体的发展性评价，要注重学生在任务完成过程中的过程考核，注重学生方法能力、专业能力、社会能力考核的统一。

（二）一体化课程实施条件

一体化课程实施条件如下。

（1）制定一体化课程教学标准。设计一体化的专业课程体系、教学内容和教学方案，开发理论与实践相融合、知识学习与技能训练相结合的一体化课程教学标准，统一规范专业课程名称、培养目标、职业能力要求、课程结构与内容、教学安排和教学保障条件等。

（2）开发一体化课程教材。打破学科体系，编制理论教学和实践教学相融合的

---

① 赵文平：《"意义创生说"——教师理解课程文本的新取向》，载《教育导刊》，2007(6 上)。

教材和教辅材料，依据劳动者的职业特征、职业成长规律和典型工作任务设计教材内容，力争实现工作过程导向的教学模式，实现理论知识与技能训练的有机结合。

（3）建设一体化课程的教学场地。打破理论课与实训课授课地点分离的传统教学场地模式，建设既能满足理论教学，又具备实践技能训练的一体化教学场地，将传统理论教学教室和实训场地合一，能够创设提供真实的工作环境，实现理论教学与技能训练在一体化的场地中融合进行。

（4）打造一体化课程师资队伍。一体化课程实施需要既能讲授理论知识课，又能指导技能训练和生产实习的一体化课程教师。

（三）项目课程实施条件

项目课程实施条件如下。

（1）项目课程中的项目设计条件。项目要适中，不宜太大。如果项目设计太大，包含复杂任务太多的话，可能需要的理论知识太多，在具体教学过程中就容易走上知识教学的老路。项目要有一定的典型性和覆盖面，项目能够代表所要实施的课程内容，并能够覆盖其基本内容。项目中的任务是明确具体的。

（2）构建与项目课程相对应的教学管理模式。项目课程以工作任务为中心，具有跨学科属性，其实施必然需要汇集相关学科力量，这就需要打破传统的系部、教研室管理模式。同时在教学资源和实训设备的管理上需要能够整合服务项目课程实施的平台。

（3）项目课程实施的硬件条件。打破按照学科建设的需要建设实验实训室的格局，要按照工作项目的出发点来建设实验实训室。如果在实验实训室内部格局中，只有实验区，没有讨论区和教学区，是不利于项目中理论与实践的有机结合的，而且这样的格局只能完成验证性实验而不能完成项目中的"工作任务"，只能是单一的技能练习，而不能开展面向工作的问题解决。

（4）项目课程实施的师资队伍条件。项目课程实施对教师有着新观念和新行为方面的要求。观念上，教师要确立起项目课程观。行为上，教师要能够设计出合理可行的"项目"，拥有丰富、娴熟的生产实践经验与技能，能够指导学生解决工作情境中的复杂任务难题。

（四）归纳总结

通过对上述几种课程实施的条件进行分析，我们可以发现以下五个方面共同点。

1. 一定的课程认识或课程观念

"课程实施的基础是人们对课程目标的认识与理解。"[1]要实施一种课程，首先得对这种课程有准确的认识。

---

① 王海燕：《学校课程实施：理解—参与—创生的教育过程》，载《教育科学研究》，2010(12)。

2. 教材及相关资料

选用先进、适合教材，与行业企业合作编写工学结合特色教材，课件、案例、习题，实训实习项目，学习指南等教学相关资料齐全，符合课程设计要求，满足课程教学需要。

3. 教学方法

根据课程内容和学生特点，灵活运用案例分析、分组讨论、角色扮演、启发引导等教学方法，引导学生积极思考、乐于实践，提高教学效果。在教学进程安排方面比传统学科更加灵活。如上述三类课程中每一个教学单元课时是根据每一个完整工作过程的完成所容载的知识内容来确定的，综合模拟工作过程的教学有可能需要一至两周的时间集中学习才能完成，因此不可能像传统的教学模式那样有固定的课时。

4. 实训条件

上述三类课程的实施都需要配套的实训条件。比如，针对服务管理类专业，最好能提供安装有对应的每个学习情境需要的货运代理服务与组织的软件的环境；针对生产类专业，建立虚拟企业、虚拟车间、虚拟项目等仿真教学环境，优化教学过程，提高教学质量和效率。

5. 师资条件

课程的实施最好由既有实践经验，又具有丰富教学经验的教师担任，特别是主要的实践教学任务。因为课程的教学过程是一个模拟工作行动领域的业务操作与组织管理过程，也是理论与实践相互融汇的教学过程。所以在教学过程中，在学生自主学习的同时，教师需要把相关理论知识有机地融汇在实训过程当中。这对师资的条件也提出了更高的要求。

第三节　职业教育教师的课程实施能力

美国课程专家古德莱德(J. I. Goodlad)提出五层次课程，理想课程—正式课程—领悟课程—运作课程—经验课程，从正式课程向经验课程转化，中间需要教师领悟课程，并在教学中运作课程，由此可见教师在课程实施中扮演着重要的角色。不管最初的课程设计如何煞费苦心，它终究要通过教师的运作而转化成真正为学生所拥有的课程，这实际上要求教师具备一定的课程实施能力。

扫码观看微课视频

一、职教教师的课程角色——工作过程导向课程实施的视角①

工作过程导向课程是当前职业教育课程改革的热点话题。工作过程课程将职业分析、工作任务分析、企业生产过程分析、个人职业能力发展目标和教学分析设计等结合在一起，按照工作过程来序化课程知识，重建课程内容结构，整合理论知识与实践知识；课程不再片面地强调建立在静态学科体系之上的对显性理论知识的复制与再现，而是着眼于动态行动体系的隐性实践知识生成与构建。从

扫码观看微课视频

某种程度上说，课程发展就是教师的发展。开发和设计好的课程能否发挥其教育功效，其非常重要的一个方面就是教师能够有效实施课程，可见教师是课程实施的主体，工作过程导向课程的有效实施依赖于教师。那么，职业教育教师在工作过程导向的课程实施中究竟应该做点什么、如何做？面对这样的问题，我们姑且用教师课程角色这一概念描述其如何做、做什么。社会心理学家扎宾（T. R. Sarbin）认为，角色是在相互行动的情境中，行动者按照他人的期望来实施的模式化行动。实质上，角色是行动者表现出来的行为，是外界对行动者的一种期望，也体现出了行动者在行动中的位置和地位。那么，工作过程导向的职业教育教师的课程角色就是工作过程课程开发与实施中的职业教育教师所应具备或表现出的行为与职责，也就是说工作过程导向下的职业教育教师在课程开发与实施中应该做什么、如何做？教师的课程角色是与一定的课程观分不开的，每一种课程观都会有与其相应的教师课程角色。工作过程导向的职业教育教师课程角色是什么样的，根本上取决于工作过程导向的课程观。

（一）基于工作过程完整性的教师课程整合角色

从工作程序来看，完成工作任务的过程具有完整性特点，即需要经历"明确任务、制订计划、做出决策、实施、控制和评价反馈"等环节。从工作中涉及的知识来看，完成一项工作需要理论性知识与实践性知识共同作用，这两方面不是简单的割裂或并列关系，而是一种交融与整合的关系。从完成工作所需要的技能来看，是智慧技能与动作技能的整合，因为一项工作任务的完成既有一些普遍的、公共的、要领性的动作技能，也需要一些潜在地内化于操作者的、个性化的智慧技能。从上述几个方面来看，工作过程具有多个层面的完整性特点。那么以工作过程为导向的职业教育课程显然也体现出过程与结果、理论与实践、智慧技能与动作技能等方面的整体性。实施工作过程导向的课程必然需要教师能够应对这种挑战，具备课程整合的角色。

过程哲学大师怀特海（Whitehead）把世界的本质理解为过程，认为世界的实在

---

① 本部分内容主要参考赵文平发表在《职业技术教育》2013 年第 1 期的《工作过程导向课程实施中教师的角色定位》一文。

性在于它的过程性，过程就是世界，世界就是过程；过程就是实在，实在就是过程。[①] 基于工作过程完整性的教师课程整合角色包括以下几个方面的内涵。一是需要教师确立全面整合的课程目标观。全面整合的课程目标观是指工作过程课程对于学生的发展价值不仅体现在知识方面，还应有渗透在知识、工作过程中的技术与人文、艺术与美感、道德与文化等内容。"所有类型的手工训练应该构成每一门课程的大部分内容。教育不仅是对抽象智力有吸引力。有目的的活动、智力活动和当下的有价值的成就感应该组合成一个经验统一体。"[②]二是需要教师在课程设计中处理好学术理论知识与工作实践经验的关系。工作过程课程不是仅以某一学科的内在逻辑为出发点来设计，而是需要多种学科知识、多种类型知识的相互交叉、融汇，强调的是知识的联系性和整合性。工作过程课程将理论知识与实践知识整合，课程不再片面地强调建立在静态的学科体系之上的对显性理论知识的复制与再现，而是着眼于动态的行动体系的隐性实践知识的生成与构建，是从业中实际应用的过程性知识与适度够用的陈述性知识的整合，经验和策略的知识与"事实、概念"和"理解、原理"的知识整合。三是需要教师在课程实施中做到课堂理论讲授与工作场所实践经验指导的整合。只有在整体的具体经验中才能认识个别经验材料，脱离整体经验则无法把握任何孤立印象。走出理论教学与实践教学两张皮的困境，采取学习中工作和工作中学习的方式，通过完成工作任务获得理论知识和实践经验。四是在课程开发中需要教师将最新的工艺流程和技术信息整合到课程之中，实质上是能够更新课程内容，将工作过程中的新技术、新工艺整合到课程中。

基于工作过程完整性的教师课程整合角色的实现需要教师具备多方面的素质。教师除了具备教育素养和能力之外，还要有相关的职业技能；除了具备专业理论知识，还要有专业实践能力。这实质上需要我们培养一大批具有双师素质的教师。工作过程课程以工作为逻辑组织课程，特别强调工作经验和经历，教师的课程整合角色实现需要大批具有双师素质的教师，熟悉生产一线，具有解决实际问题的技术能力，具有较强的动手示范能力。另外，需要培养教师跨专业、跨学科的知识和团队合作能力。一个完整的工作过程不是传统意义上的一门课程，而是可能涉及多个领域、多个学科的知识，也需要有多种专业知识背景和工作经历的教师联合起来开发课程和承担教学任务。

(二)基于工作过程职业性的教师职业文化传播角色

工作过程不仅仅是操作过程，更是一个社会文化过程，工作过程中的工作者需要融入某个工作的文化过程之中，才能很好地进行工作。工作过程除了承载工作本身的任务、流程、内容之外，还包含着某种职业的文化性因素。这实际上意味着工

---

① ［英］阿尔弗雷德·诺思·怀特海：《过程与实在》，杨富斌译，2 页，北京，中国城市出版社，2003。

② Alfred North Whitehead，*Essays in Science and Philosophy*，New York：Philosophical Library，1948，p. 121.

作过程的课程不只是向学生提供工作操作技能和流程，更为重要的是，还要提供工作中的价值观念和文化。以培养综合职业能力为己任的工作过程课程体现出浓厚的职业色彩。工作过程导向的课程不仅仅教学生操作、工作，更为根本的是使其能够适应职业工作岗位；不是简单的会做，而是要能在某种职业情境中胜任。工作过程的职业性是一种精神层面、价值层面的软件要素，不同于工作过程中的技能和实践经验。费舍尔（Fischer）指出，工作过程知识是劳动者在企业的行动体系中获得的关于工作对象与工作流程的知识（包括理论知识），这种知识是劳动者在职业活动中直接需要的。工作过程课程不纯粹是一种工作知识、实践经验、工作流程，而且是一种工作价值、职业精神、岗位规范等方面的文化。因此工作过程导向的课程实施不再是教师简单的知识传递和技能训练，而是赋予教师以一种内在于职业的文化和精神去陶冶、感染、濡化学生的使命，这也就形成了基于工作过程职业性的教师职业文化角色。

工作过程课程实施中的教师职业文化角色有以下几层含义。首先，教师是一定的职业文化代表者和象征者，工作过程课程的教师不纯粹是一名传递知识的教师，而且是与工作过程相关的职业文化代言人。其教育行为和操作行为中必然承载着职业文化。教师不仅仅是人师，更是一种技师、职业大师。其次，工作过程课程的设计与实施需要教师融入职业文化，特别是最新的职业发展动态、最新的技术。专业课程（教材）开发中吸纳职业文化，课程开发与职业文化相对接，需要教师具有相应的职业经验，了解企业的背景，熟悉相关工作过程，掌握工作的要求和质量标准。最后，工作过程导向的职业院校教师职业文化角色着重表现为培养学生的职业文化素养，教师应帮助学生获得硬件（职业技能）和软件（职业文化）。教师既要关注学生职业技能的掌握情况，也要培养学生的职业文化素养。

基于工作过程职业性的教师职业文化角色实现需要从以下方面努力。一是确立一种跨界性融合的课程文化观。课程是一种文化，课程知识不是干巴巴的符号，而是承载着丰富的、深刻的精神性。"课程是在特定的教育情境中多主体对话互动、动态生成的促进学生个体发展的文化事件。"[①]工作过程课程是一种"学校与企业、工作与学习、理论与实践"等跨界性的课程文化。职业教育课程是一种基于职业的教育性文化经验体系。二是积极深入企业一线，可以通过赴企业实践、参与企业技术服务项目等方式了解相关职业的制度、价值、精神等文化性内容，构建在企业物质文化指导下的课程物质文化、企业精神文化指导下的课程精神文化、企业制度文化指导下的课程制度文化、企业行为文化指导下的课程行为文化。三是教师自觉将自身的企业实践经验和相关职业文化渗透在其二次课程开发之中。按照古德莱德的五层次课程理论，在"理想课程—正式课程—领悟课程—运作课程—经验课程"这个过程中，正式课

---

① 赵文平：《论课程作为教育过程中生成的文化事件——基于复杂科学理论的审视》，载《当代教育科学》，2012(5)。

程走向运作课程的中间需要教师领悟课程，实质上是教师基于意义创生的解读课程，其中可以将企业实践经验和相关职业文化融入，深化课程的职业文化性。

(三)基于工作过程生成性的教师课程创生角色

过程是动态的、流变的。此过程非同于彼过程，此情境下的过程不同于彼情境下的过程。工作过程具有生成性，是指工作本身的不同情境决定了其过程的差异性，也就是说，工作过程本身不是僵化、固定的，而是可能变化的、动态的。"现实世界是一个过程，这个过程就是现实实在的生成(becoming)。因此，现实实在是一些创造物。"①工作过程导向的课程以向学生传授工作过程知识为宗旨。"工作过程知识不是从理论知识中引导出来的，它与反映的工作经验相适应，并指导实际的职业劳动。工作过程知识是隐含在实际工作中的知识，不仅包括显性的指导行为的知识(如程序化知识)，也包括相联系的隐性知识，那些物化在工作过程中及产品和服务中的诀窍、手艺、技巧和技能等是最宝贵和最昂贵的工作过程知识。"②工作过程导向的课程在本质上不再是静态的学科体系下的显性理论知识传递，而是动态的行动体系下的隐性知识的建构。工作过程课程的实施不是一个技术化、程序化的过程，而是一个不断创造和生成新经验的过程。教师不是简单地按照预定的程序按部就班地执行课程，而是在执行之中带领学生创生新的工作过程，实质上工作过程导向的职教课程实施是一个教师与学生共同创造的过程，这样就决定了教师在其实施中的课程创生角色。

基于工作过程生成性的教师课程创生角色包括以下几个方面的含义。一是体现在教师与课程的关系之上，工作过程课程实施中教师既不是被动的执行者，也不是复制课程，然后原封不动地传递给学生。教师是课程的创造者，他可以根据特定的教育情境与学生共同创造工作过程课程。其实工作过程课程本身就是在过程中不断创生的。二是这一创生角色体现在课程实施的过程之中，工作过程导向的课程不是固定的流程，而是特定工作场域、特殊学习对象下的特别体验，这是教师根据需要的一种创造。教师将典型工作过程任务转化为适合于具体情境的学习内容，通过变通创生，把理论知识和实践知识有机地结合到具体的工作过程之中。三是就教师提供给学生的工作过程课程结果而言，教师不是呈现定论和不变的知识技能，而是提供一种具有可持续性的、推动学生不断发展的经验。正如派纳(W. F. Pinar)所言："课程是一种特别复杂的对话，课程不再是一个产品，而是一个过程。它已成为一个动词、一种行动、一种社会实践、一种个人意义以及一种公众希望。"③

---

① 张广斌：《教育的使命与价值——怀特海教育哲学解读》，载《当代教育论坛》，2007(2)。

② 赵志群：《论职业教育工作过程导向的综合性课程开发》，载《职教论坛》，2004(2)。

③ W. F. Pinar, W. M. Reynodls, P. Slattey, P. M. Taubman, *Understanding Curriculum：An Introduction to Study of Historical and Contemporary Curriculum Discourses*, New York：Peter Lang，1995，pp. 847-848.

基于工作过程生成性的教师课程创生角色的实现需要的是，首先，教师课程观的更新。根据调研，大多数职校教师将课程视为教学内容或预定的方案和计划，而没有认识到课程的动态性和生成性。教师课程创生角色的实现需要教师确立起一种过程课程观。这需要加强教师的课程理论素养的教育。在职前教育中，开设课程论课程，学习多种课程理论；在职后的培训中，有针对性地开展关于职业教育课程方面的培训；同时需要教师自身不断努力学习相关的课程知识。我们需要使教师树立起一种过程性的课程观，课程实施策略走向创生取向。其次，教师课程意识的培养。所谓教师课程意识，是指在教育活动过程中，教师头脑中自觉地产生课程参与和实践的意识。课程实施不再是静态机械地执行预定课程计划的过程，而是一个动态地不断调整课程计划或实施策略的过程，甚至是一个再创造课程意义的过程。最后，教师课程权力的赋予。这需要我们在教育体制中解放教师，赋予教师一定的课程权力，教师应被视作课程的有机组成部分，教师是课程的创造者和主体。

正是基于上述本质属性，在工作过程课程实施中，教师需要确立起相应的角色。工作过程课程导向的职业教育教师课程角色的转换实质上是一种课程观的转变和一种教师观的革新。职业教育课程不是学科化的知识、工具性的技能和预定的计划，而是动态化的过程、职业性的文化和创生性的经验；职业教育教师不是教书匠、知识的化身和机械执行者，而是工作过程的整合者、职业文化的传播者和课程的创造者。

二、职教教师课程实施能力的结构

课程实施是将课程方案付诸实践的过程，也可以说是课程的落实过程。在这个过程中，教师起到了至关重要的作用。课程能否顺利有效实施，与教师的课程实施能力直接相关。教师课程实施能力是教师在参与一系列的课程实施活动中所具备的心理特征，或者说教师顺利完成各项课程活动所具备的能力。"教师课程实施能力就是教师把课程计划付诸实践的能力。"[1]职教教师课程实施能力是职教教师在其课程实施中所表现出来的综合素质，其不仅表现为教师的教学能力，还应包括教师对课程的认识、实践、创生和反思能力。职教教师课程实施能力影响和制约着其课程实施的有效性。

一般认为，个体的活动分为三类[2]：第一类是认知活动，第二类是实践活动，以及在这两类活动基础上形成的第三类活动，即价值评价活动。那么，与三类活动相对应，个体也有三种能力：一是认识能力，二是实践能力，三是评价能力。据此，我们可以将职教教师课程实施能力分解为课程实施的认识能力、课程实施的实践能力和课程实施的反思能力。这三种能力相互作用共同构成了职教教师课程实施

---

① 赵文平：《教师课程能力——一个不容忽视的问题》，载《江西教育科研》，2007(2)。

② 孙显元：《论人的素质和能力》，载《教育与现代化》，1996(1)。

能力的结构。

(一)职教教师课程实施的认识能力

职教教师课程实施的认识能力实质上是指教师是如何认识职教课程、如何认识职教课程实施的能力，其内在的核心是职教教师的课程观与课程实施观。具体来说，涉及教师对职教课程本质、职教课程实施过程、职教课程实施策略等方面的认识。职教教师把职教课程理解为知识、教育活动、具体的教材、学生获得的经验，还是职业活动中的工作过程？也就是说，在职教教师的头脑中，职业教育课程到底是什么？对职业教育课程的认识直接关系到课程实施的取向和策略，如果将职业教育课程视为知识，那么教师就会简单地将课程实施作为一个传递知识的过程；如果将职业教育课程视为职业活动中的工作过程，那么教师就可能会将课程实施视作在工作过程中探索和体验的活动。职教教师对其课程实施过程的认识，主要是指他们将课程实施简单地理解为一项教学活动、一个教教材的活动，还是师生共同理解文本的活动，抑或是包括课程改变调整等在内的课程落实过程。职教教师对其课程实施策略的认识主要是指关于"如何进行课程实施"的认识，在观念上把课程实施策略概括为忠实地按照课程计划和教材按部就班实施课程，或根据需要对课程本身和教学活动进行相互调适，或根据教师理解、学生需要和特殊教育情境等灵活地创生新课程。

根据调查，职教教师对课程实施认识的现状表现为三个方面。一是将中职课程简单化为教材、书本、教学科目。二是将课程实施窄化为教学，"课程实施就是教教材""课程实施就是把书本中的内容传递给学生"等观念体现出教师们窄化了课程实施的观念。三是对课程实施的取向表现出忠实的策略。

职教教师课程实施的认识能力发展是一个观念形成与改变的过程。职教教师对课程实施的认识能力的培养，需要理念上的学习和教育，重在理论素养的提升。受传统"大教学"观念的影响，教师们对"课程"的概念还未形成普遍性的认同，只是简单地将课程理解为教学内容。当前在欧美课程理论盛行的背景下，我们应加强对职教教师的课程理论素养的教育。在职前教育中，开设课程论课程，学习多种课程理论；在职后的培训中，应有针对性地开展关于职业教育课程方面的培训；同时需要教师自身不断努力学习相关的课程知识。我们需要使教师树立起一种过程性的课程观，使课程实施策略走向创生取向。

(二)职教教师课程实施的实践能力

职教教师课程实施的实践能力是指职教教师在其课程实施过程中完成各种具体实践活动所需要的能力。按照古德莱德的五层次课程理论，即理想课程—正式课程—领悟课程—运作课程—经验课程，从正式课程到领悟课程的转化过程中，就需要教师自身将正式的课程领悟为教师个人的课程，接着又将教师个人所领悟的课程再转化为运作课程。这两个转化过程需要教师具备一定的课程实施能力，这也说明教师在课程实施过程中的实践能力的重要性。职教教师课程实施的实践能力具体应包括课程需求的把握能力、课程目标确定的能力、课程内容的选择与调整能力、教学活动设计与开展能力、课程规划能力等。关于课程需求的把握能力，主要强调在正式的课程实施开始前教师能否明确和把握学生对课程的需求状况，这是下一步有效开展课程实施的依据。关于课程目标确定的能力，强调教师在把握学生课程需求的基础上，结合课程内容，能够确定所实施课程要达到什么样的目标。关于课程内容的选择与调整能力，强调在课程实施中教师能够依据特殊的教育情境和课程需求，对课程文本进行合理选择、适度地删减或增加等调整。关于教学活动设计与开展能力，是指职教教师在其具体课程的教学活动中，能够有效开展，确保课程教学目标的实现。关于课程规划能力，主要强调职教教师能够对其所执教的课程进行整体的规划，恰当处理好与其他课程的关系，因为职业教育课程是一种工学结合的模式、工作过程导向的模式、理论实践一体化的模式，需要教师从学生综合职业能力发展的角度整体性地规划课程。

职教教师课程实施的实践能力发展一般需要经历几个阶段和水平，并不是一蹴而就的。依据教师对课程文本处理的状态（实质上渗透着教师与课程之间的关系），我们可以将职教教师课程实施能力发展阶段划分为三个层次。一是机械执行的课程实施能力。教师在课程面前实际上是被动的执行者，课程实施的过程基本上是教师机械地执行课程计划的过程。教师整体性驾驭课程的能力还不足，将课程与行业企业发展结合得还不够紧密。这一阶段的教师多为初入职的新教师。二是理解调整的课程实施能力。经过3～5年的经验积累与理性成长，这一阶段的教师对于课程文本不再局限在机械执行的水平，而是表现出一定的创造性，试图依据工作情境的需要对课程进行调整，但是只是在小范围调整。三是创造生成的课程实施能力。经过多年的实践经验积累和理论水平的提升，这一阶段的教师在很大程度上能够超越既定的文本教材，能够完全按照社会职业发展的需求灵活实施职业教育课程，能够将具体的专业理论知识与实践中的工作情境紧密联系起来。

可以说，职教教师课程实施的实践能力发展是一个实践经验积累与理性认识提升的过程。因此，这也就意味着其实践能力的发展需要职业教育教师在工作岗位上的长期探索和积累，也可以说是一个自我成熟的过程。当然对于其课程创生能力的发展也需要我们在教育体制中解放教师，赋予教师一定的课程权力，使其成为课程开发的主体。"教师拥有课程权力的状况极大地影响着其对课程的领悟和运作程度。"[1]

（三）职教教师课程实施的反思能力

反思是个体对于其自身及所从事的行为活动过程进行的认识与思考。"反思能力可以概括为认识的主体对自身活动的体察，相当于我们说的内省，是指一个人反省和评价自己的思想、信念、价值观和行为的一种能力。"[2]职教教师课程实施的反

① 赵虹元：《基础教育教师课程权力研究》，112页，博士学位论文，西南大学，2008。

② ［美］Lynda Fielstein & Patriacia Phelpss：《教师新概念——教师教育理论与实践》，王建平等译，6页，北京，中国轻工业出版社，2002。

思能力是指其在课程实施活动中和活动后对其所做出行为的诊断和思考，实质上是教师的一种自我认知过程和能力。舍恩（D. Schon）在其"反思性实践"的相关理论中认为，实践者是复杂情境中能动的探究者，而非技术理性主导下的工具性问题解决者。之所以强调职教教师课程实施的反思能力，就在于职业教育课程实施不仅仅是一种认识活动和实践活动，更是一种反思性的活动。职教教师课程实施的反思能力实质上是教师在课程实施中的主体性的体现，教师作为自觉的主体有意识地对灵活多变的情境创造性地做出自主判断和选择。职教教师课程实施的反思能力主要是指教师在工作过程导向的课程实施中能够主动思考其自身的行为、相关的教育情境及职业活动，进而主动做出课程实施策略的理性决定，不断提升自身的课程实施认识能力和实践能力，进而增强其适应性。

职教教师课程实施的反思能力体现出了教师在课程实施中的主体性、实践性、探究性和批判性等特征。教师对其自身及课程实施过程的反思所凸显的正是教师自身的主体价值；职业教育课程实施中的教师反思是一种实践性的活动，通过反思改进自己的行为，是一种变革性的实践；职业教育课程实施过程中的教师反思也是一种探究性的活动，通过反思自身的行为获得问题的解决，探索新的问题解决途径；职业教育课程实施过程中的教师反思实质上是一种自我批评。

显然，职教教师课程实施的反思能力是贯穿于其认识能力和实践能力的发展过程之中的，甚至是与其他能力融为一体的。"教师的专业形象是'反思性实践家'，其'专业能力'不停留于所规定的科学技术、理论知识、合理技能，而是视为融合这些知识所展开的对于问题情境的'反思'，以及适应这种问题情境的判断之基础——'实践性学识'。"①这种能力实质上是教师在理性和实践基础上的自我成长和自我改进。

一般来说，职教教师课程实施的反思能力需要经历无反思意识、被动反思和主动反思这样三个发展阶段。刚入职的职业教育教师多为无反思意识，也就谈不上课程实施的反思能力了，因为这一时期教师多处于课程实施的适应阶段，对课程简单地顺应，全盘接受和机械执行。随着课程实施经验的丰富以及在实践中遇到一些需要解决的问题，这时为了应付问题解决教师有了被动的反思，表现为局部的归因和反思，比如，当课程实施过程中发现教材和学生之间不匹配时，可能反思到学生的问题，而没有从教材与企业、行业的对接以及教师教学与职业的衔接等方面综合反思。经过多年的实践智慧积淀，最终发展至主动反思能力这一层次上，教师能够全方位、合理地对自己的课程实施活动进行整体性反思。职教教师课程实施的反思能力培养既需要教师自身的成熟和努力，也需要教师之间的交流与合作。"有机会与同事们谈论一些问题是一天里对他们最有帮助的一个方面。"②

---

① ［日］佐藤学：《课程与教师》，钟启泉译，240 页，北京，教育科学出版社，2003。

② ［美］Charlotte Danielson & Thomas L. McGreal：《教师评价——提高教师专业实践能力》，陆如萍、唐悦译，23 页，北京，中国轻工业出版社，2005。

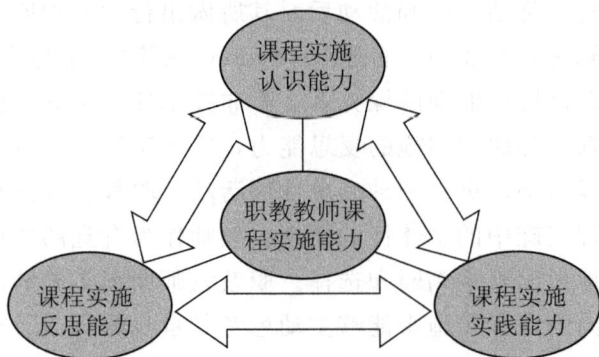

图 6-1　职教教师课程实施能力结构

其实在职业教育课程实施的过程中，教师往往需要的是综合性的能力，也就是说，仅有上述一个方面或两个方面的能力是不够的。职业教育课程实施所需要的能力是教师课程实施认识能力、教师课程实施实践能力和教师课程实施反思能力三者有机的结合；应该说，是在认识能力的基础上运用实践能力开展实践活动，并且在实践中通过反思能力不断提升自己的认识能力和实践能力。职教教师课程实施能力的发展是一个在长期实践中生成和积淀的过程，需要其在参与课程活动中不断提高和发展。

三、职教教师的课程实施能力评价指标体系——工作过程导向课程实施的视角

基于上文的分析，职教教师课程实施能力解构为课程实施认识能力、课程实施实践能力和课程实施反思能力。教师课程实施认识能力就是教师在实施课程之前，对课程本身及课程实施计划的认识能力，实质上是领悟课程的能力。教师课程实施实践能力是指教师在课程实施过程中所涉及的课程转化、课程整合、课程调整、课程创生等能力。教师课程实施反思能力是教师在课程实施过程中和课程实施结束后对其实施过程的反思评价能力。工作过程导向的职教教师课程实施能力应体现出工作过程的本质属性。首先，工作过程导向的职教教师课程实施能力始终与生产实践过程密切结合。也就是说，教师在课程实施过程尤其是具体教学过程中能够直接教学生进行生产。教师教学过程与生产过程对接，脱离了与生产实践过程的对接，其课程实施能力将会弱化。其次，工作过程导向的职教教师课程实施能力发展与工作过程中的新技术、新工艺融入是分不开的。最后，工作过程导向的职教教师课程实施能力体现出教师对专业课程内容选择与职业标准对接。本书通过对职教教师进行访谈，并对其课程实施过程进行观察，归纳他们在工作过程课程实施中的能力。工作过程导向下职教教师最突出的课程实施能力表现为对职业教育课程教材的理解、对职校生的了解、对职业目标行业要求分析、对课程实施过程的策划、根据社会发展对人的需求及时调整教学思路与内容、实训教学与理论教学有机结合、新技术掌握、与职校生沟通及对学生心理问题疏导、对职业发展新动态新技术的了解应用等方面。具体

形成如表 6-2 所示的工作过程导向职教教师课程实施能力评价指标体系。

表 6-2　工作过程导向的职教教师课程实施能力评价指标体系

工作过程导向的职教教师课程实施能力	1 认识能力	1.1 课程本质认知	1.1.1 能够将职业院校课程视为职业活动中的工作过程
			1.1.2 能够将工作过程知识作为职业院校课程的组成部分
		1.2 课程目标认知	1.2.1 能够将职业院校课程目标定位为综合职业能力发展
			1.2.2 能够将工作过程知识、工作价值观、职业态度情感等作为职业院校课程目标的内容
		1.3 课程实施认知	1.3.1 能够将职校课程实施理解为工作与学习结合的过程
			1.3.2 能够将课程标准与职业标准相对接
			1.3.3 能够遵循学生职业能力培养的基本规律
	2 实践能力	2.1 课程需求把握	2.1.1 能够从职业工作需要出发把握学生课程需求
		2.2 课程目标确定	2.2.1 能够对典型工作任务进行分析并转化为课程目标
			2.2.2 能够制定符合工作过程所需要素质的课程目标
		2.3 课程内容选择	2.3.1 能够融入最新的技术工艺
			2.3.2 能够融入相关企业文化、职业文化
			2.3.3 能够与实际工作过程紧密结合
			2.3.4 能够向学生传授过程性知识
			2.3.5 能够以真实工作任务及其过程为依据整合、序化内容
		2.4 教材创生解读	2.4.1 能够突破教材限制结合自身经验形成新的教学载体
			2.4.2 能够根据工作过程需要更新陈旧的教材内容
		2.5 教学活动设计	2.5.1 能够坚持与具体工作情境相联系的原则
			2.5.2 能够坚持教、学、做结合的原则
		2.6 教学方式运用	2.6.1 能够将学生置身于真实或模拟的工作情境中
			2.6.2 能够将理论学习与实践训练相结合
			2.6.3 能够引导学生自主探究
		2.7 课程整体规划	2.7.1 能够依据工作过程需要灵活调整课程结构顺序
			2.7.2 能够依据工作过程需要整体充实删减课程内容
			2.7.3 能够依据工作过程需要协调诸门课程间的关系
	3 反思能力	3.1 反思自身	3.1.1 能够从课程实施过程中发现自己观念的不足
			3.1.2 能够从课程实施过程中找到自己行为的缺点
			3.1.3 能够从课程实施过程中总结自身实践性经验
		3.2 反思课程	3.2.1 能够从课程实施过程中找到课程的问题
			3.2.2 能够从课程实施过程中总结富有价值的经验
		3.3 反思课程实施	3.3.1 能够对课程实施过程进行有意识的监察、评价和反馈
			3.3.2 能够在课程实施过程中将课程与工作过程进行对比

四、职教教师课程实施能力的培养

(一)研制职教教师课程实施能力指导标准

职教教师课程实施能力的培养，首先需要明确：职教教师课程实施能力是什么？其应表现在哪些方面？这些问题的回答需要研制职教教师课程实施能力指导标准。职教教师课程实施能力指导标准是一个基准和方向性的问题，是职教教师课程实施活动科学有效开展的重要指导，是职教教师课程实施能力提高的导向，也是职教教师教育工作的指南。研制职教教师课程实施能力指导标准便于我们把握职教教师课程实施能力发展方向。目前重庆市已经出台《中等职业学校专业教师能力标准》，推动了中等职业学校专业发展水平的提高。职教教师课程实施能力指导标准要体现在教师课程实施的价值取向和行为实践之中，规定教师在职业院校课程实施中应具备的课程观念和行动准则。为有针对性地进行指导，建议分类研制职教教师课程实施能力指导标准，如实训类课程实施能力标准、理论类课程实施能力标准、一体化课程实施能力标准、职业学校教师教育课程标准等。

(二)确立工作过程导向的职教教师课程观

教师的课程观直接决定其课程行为，是课程实施能力的精神和灵魂。究竟如何认识职业教育课程？这是一个根本性的问题。根据笔者课题调研，以中职教师为例，他们对职业教育课程的认识形成了多元化的取向，2.1%的教师认为职业教育课程主要向学生教授职业知识，20.1%的教师认为职业教育课程主要向学生教授职业技能，19.8%的教师认为职业教育课程是模拟职业工作过程的活动，58%的教师对上述三种观点都赞同。大多数职教教师将课程视为教学内容或预定的方案和计划，而没有认识到课程的动态性和生成性。职教教师课程实施能力培养需要确立起工作过程课程观。就职业教育课程本质观而言，改变过去的学科本质观，将职业教育课程本质理解为具有教育性的职业工作经验体系。就职业教育课程目的观而言，改变过去的知识获得观，而注重学生的综合职业能力发展。就课程内容观而言，改变过去的抽象语言符号系统，而构建形象职业行动世界。"职业教育的课程内容，具有应用性的特征。这一应用性表现在职业教育课程的内容应紧密联系职业实践，所传授的技能和知识能在生产、服务或管理工作中直接应用。"[①]就课程文化观而言，改变过去的书本性文化观，而确立一种跨界性的课程文化观。工作过程课程是一种具有"学校与企业、工作与学习、理论与实践"等跨界性的课程文化。

(三)实施实践化取向的职教教师培养模式

职业院校大部分教师来自普通高校，缺乏工作和实践经验，尤其是专业所对应的工作领域的职业实践能力比较弱，对工作岗位中的生产工艺和生产流程不熟悉，难以在课程实施中将工作过程的内容融入。这就需要对这些教师进行职后的培训。首先，职教教师培训要把握好两个关键环节：一是克服学科化倾向，提高企业的参

---

① 姜大源：《论职业教育课程的基本特征与课程观》，载《课程·教材·教法》，1997(8)。

与度，引入现代企业的新技术、新工艺、新方法，跟上科学技术的发展，加强实践技能教学环节；二是在职后培训中，明确企业与职业院校合作的义务，鼓励教师到企业实习锻炼，接触、掌握新技术、新方法、新工艺，从而提高教师的专业实践能力。针对不同专业的特殊性和教师类型的特殊性，合理规定教师的工作量和课时数，使其有时间、有精力全方位参与培训和深造活动。其次，在职教教师学习实践方面，让教师有更多的机会去企业实习，参与到真正的生产实践中去，提高自身的专业技能。搭建更多平台使教师能够与产品开发、企业文化、车间管理等方面零距离接触。建立有关制度，对教师下企业实践的实效性进行考核评价。对于专业带头人、骨干教师和一般教师到企业实践的时间要求和经济待遇不要搞一刀切，通过制定相应的鼓励政策，激发教师到企业一线带教实习及培训提高的积极性。最后，研究制定兼职教师管理办法。制定企业技术人员到学校兼职的鼓励政策，对兼职教师经济上给予补贴，师资能力提升上给予指导，工作条件上给予保证，让企业、学校、兼职教师三方利益均不受损。

第七章

职业教育课程的评价

课程评价是课程活动中必不可少的一个环节，没有课程评价这一环节，课程质量保障将会受到影响，课程评价活动实质上是一种旨在开展课程质量检测与保障的活动。也正如泰勒的观点，课程评价是为了找出结果与目标之间的差距，并利用这种反馈信息作为修订课程计划的依据。本章主要在课程评价的一般理论的基础之上，探讨职业教育课程评价的标准和方法。

第一节　课程评价的一般理论

一、课程评价的含义

课程评价是一种基于系统收集有关事实信息且依据一定标准对课程系统的整体或局部开展价值判断的活动。详细地说，课程评价就是运用一定的方法和手段，通过系统地收集、分析、整理信息和资料，依据一定的标准考查课程目标的达成程度或对课程研制过程、课程计划及课程效果等课程系统要素做出价值判断的过程。美国课程专家斯塔弗尔比姆（Stufflebeam）认为，课程评价是为课程决策提供有用信息的过程。美国课程专家艾斯纳（Esiner）认为，课程评价是鉴赏课程实施过程中复杂而丰富的教育现象的意义的过程。英国课程专家凯利（Kelley）认为，课程评价是评估任何一种特定的教育活动的价值和效果的过程。美国课程专家比彻姆（Beauchamp）认为，课程评价包含判断课程系统的效果和所规划的课程的效果的那些必要的过程。泰勒在"八年研究"期间提出了课程评价的概念。他认为，课程评价过程实质上是一个确定课程与教学计划实际达到教育目标程度的过程。

也可以说，课程评价是指检查课程的目标、内容和实施等方面是否符合和实现了教育目的，实现的程度如何，以此来判定课程整体的质量和效果，并据此做出改进课程的决策。因此，完整意义上的课程评价应该包括如下几个方面：（1）对课程本身的评价，包括课程目标、课程标准、课程设计、教材、课程实施等方面。（2）学生学业评价。主要是对课程效果在学生身上体现的评价。（3）对教师的评价，包括教师的课程态度、课程理解、课程创新、授课质量等方面。（4）对课程评价的评价（meta-evaluation），包括课程评价的标准、方法、评价主体、信度与效度等方面。可见，我们绝对不能将课程评价等同于考试，也不能将课程评价等同于对学生发展水平的评价，还不能将课程评价理解为用可以量化的标准和试题进行考核的活动。当然，也有观点按照课程开发环节来分，课程评价包括课程设计评价、课程实施评价和课程结果评价三部分。[①] 其中，课程设计评价主要是对课程设计的优、缺点和价值做出价值判断的过程，主要包括专业设置分析、课程目标确定、课程内容筛选、课程内容组织、课程大纲等方面的评价。课程实施评价主要是对课程实施的过程和条件做出评价。课程结果评价主要是对课程运作实施之后的学生发展情况开展评价。

课程评价是一个持续的过程，评价过程是监控、反思、改进的过程，而不只是一个结果的认定。课程评价是一项基于标准的活动，评价是以标准为参照的，对照标准来审视现状，对照标准来找到差距，向着标准而改进建设。课程评价是一项合作的发展活动，课程评价不是评价者对被评价者进行评价的单向关系，而是与评价相关的诸多主体因素之间的相互合作活动。

二、课程评价的几种取向

（一）目标取向

课程评价是为了监测课程目标的实现情况。这种观点的主要代表人物是被称为"现代评价理论之父"的泰勒及其学生布卢姆等人，他们认为课程评价是将课程计划和预定课程目标相对照的过程。课程评价过程实质上是一个确定课程与教学计划实际达到教育目标的程度的过程。在这里，预定目标是评价的唯一标准和依据，它追求评价的科学性与客观性。因而，这种取向的评价方法论就是量化研究方法，并常常将预定目标以行为目标的方式来陈述。

（二）过程取向

课程评价是为了调和并优化课程运作过程的诸方面因素，便于保障整体质量。这种评价试图将教师和学生在课程开发、实施以及教学过程中的全部情况纳入评价的范围，强调评价者与具体情境的交互作用，主张不论是否与预定目标相符，与教育价值相关的结果，都应当受到评价。它强调评价者与被评价者的交互作用、强调

[①] 中国就业培训技术指导中心：《职业课程——职业技能课程的开发理论与实务》，516页，北京，北京师范大学出版社，2010。

评价者对评估情境的理解、强调过程本身的价值。

(三)结果取向

课程评价主要看课程实施效果的质量，以此评判课程质量。因此，存在一种以结果评价来衡量课程整体质量的评价取向。所以，也就存在一种将课程评价理解为学生课程学习之后的学业成果的评价，当然我们可以将学生的考试成绩作为课程评价的参照之一，但是不能以学生的学业考试成绩来替代课程评价。其实，在成果导向教育课程中存在一个重要的环节——学习成果评价，所体现的是结果取向的评价。课程学习成果评价的对象是学生的最终学习成果，是学生学习完课程之后所应取得的学习成果，这个成果不是考试成绩，而是学生运用所学知识和技能最终形成的行为表现或行动成果，以此作为评价的对象，同时将预期的学习成果作为评价的初始依据。

(四)主体取向

课程评价是一项相关课程主体共同参与诊断课程质量的活动，课程实施者、课程的享用者和课程的直接参与制定者就是课程评价的主体，所突出的是课程评价主体的多元化。主体取向的课程评价倡导对评价情境的理解而不是控制，它以人的自由与解放作为评价的根本目的。首先，教师作为课程实施者，其课程评价的主体地位毋庸置疑；其次，校内外的课程专家作为课程制定的参与者，能够从课程理念的角度审视和规范课程建设，可以发挥主体作用对课程开发和实施进行监督、评价和指导；再次，学生作为课程实施效果的直接体现者，可以从自身需求的教育出发对课程做出客观的评价，尤其是毕业生，能够从就业需求的角度对专业课程的重要性和满意度做出评价，对于诊断课程设置的合理性、必要性以及课程对接职业岗位等方面具有重要主体意义；最后，对于职业教育课程来说，企业也是参与课程评价的重要主体，因为他们可以从企业需求的角度评价课程。

三、课程评价的几种模式

(一)目标达成模式

目标达成评价模式是在泰勒的评价原理和课程原理的基础上形成的。其具体过程可概括为七个阶段：（1）拟定一般目标或具体目标；（2）将目标加以分类；（3）用行为术语界定目标；（4）确定应用目标的情境；（5）开发或选择测量目标的技术工具；（6）收集学生的行为表现资料；（7）将收集到的资料与行为目标比较。目标达成模式的功能在于确定课程实施后学生学习达成目标的程度，其目的是判断一项课程计划的优劣，评价的标准即预定的目标，强调要用明确的、具体的行为方式来陈述目标。评价是为了找出实际结果与课程目标之间的差距，并可利用这种信息反馈作为修订课程计划或修改课程目标的依据。

(二)目标游离模式

该模式由斯克里文（M. Scriven）提出。它是针对目标模式忽视非预期效应的弊端提出来的。因为目标评价很容易使评价人受方案既定目的的约束，限制了评价的范围，削弱了评价的意义。他建议把评价的重点由"方案想干什么"转移到"方案实际干了什么"上来，全面收集关于方案实际结果的各种信息，不管这些结果是预期的还是非预期的、是积极的还是消极的，以便对方案做出正确的评价。他主张把评价的重点从"课程计划预期的效果"转向"课程计划实际的结果"。全面收集课程计划实际结果的各种信息，以便对课程计划做出准确的判断。评价的指向不应该只是课程计划满足目标的程度，而更应考虑课程计划满足需要的程度。

(三)背景—输入—过程—成果模式(CIPP 模式)

CIPP 是由背景评价(Context Evaluation)、输入评价(Input evaluation)、过程评价(Process evaluation)、成果评价(Product evaluation)这四种评价名称的英文第一个字母组成的缩略语。斯塔弗尔比姆认为，评价不应局限在评定目标达成的程度，而应该是为课程决策提供有用信息的过程。因而他强调，重要的是为课程决策提供评价材料。CIPP 模式收集资料的四个步骤是：(1)背景评价。提供整个课程方案运行的各种依据和信息，了解评价对象的需要与课程目标之间的一致程度。(2)输入评价。通过对可供选择的各种课程计划进行评价，帮助决策者选择达到目的的最佳手段，即可行性评价。(3)过程评价。通过记录课程实施过程，为决策者提供修正课程方案的有效信息。(4)成果评价。测量、解释、评判课程方案的实效，帮助决策者决定课程方案是终止、修正，还是继续使用。

(四)外观评价模式

外观(countenance)评价模式是由斯塔克(Stake)提出的。他认为，评价应该从三方面收集有关课程的材料：前提条件、相互作用、结果。前提条件是指教学之前已存在的、可能与结果有因果关系的各种条件；相互作用是指教学过程，主要是指师生之间和学生之间的关系；结果是指实施课程计划的效果。对于这三个方面的材料都需要从两个维度，即"描述与评判"来做出评价。描述包括课程计划打算实现的内容和实际观察到的情况这两方面的材料；评判也包括根据既定标准的评判和根据实际情况的评判两种。按照外观评价模式，课程评价活动要在整个课程实施过程中进行观察和收集资料。它不限于检查教学结果，而且注重描述和评判在教学过程中出现的各种动态现象。由于它把课程实施过程前后的材料作为参照系数，这比以前的评价模式更为周到。但它把个人的观察、描述的判断作为评价的主要依据，很可能会渗入个人的主观因素。此外，前提条件、相互作用和结果因素三者的界限并不是绝对的，而是相互作用或教学过程本身会存在众多的前因与后果。

(五)差距评价模式

差距评价模式是由普罗佛斯(Provus)为评价学校课程而设计的，差距模式指揭示计划的标准与实际的表现之间的差距，以此作为改进课程计划的依据。基于"评价是为了做决策或改进"的价值立场，差距评价模式的主要目标是决定是否对某种课程加以改进，或继续实施，或要求终止。评价就是本课程标准与其实际运行状况相比较，分析两者间的差距。其基本过程：设计阶段(界定标准阶段)→装置阶段(实施阶段)→过程阶段→产出阶段(探讨教育方案)→成本收益分析阶段(方案比较阶段),其目的在于通过比较目前完成的方案和其他方案,找出最经济有效的方案)。差距评价模式注意到课程计划应该达到的标准(应然)与各个阶段实际表现(实然)之间的差距,并关注造成这种差距的原因。

(六)CSE 评价模式

CSE 评价模式是美国加利福尼亚大学洛杉矶分校评价研究中心"Center for the Study of Evaluation"的简称。其基本过程是:(1)需要评估。了解课程系统的现状,并把现在的课程系统和理想的课程系统加以比较,从而确定新的需要,建立新的目标。(2)选择计划。在多种可供选择的计划方案中选择一种能够满足上述需求和目标的计划。(3)形成性评价。了解计划的成功与不足,做出修正。(4)总结性评价。全面评价与判断,决定推广、保留、修正或终止。

上述每一种课程评价模式都有其自身针对解决的问题,目标评价模式注重预期的目标,目标游离评价主要关注实际的结果,CIPP 模式主要服务于决策,差距评价模式主要关注差异,CSE 评价模式主要指向计划。可见,我们可以在课程评价活动中根据实际情况和需要灵活综合地运用上述几种模式。

第二节 职业教育课程评价的标准与体系

一、职业教育课程评价的标准

美国的芬奇和克鲁尔顿两位教授在其著作《职业技术教育课程开发:计划、内容和实施》中提出,对于课程评价可以从效果(Effectiveness)、效率(Efficiency)、可接受性(Acceptability)、实用性(Practicality)和普遍性(Generalizability)这五个方面考虑[1],这实际上提供了一个评价标准的框架。效果这一标准主要审视课程是否改变学生的行为、对于不同类型的学生产生什么样的变化。效率这一标准主要考虑学生学习的时间和成本,所设计的课程能否帮助学生产生事半功倍的效率。可接受性主要强调教师和学生对课程的态度,即学生愿意在教学过程中对所学习的课程倾注投入,学生对所学习的课程内容有积极的态度倾向,教师也有积极的态度面对该课程的教学。实用性主要考虑在学校环境中的课程材料使用情况,如课程实施中所需要的设备和场地是否匹配。普遍性主要考虑课程的推广性,即能够被其他学生、学校和地区所接受采用。

---

[1] Curtis R. Finch & John R. Crunkilton, *Curriculum Development in Vocational and Technical Education: Planning, Content, and Implementation*, Boston: Allyn and Bacon, 1999, p. 295.

美国于 2004 年研发了一套职业技术教育课程质量评价量规（RTECA）[①]，用于对职业教育所培养的技术技能人才的职业能力以及职业教育课程的健全程度和质量进行评价。该工具主要由具体评价、整体评价和总体评价三部分组成，其中具体评价主要考察课程内容与职业的联系度，具体设计了课程材料与职业岗位的一致性、知识应用、对技术的实际应用、思维训练和岗位业务质量标准。在考察评价课程内容与职业的联系度中，看课程材料与职业岗位的一致性，设置的问题有：课程材料是否准确地反映了职业岗位实践、业务？课程材料是否反映了最新职业岗位实践、业务？课程材料是否反映了预期职业岗位实践、业务？课程材料是否反映了最基本的行业观念？整体评价中设计了如下四个方面：（1）行业标准及实践：课程材料应清楚地反映学习目标是建立在现行职业技术水平及实践之上的；（2）课程内容应取材于现行职业实际：课程材料能够致力于帮助学生了解未来工作岗位实际，所传授的内容应该与岗位需求相联系；（3）职业能力：课程材料在培养学生高端职业场所所需要的高级职业技能方面的情况；（4）深层次理解途径：课程材料帮助学生深入理解所学内容的情况。总体评价主要测试课程材料帮助学生掌握未来职业岗位所需的知识与技能的效果。

我国学者简楚瑛将课程专家奥利瓦（Oliva）提出的八个建构课程的观点作为评价课程的参考，这八个观点分别如下：（1）范围，即课程的广度怎么样，是否满足学习者的范围需要；（2）关联性，指课程与学生生活经验的关联、所学内容能够帮助学生运用，符合时代需要，有助于为下一阶段的学习关联；（3）均衡，指课程广度与连续性的结构和顺序是否可以达到教育目标，是否能够包含足够的内容；（4）整合，指课程是否整合了知、情、意的范畴，是否整合了不同学科领域；（5）顺序性，指是否按照一定的顺序组织课程，是否符合学生的学习规律；（6）连续性，指是否存在必要的重复，帮助学生螺旋式地接受内容；（7）连接性，指是否体现出不同阶段中内容的衔接性；（8）转变性，指所提供的内容是否可以帮助学生日后的发展，带给学生附加价值。[②] 这八个观点实质上可以作为评价课程的标准点，是一套课程的基本评价指标。

其实，对于不同的评价主体来说，可能有不同的评价标准，对于教师使用课程来说，也有一套针对教师利益主体的评价指标。简楚瑛针对教师使用课程提出以下几个方面的评价指标：（1）课程是否能帮助教师有效且适宜地运用时间去教学；（2）课程能否帮助教师平衡他们的教学内容；（3）课程能否让教师及行政人员将教学与纲要标准及评价配合，以使学生表现达到高水平；（4）课程能否引导教师合作设计课程及教学计划；（5）课程是否有一个机构监督学生及教师完成课程；（6）课程内容是否具有结构性，让教师清楚教授的内容，并给予教学方法的指导；（7）课程是

① 闫清景：《美国职业技术教育课程质量评价量规》，载《职业教育研究》，2013(8)。

② P. F. Oliva, *Developing the Curriculum* (6th ed.). Boston, MA: Allyn & Bacon, 2005, pp. 425-444.

否具有让教师发挥创意去设计具有个人特色的教学计划的弹性；（8）课程能否引导教师的教学符合学校和政府制定的教育目标；（9）课程是否提供充足的资源，好让教师方便搜寻相关补充资料。[1]

那么对于学习者来说，其评价课程的指标点又有哪些呢？笔者认为可以从以下几个方面对职业教育课程进行评价。（1）课程定位，应充分考虑职业院校学生的特点，能够对学生职业能力培养起支撑或明显促进作用，且与学生先修课程和后修课程之间衔接得当；（2）课程目标，符合学生学习需要和特点，符合学生未来工作岗位需求；（3）课程内容，根据学生胜任未来工作岗位的实际工作任务所需的知识、能力和素质要求进行选择，能够为学生未来发展奠定良好基础，内容的组织遵循学生职业能力发展的基本规律；（4）课程实施，构建了基于职业院校学生学习规律特点的教学方式，重视学生学习与工作的结合，开展工学交替、任务驱动、项目教学等方面的教学；（5）课程效果评价，能够以发展性评价为理念，构建符合职业院校学生特点的表现性评价、真实性评价、能力本位评价等模式，为学生的发展提供促进性指引。

二、职业教育课程评价的体系

(一)职业教育课程目标的评价

对职业教育课程目标的评价可以从目标的价值取向、目标的内容、目标的特征和目标的呈现形式等方面来展开。

对职业教育课程目标的价值取向评价主要考虑其时代性和未来性。所谓时代性，是指目标的价值取向是否符合时代特征的需要，学生学习完这门课程后能否适应时代的要求。比如，当前中国制造业发展中在技能培养的同时特别注重对工匠精神的培养，那么职业教育课程目标的价值取向中是否体现出了这一价值取向？所谓未来性，是指目标的价值取向是否符合未来发展的需求。比如，未来社会是一种人工智能的社会，那么职业教育课程目标的价值取向要能够迎合这种未来发展的需求。

对职业教育课程目标的内容评价主要考虑其完整性，目标是不是完整的，是不是按照诸如综合职业能力（专业能力、方法能力和社会能力）或三维目标（知识与技能、过程与方法、情感态度与价值观）等内容框架来完整地统筹所有的内容。职业教育课程目标的内容评价要考虑完整性，其实是直接指向职业教育课程是否培养了全面发展的人。

对职业教育课程目标的特征评价主要整体上考虑目标是否具有合法性、合理性、可行性和发展性。具体来说，一门课程的目标定位应符合我国职业教育发展的政策需要，与国家职业教育法的精神相一致，具有合法性；课程目标具有合理性，符合职业院校学生的身心发展特点规律，符合企业人才需求的标准；课程目标具有

---

[1]　简楚瑛：《课程发展理论与实践》，200～201页，北京，教育科学出版社，2010。

可行性，就是说通过职业教育教学活动的实施，目标能够实现，是可行的，而不是空中楼阁不切实际；职业教育课程目标的发展性是指目标应具有一定难度和未来性，但是通过学生的努力能够实现，对于学生的发展具有引导和指南的作用。

对职业教育课程目标的呈现形式评价主要审视其具体性、行为性。具体性是指目标明确具体，直接呈现未来发展的具体方向和具体可达到的指标，而不是宏观、抽象、模糊的表达。行为性是指目标要能够体现出学生身心发展的变化，体现在学生的行为之中。

（二）职业教育课程内容的评价

对职业教育课程内容的评价主要看内容的表现形式、内容与职业工作过程的相关性和内容的价值三个方面，即：第一，考察职业教育课程内容是否以项目、任务为重要载体。课程内容的选择源于企业工作岗位中完成典型工作任务所需的知识、能力和素质，并且以项目或任务的形式来呈现课程内容。第二，考察职业教育课程内容与工作或生产过程的相关性。以真实工作任务及其工作过程为依据整合、序化课程内容。第三，考察职业教育课程内容是否具有可迁移性，学生学习完相应的课程内容之后，能够实现知识和技能的迁移，进而去解决问题。

（三）职业教育课程实施的评价

关于职业教育课程实施的评价方面研究成果非常少，有研究者专门构建了高等职业教育课程实施的有效评价模型[①]，由前置维度、内在维度和后置维度构成。前置维度主要是课程实施前评价，包括专业培养目标确定评价、岗位群工作任务分析评价、课程结构设计评价、课程门次设计评价、学生对课程的选择权评价。内在维度主要是课程实施中评价，包括教师课程意识评价、课程教学资源评价、课程对学生的吸引力评价、教师执教能力评价。后置维度主要是课程实施后评价，包括课程考核方式评价、课程目标达成度评价、课程扩展度评价。这个模型全面考虑了对课程实施方面的评价，但是也存在评价泛化的问题，前置维度和后置维度已经不是课程实施的问题了，而是课程系统中其他方面的问题。

因此，笔者主张对职业教育课程实施的评价主要涉及实施的条件和过程。对职业教育课程实施条件的评价，主要从师资条件、实训条件和资源条件来审视。对职业教育课程实施过程的评价，一方面考察实施过程是否规范，另一方面考察实施过程达到什么样的程度。关于课程实施程度的评价工具开发，目前职业教育还没有专门的课程实施程度评价工具，后续可以借鉴东北师范大学姜荣华博士的研究成果《课程实施程度的评价工具研究》，来开发职业教育课程实施程度的评价工具。

（四）职业教育课程效果的评价

职业教育课程效果的评价由三部分组成，一是学生的课程学习效果评价，主要通过考查学生学习完课程之后的能力和态度等方面素质变化情况来衡量；二是课程

---

① 黄柏江：《高等职业教育课程实施有效性评价模型构建及其内涵分析》，载《中国高教研究》，2011(3)。

实施之后的校内力量对课程结果的评价，具体包括学生对课程体验后的效果评价、教师对课程使用和执行后的效果评价、相关校内教务管理者对课程效果的评价；三是课程实施之后的社会力量对课程效果的评价，具体包括行业企业专家对课程效果的评价、课程专家对课程效果的评价和毕业生对课程效果的评价。

（五）职业教育课程评价的评价

职业教育课程评价的评价主要是指对职业教育课程评价这项活动进行的价值判断，其实这是深化认识职业教育课程评价活动的一项工作，所以，应把握好职业教育课程评价本身的价值特点。首先，职业教育课程评价应立足于产业、行业、企业和职业对人才的需求，以课程满足上述几方面对人才需求的培养工作为职业教育课程评价的出发点。其次，在课程评价活动中要注重用人单位的参与，院校所开发和实施的课程应请行业专家和企业实践专家进行反馈。最后，对职业教育课程评价这项活动进行评价应该是一种整体的认识和判断，即涉及过程与结果、取向与方法、内容与形式等多方面。

第三节　职业教育课程评价的方法

一、课程材料评价——适宜课程文本及课程设计整体质量的监控

这一评价是由美国著名的职业教育课程专家芬奇和克鲁尔顿提出的。[①] 他们设计了七个对课程材料进行评价的领域，分别是偏见、可读性、内容、准备、学习、支持、成本效益，对每一个领域里的具体指标点从认同、不确定、不认同和不适用四个倾向来测查，并要求评价者指出导致不认同感的缺点和不足是什么，具体如下。

A＝认同　 ？ ＝不确定　 U＝不认同　 D＝不适用

• _____偏见（课程文本材料不存在性别、种族、年龄、宗教、民族、文化和就业上的歧视）。请解释其缺陷或不足：_____

• _____可读性（课程文本材料所要求的阅读水平符合学习者的水平）。请解释其缺陷或不足：_____

• _____内容（内容在技术上是准确的、更新的、符合学生的发展水平）。请解释其缺陷或不足：_____

• _____准备（课程内容包含了易使用的表格、充足的注解和例子、直观性）。请解释其缺陷或不足：_____

---

① 　Curtis R. Finch & John R. Crunkilton，*Curriculum Development in Vocational and Technical Education*，*Planning*，*Content*，*and Implementation*，Boston：Allyn and Bacon，1999，p. 305.

- ＿＿＿＿＿学习（课程材料的组织和排列方式能够有助于学生学习）。请解释其缺陷或不足：＿＿＿＿＿＿＿＿＿＿＿＿＿＿＿＿＿＿＿＿＿＿＿＿
- ＿＿＿＿＿支持（技术、设备和人力资源等方面有足够的支持）。请解释其缺陷或不足：＿＿＿＿＿＿＿＿＿＿＿＿＿＿＿＿＿＿＿＿＿＿＿＿
- ＿＿＿＿＿成本效益（基于课程材料的成本考虑，能够为教学和学习提供有意义的价值）。请解释其缺陷或不足：＿＿＿＿＿＿＿＿＿＿＿＿＿＿＿＿＿

二、能力本位评价——适宜课程整体质量或课程实施效果的评价

能力本位课程评价与能力本位教育理念相关。能力本位的教育强调以具备某一岗位的职业能力为目标，通过把应该具备的职业能力作为应提供的课程内容依据，使受教育者具备从事某种职业活动的职业能力。能力本位课程评价就是基于相关行业企业的需求和职业标准，以职业能力为标准和依据，运用一定的方法收集课程信息和资料，对课程做出以能力为标准的价值判断。澳大利亚就业与培训咨询委员会认为，能力本位评价就是收集证据，并按照能力标准的陈述，对学习者实际操作能力的进步状况加以判断，最终断定学习者是否已具备相应能力的一个过程。能力本位评价以能力标准为参照，判断学习者是否具备某种职业能力。能力本位课程评价贯穿在课程的整体活动过程之中，通过岗位分析和职业能力分解，进行课程实施前评价（课程设置评价、课程内容选取评价）、实施中评价（课程教学组织评价，即教学模式选择评价、教学效果评价）和实施后评价（课程评价分析、课程评价反馈）。[①]能力本位课程评价重点考察课程是否符合职业能力形成的一般过程及其特点。

能力本位评价作为课程整体质量的评价方法，主要是运用岗位所需要的能力标准体系来衡量课程本身的各要素是否符合能力标准的要求；课程目标是否从职业岗位能力出发来制定，或课程目标是否依据职业能力，是否有助于制定发展职业能力；课程内容是否符合职业能力的要求，内容的选择是否依据了职业能力，内容的组织是否符合职业能力发展的过程；课程实施的条件和过程是否达到培养能力的要求，所提供的课程实施条件是否有助于支撑学生某方面职业能力的发展，课程实施过程是否符合能力成长的过程规律。

能力本位评价作为课程实施效果的评价方法，主要是用课程所对应的能力标准体系来测量学生学完课程之后达到能力标准的程度。这就需要首先把一门课程或一类课程应该对应的职业能力标准体系明确提出来，通过开展专业调研，组织企业专家和教育专家讨论，进行岗位分析和职业能力分解，形成一门课程或一类课程应达到的能力标准体系；然后运用这个能力标准体系去测查学习完课程之后的学生能力发展状态。能力本位评价作为课程实施效果的评价方法，不仅涉及各个行业所需要的职业技能与职业知识的专业能力，还涉及学生所形成的学习能力、学习方法、工作技巧、工作策略等方法能力，以及在工作中参与社会、批判社会、与社会环境及

---

① 傅方一：《能力本位高职课程评价的设计》，载《中国成人教育》，2015(16)。

他人交往的社会能力。

能力本位课程评价以职业能力标准为出发点，紧密地与岗位能力需求相对接，很大程度上可以增强职业教育课程与学生职业能力发展的对应性。但是，对于那些很难看得见的隐性能力如何评判，是一个难题。这就需要在真实工作生活情境下对学生的能力进行评价。

三、表现性评价——适宜课程实施效果或学生学习结果的评价

表现性评价（performance assessment）是 20 世纪 90 年代在美国兴起的一种评价方式，作为一种"为测量学习者运用先前所获得的知识解决问题或完成特定任务能力的一系列尝试"[1]。表现性评价是根据课程目标和教学内容，在真实的工作场景或者接近真实的模拟工作环境下，设置一定的任务，让学生完成规定的具体任务，通过运用相应的规则对学生完成复杂工作任务的过程表现或者结果进行价值评判。它是在学生学习完一定的知识后，通过让学生完成某一实际任务来评价学生的学习状况，包括表现性任务和对表现的评价。它的评价方式有别于传统的纸笔测验评价，是对学生能力行为直接进行的评价。

表现性评价能够聚焦高阶能力，其"突破了囿于书本知识的局限，将工作、社会生活以及个人生活中所面临的实际问题情境设置为考察背景，将学生对实际问题的解决过程作为考察对象，聚焦于'应用''综合'等高水平目标，准确把握学生在真实背景下动态获取、运用知识的过程及其对知识的理解程度，从而帮助学生真正形成内在的、发展性的学力"[2]。可以将表现性评价作为一种职业教育课程评价的方法，运用到职业教育课程实施效果或学生课程学习结果评价之中。一般来说，完整的表现性评价过程应包括以下阶段：标准制定、设置任务、开展评价、评价结果、结果应用（经验教训）。表现性评价的关键是设置任务。表现性任务应满足以下几个方面的条件：一是任务能够承载关键职业能力；二是任务是一个完整的工作过程；三是任务应有一定的复杂程度和综合程度的递进逻辑关系；四是任务要放置于一定的职业情境之中；五是任务要能够呈现出承担任务者能力的多维度；六是任务可以清楚表述和明确呈现。表现性评价不再局限于传统的纸笔测试，常见的表现性评价方式有结构性表现任务、口头表达、模拟表现性任务、做实验或调查、创作作品、完成研究项目等。

表现性评价的优势是能够在任务中关注到学生运用知识解决问题的能力，注重学生的实际表现；使评价转向学生更高层次的思维和解决问题的技巧，强调了教学与评价的整合，有利于对学生综合职业能力的培养。

---

① R. J. Stiggins，"Design and Development of Performance Assessment," *Educational Measurement: Issues and Practice*，1987，6(3)，pp. 33-42.

② 刘笛月：《表现性评价的内涵、功能及设计框架》，载《教育测量与评价》，2016(5)。

四、赋能评价法——适宜课程整体质量的监控与评价

赋能授权（Empowerment）是近年来在商业管理活动中应用比较多的一个术语。赋能授权的意思就是授权给企业员工——赋予他们更多额外的权力。从逻辑上来说，这样做意味着为了追求企业的整体利益而给予员工更多参与决策的权力。赋能授权运动的起源可以追溯到 20 世纪 20 年代，现代管理学理论预言家玛丽·帕克·弗莱特（Mary Parker Follett）的研究成果。她的许多研究发现对今天的企业和当时的企业具有同样重要的参考意义。弗莱特严厉地批判等级森严的企业组织结构，她憎恶"命令与控制"型的领导作风，提倡结合更多民主因素的企业管理方式。她认为，在进行企业决策时应充分考虑企业第一线员工的经验和知识。

后来，人们逐渐将赋能授权引入评价理论中，强调在评价活动中给予多主体的赋能赋权，使所有利益相关者代表参与到整个评价过程中，评价者与参与者（被评价者）的角色与传统评价模式相比发生了转变，改变了传统的评价者与被评价者的对立关系，一定程度上融入和体现了多元评价和自我评价的理念。以教育活动来说，赋能评价让每一个利益相关者都能意识到教育发展与各参与方息息相关，评价是每一位利益相关者的责任和义务。

2014 年，北京师范大学赵志群教授的团队与广州职业技术教研室合作引入赋能评价理论，对广州市某学院的数控技术专业工学结合课程评价开展了实证研究。以数控技术专业课程质量赋能评价指标体系中核心课程设置这一一级指标为例，其下设二级指标包括："课程目标的设计达到企业实际工作的职业能力要求（28％）、课程目标的设计符合学生职业能力成长和学习规律（21％）、本课程与其他专业核心课程的逻辑合理及衔接良好（18％）、课程内各学习任务的目标设定集相互之间逻辑合理（20％）、校内外课程的组织实施可操作性强且过程监控便利（13％）。"[①]

赋能评价法的基本操作过程包括：（1）建立评价小组。评价小组成员应来自不同的利益主体，所以应包括企业专家、教育专家、学校管理者、任课教师、在读学生和毕业生等。（2）确定评价指标体系及权重。先由教育专家和学校管理者拟订初步的评价指标维度，再由评价小组人员进行深度讨论商定系统的评价指标体系及权重。对于评价指标及所占权重的问题，需要评价小组成员从多方面利益主体出发，通过不断讨论磨合，形成一致性意见来确定。（3）开展评价。需要由一位组织人员详细地向评价小组解释评价指标体系及权重，然后评价小组成员对照评价指标体系进行第一次打分，第一次打分后发现同一指标分差值较大时需要各自陈述理由，然后再进行第二次打分，再对两次打分进行分析和对比，总结评价结果。

---

① 孙芳芳：《职业教育课程质量评价的实证研究——基于赋能评价法》，载《中国职业技术教育》，2016(5)。

第八章

职业教育课程开发的模式

到底如何进行职业教育课程开发？在国内外多年的实践探索中，已经形成了一些较为成熟的模式。本章在对国际职业教育课程开发模式和国内职业教育课程开发模式系统梳理的基础上，分析职业教育课程开发的一些共同性趋势。

第一节　国际职业教育课程开发模式

自 20 世纪中叶以来，国际上形成了多种职业教育课程开发模式，如 CBE 能力本位课程开发模式、MES 技能模块课程开发模式、学习领域课程开发模式等。

一、CBE 能力本位课程开发模式

CBE（Competency Based Education，能力本位教育）是在第二次世界大战期间美国急于生产军火需培养技术工人的背景下而产生的。这一模式主要围绕"如何使受教育者具备从事某一特定职业所必需的全部能力"这一问题而展开，以职业分析为起点，以能力为核心，重视学生的能力训练，课程开发中始终突出能力这一逻辑点。

能力本位课程开发模式中的能力不是狭义的操作能力、动手能力，而是一种综合的职业能力，包括知识、技能、态度和反馈等方面。知识指与本职业、本岗位密切相关的知识领域；技能指操作、动手解决实际问题的能力；态度指动机、动力、经验，是一个情感、活动领域；反馈指如何对学习者掌握程度进行评估的量化指标领域。

能力本位课程开发的基本操作步骤包括：（1）职业分析，研究社会上哪些职业

是急需的，哪些职业是饱和的，哪些职业是过剩的。以此作为职业教育确定专业方向的依据。(2)工作分析，分析每项职业所需要的综合能力。一般每项职业确定 8～12 项综合能力。(3)专项技能分析，分析每项综合能力需要哪些专项技能，这些专项技能就是学校确定课程内容和教学方法的主要依据。(4)制定模块，根据上述的分析结果，制订课程计划，对每一专项技能制定相应的单元"模块"(Module)。

CBE 课程模式强调以岗位所需的职业能力为核心，对于培养应用型人才是十分有效的方法。课程开发的出发点是职业岗位实际需求，而不是学科本位。CBE 以职业能力作为课程教学目标和评价标准，打破了以学科为中心安排课程教学的传统思路。但 CBE 也存在一些不足：它的能力分析是从行为主义的思路出发，把职业能力分解为一些细小的任务和要素，把能力等同于技能或行为，过分强调外在行为，容易导致忽视内在能力和情感的变化。它以胜任某种具体的工作岗位为要求进行课程开发，职业针对性强但是相对狭窄，所以可能会难以适应技术进步和劳动力市场的不断变化；且过分强调实践技能的培养，对基本知识、基本理论的掌握相对较少，可能会对学生的可持续性发展产生影响。

在 CBE 课程开发中，DACUM 是一种非常关键的技术。DACUM，即 Developing A Curriculum。DACUM 作为一种课程设计和开发中经常使用的方法，本质是一种分析和确定某种职业所需能力的方法，是现今职业教育的课程开发技术中最为高效、创新、有效的职业分析方法之一。20 世纪 60 年代末，加拿大区域经济发展部实验项目分部为了在教学培训过程中找到一种科学有效的教学计划、开发方法，使教学培训满足实际工作的需要，进行了大量的理论研究和实践。结果表明，由优秀工作人员分析、确定与描述的本职业岗位工作所需的能力，更符合实际工作的需要，而且具体、准确。

采用 DACUM 这种课程开发技术有三个前提：在职业和工作中，优秀工作人员比其他任何人都能准确地描述和定义工作内容(Expert workers are more capable of describing and defining their job reliably than anyone else)；最有效地描述一个工作的方式是确定其职责、任务和个体相关工作步骤(The most effective way to describe a job is to define areas of responsibility and the task and individual steps involved)；任何任务与完成此任务的人员所需的理论知识、工作态度和技能又都有着直接的联系(All tasks, in order to be performed correctly demand the use of certain knowledge, skills, tools, and positive worker behaviors)。[①]

DACUM 最关键的环节是召开 DACUM 研讨会。DACUM 研讨委员会一般由 8～12 人组成，这些成员均是从现场精心挑选出来的优秀工作人员。委员会成员在技术业务能力方面，必须对所分析的职业领域的工作非常熟悉，成绩优秀，了解该领域的发展趋势，同时，应是全日制从业人员；此外，还必须具有地区、行业、企

---

① R. Huisinga, "Approaches to Designing TVET Curricula," *International Handbook of Education for the Changing World of Work*, Springer Netherlands, 2009, pp. 1669-1686.

业规模等方面的代表性，具有交流、群体合作等方面的能力。在确定 DACUM 研讨委员会成员之后，要制定 DACUM 研讨工作进程时间表，做好各项准备工作，制订整个讨论工作计划。

DACUM 分析步骤及内容如下：(1)研讨会开幕式。①研讨会开始后，首先由组织者介绍到会领导，介绍 DACUM 研讨会主持人，并说明 DACUM 研讨的重要性，将研讨会交由主持人主持。②主持人介绍研讨委员会成员，简要说明 DACUM 方法，包括陈述 DACUM 方法的宗旨和介绍 DACUM 研讨的过程与步骤，指出 DACUM 研讨中应注意的问题。(2)研讨产生 DACUM 能力图表。研讨产生 DACUM 能力图表的过程，大体包括以下几个主要步骤：①对所研讨的职业(专业)岗位进行讨论，写出职业(专业)岗位名称，填到 DACUM 图表上，并讨论与本职业(专业)相关的工作岗位。②确定能力领域。运用"头脑风暴法"(Brain Storming)使 DACUM 研讨人员充分发表个人意见。③确定各项能力领域中的技能。技能描述以动词开头，附加可操作内容。④再次检查和定义能力领域和技能，通过增删、合并技能和能力领域，进一步完善 DACUM 表(一般当一个能力领域太窄，如仅有6 个及以下技能时，应与相关领域合并。如果一个能力领域达到 30 个技能，那么这个能力领域应予以分解)，并对能力领域和技能进行排序。⑤合并整理出 DACUM 表。DACUM 表一般包括名称、能力领域、单项技能和技能操作评定等级四项内容。技能考核评定等级标准，是为了定义实际工作中单项技能的操作水平而提出来的，它分为四级六个水平。

总体上来说，能力本位课程开发的基本步骤为：第一步，基于一定背景和职业活动的能力需求分析；第二步，进行任务分析，把典型的职业活动分成子任务或组成部分，形成一个特定的知识、技能和态度列表，这个列表要能够区分胜任任务与不能够胜任任务，那些能够胜任任务的知识、技能和态度列表就是学习者要实现的；第三步，从所需的能力中得出目标，设定绩效标准，目标必须是能够实现的、可衡量的、具体的；第四步，明确教学和学习策略；第五步，确定评估的策略。

二、MES 技能模块课程开发模式

MES 是 Modules of Employable Skill 的缩写，是一种技能模块课程模式。20 世纪 70 年代初，国际劳工组织根据大多数成员国的建议，先后召开了两次国际会议，研究世界职业技术教育与经济发展对人力资源需求之间不相适应的问题及其对策，决定开发一种既适应经济发展需求，又适用于不同经济环境的职业技能培训课程模式。国际劳工组织的七十多位专家经过 14 年的调查、研究、实验，在借鉴欧美发达国家经验的基础上，开发出适应不同职业需要的职业技能开发(培训)模式——MES，1983 年开始推广。"MES 模式"中一个技能型工作或工作任务可以按其工作步骤划分为不同模块，通过模块叠加可以完成这一工作任务。该模式以职业分析为基础开发课程，课程内容与职业技能要求密切结合，实质上也是一种行为主义导向。

MES技能模块课程的指导思想是人类的社会活动可以被划分为不同的职业领域和不同的行业，不同的职业领域和行业内部又有不同的工种和工作。不同的工种和工作所要求的知识技能有一定差别。但是，也可能有部分相同或相似的知识技能的要求。在职业技术培训中如何求同存异，使受训者获得在社会生产活动中实际有用的技能是相关研究者面临的课程。

MES课程系统由技能模式、模块、学习单元组成。每个职业技能模式由一个或若干个模块组成，每个模块由若干学习单元组成。技能模式是用模块形式表示的工作规范，每个工作规范由一个或几个技能模块组成。工作规范是通过对某一工作的任务和技能要求的分析而得到的工作标准。技能模式是就业技能模块的组合。模块是指在某一职业领域、工作范围内，将一项工作划分成若干部分。这种划分要求符合实际工作程序和工作规范，要有清楚的开头和结尾。这样划分出来的每一部分即为一个模块。每一个工种或岗位的工作由若干模块组成，而每一个模块又由若干个学习单元组成，学习单元是组成模块的基本要素（知识或技能），每个学习单元仅包含一项特定的技能或知识。

例如，车工工种的加工方法MES，可以划分为轴类零件、套类零件、圆锥表面、特形面、螺纹车削等模块；各模块下又分为若干学习单元，如螺纹车削可分为车乱扣螺纹、车削三角内螺纹、车内外方牙螺纹、车内外梯形螺纹、车多头螺纹、车蜗杆螺纹等学习单元；每个单元都由通用的操作步骤和专用的操作技法等一步一步按操作次序组成，在掌握车工加工方法的基础之上，可从MES中任意抽出一个学习单元加以学习。

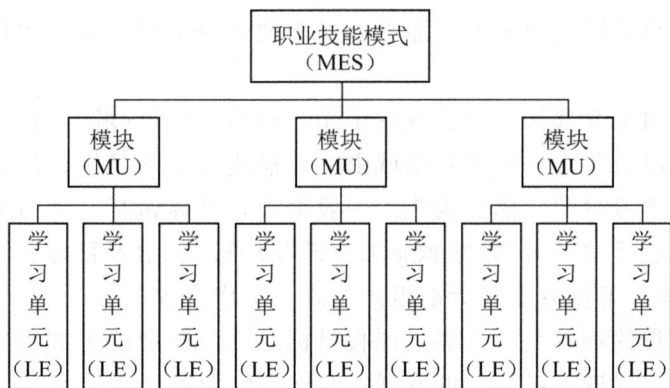

图 8-1　MES 课程系统

MES课程开发体现出以下特点：这种课程模式以实践应用能力为本位。简化理论、突出实践（实用、够用、管用）。课程教学内容与职业技能鉴定内容衔接紧密，每个学习单元都包含着职业技能鉴定标准中的一个或几个知识点。这是一种根据需求搭积木式的课程教学体系。

MES课程实施条件包括：首先，需要构建合理、灵活的课程教学模块体系。

模块化教学体系应该由模块、项目、任务构成。每个教学模块应该相对独立又灵活多变。既可以随时建立新的模块以适应专业的不断发展，又可以与其他拓展专业共享；既适合全日制教学的需求，也适合企业岗位的培训要求。其次，需要建立一支素质过硬的"双师型"（一体化）教师队伍。模块化教学法不仅要求教师掌握过硬的理论知识，而且要求教师熟练掌握实践操作技能。最后，应建有专业实训室。在教学过程中，能够运用多种教学手段，充分利用各专业实训室，将枯燥的理论教学过程转变为理论与实践相结合的一体化教学过程，使学生真正做到知行合一。

三、学习领域课程开发模式

(一)学习领域课程开发的背景

学习领域课程是 20 世纪 90 年代德国职教界为扭转职业学校教育脱离企业实际、偏离职业实践和滞后科技发展的格局，根据新时期行业、企业对技术工人提出的新要求所开发的综合性的课程改革方案。当时，技术的进步、工作组织方式的变革对技术型、技能型人才提出了新的素质要求。技术的发展、知识技能更新的加快，迫切需要培养具有可持续发展和较强适应能力的人才。企业管理模式的变革、生产组织方式的变革从原来的泰勒模式向丰田的精益生产与劳动组织方式转型。当时，德国职业教育理论的发展也为学习领域课程的出现提供了支撑。德国职业教育学术界特别重视劳动组织、技术与职业教育之间的相互关系，这就成为"学习领域"职业教育发展的理论基石。

(二)学习领域课程的内涵

所谓"学习领域"，是指以一个职业的典型工作任务为基础的专业教学单元，它是从具体的工作领域转化而来的，通常可以表现为理论与实践一体化的综合性学习任务。

根据德国各州文教部长联席会议的定义，所谓"学习领域"，是指一个由学习目标表述的主题学习单元。一个学习领域由能力描述的学习目标、任务陈述的学习内容和总量给定的学习时间三部分构成。一般来说，具体包括：学习领域的名称、教学时间安排、职业行动领域（典型职业工作任务）描述、学习目标、工作与学习内容（工作对象、工具、工作方法、劳动组织方式、工作要求）。

学习领域课程的特点是：首先，课程目标是综合职业能力和素质培养，在发展专业能力的同时，促进关键能力的发展；其次，学习的主体是学生，在满足企业岗位要求的同时，获得职业生涯发展潜力；再次，课程内容的基础是来源于工作实践的、某一职业的典型工作任务；最后，课程实施过程具有工作过程的整体性，学生在综合的行动中思考和学习，完成从明确任务、制订计划、实施检查到评价反馈整个过程。

(三)学习领域课程内容

1. 工作过程是学习领域课程内容的基点

首先，工作过程是指企业的整个生产经营过程，强调各个工作部分之间的内在联系及整体性。工作过程的课程不再只是专注于企业内部某一工作岗位的职业知识和技能，而是把企业的整个生产经营过程纳入职业教育的视野，更加关注各个不同的工作部门在整个企业生产经营过程中所处的地位以及所起的作用。其次，工作过程是指完整的工作进程，即工作任务是怎样被完成的。工作过程是完成企业工作任务的完整的劳动进程。工作过程是"人"的活动过程，而不是企业的生产流程。学习领域课程(工作过程课程)并不意味着按照企业的生产流程重组内容，它所关注的是工作过程中的人运用什么样的工作工具、采用什么样的工作方式、作用于具有什么样特征的工作对象、生产出什么样的产品。因此，学习领域课程(工作过程课程)指向完成典型工作任务所需的工作对象、工具、方法及企业对工作的具体要求。

2. 工作过程知识是学习领域课程的主要内容

工作过程知识既是学习领域课程的主要内容，也是学习领域课程开发的逻辑基础。工作过程知识是在工作过程中直接需要的，并且常常是在工作过程中直接获得的知识(包括理论知识)，具有与情境相关、以实践为导向等特点。工作过程知识是基于主观知识和客观知识的整合。工作过程知识不是从理论知识中引导出来的，它与反映的工作经验相适应，并指导实际的职业劳动。工作过程知识是隐含在实际工作中的知识，不仅包括显现的指导行为的知识(如程序化知识)，也包括相联系的隐性知识，那些物化在工作过程中及产品和服务中的诀窍、手艺、技巧和技能等是最宝贵和最昂贵的工作过程知识，它们不像显性知识那样容易被模仿、复制和传递，但它们对工作过程的进程却非常重要。

学习领域课程内容不再是按照学科及学科自身的逻辑体系来组织建构，而是根据从初学者到专家的职业能力发展的五个阶段来组织课程内容。从初学者到高级初学者，再到有能力者，再到熟练者，再到专家，需要经历四个阶段的跨越，实际上是四个台阶式的课程内容，即入门和概念性知识——职业关联性知识——具体知识和功能性知识——以经验为基础的学科系统化知识。入门和概念性知识，即该职业的主要工作内容是什么，面对的是职业导向的工作任务；职业关联性知识，即事物的相关性为什么是这样的而不是那样的，面对的是系统性的工作任务；具体知识和功能性知识，关于工作细节和设备功能的知识，即为什么具体的工作是这样的，它是怎样运作的，面对的是伴有问题的特殊工作任务；以经验为基础的学科系统化知识，即如何专业系统化地解释事物和解决具体问题，面对的是不可预见的工作任务。

(四)学习领域课程开发步骤

德国学习领域课程开发的基本思路如下。

第一步，确定"行动领域"，即在工作现场通过对相关专业典型职业活动的工作过程进行调查来确定"行动领域"，这实际上是从业者完成工作任务的职业情境。"行动领域"是在与本专业紧密相关的职业、生计和社会的行动情境中，构成职业能力的工作任务的总和。

第二步，确定"学习领域"，即对已确定的"行动领域"进行教学归纳以构建"学习领域"。"学习领域"是按照教学论要求对职业行动领域进行归纳后形成的职业学校的教学行动领域。

第三步，确定"学习情境"，即通过教学实践传授学习领域课程，就是使"学习领域"在教学实践中具体化。一般采取范例、项目等教学组织和教学方法构成"学习情境"。"学习情境"是"学习领域"的具体表现，是在与本职业紧密相关的职业、生计和社会的行动情境中，职业工作任务和职业行动领域在教学过程中的具体反映。

四、成果导向课程开发模式

除了上述三种较为有影响力的职业教育课程模式之外，当前国际职业教育中逐步形成一种新的职业教育课程模式，即成果导向的课程开发模式（Outcome-based Curriculum）。成果导向的课程开发模式源于成果导向教育（Outcome-based Education，OBE），其诞生于美国，之后在英国、加拿大、澳大利亚等国家得到推广。成果导向教育的提出者斯帕迪（Spady）强调，教育的重点不在于学生课业分数，而在于学习历程结束之后学生在特定情境中完成任务的能力，并以学生在完成任务中的行为表现来检查教育成果。成果导向的教育理论强调，"教育系统的每个部分都基于目标（结果），在教育经验结束时，每个学生都应该达到目标，课程应该帮助学生达到指定的成果"[1]。但是成果导向与目标导向是有区别的，成果导向强调的是学生在课程结束之后能够在实际的岗位中执行什么，目标导向强调的是学生在课程结束之后究竟学到了什么。

1988 年美国宾夕法尼亚教育局进行了一次教育调查，发现了两个问题：一是职业教育学生学业成就不高；二是存在评价与课程脱节的现象。为了解决上述问题，教育局立即推动以成果为导向的课程改革。1989 年教育局邀请教育、企业界人士组成了一个专家委员会，围绕"究竟什么是学生应该获得的学习成果"展开了讨论。初步开启了成果导向的课程改革探索，后来逐步在教育界产生影响。2000 年美国工程及技术教育认证委员会开始在工程技术教育领域推动"成果导向认证标准"，进行工程教育改革。

表 8-1　成果导向教育理论框架[2]

框架要点	具体内容
一个核心目标	让所有学生能取得最终成果
两点需求	学习成果的准确界定和清晰呈现；用具体的成果来指导课程的设置

---

① W. G. Spady, *Outcome-based Education: Critical Issues and Answers*, Arlington: American Association of School Administrators, 1994, p. 1.

② W. G. Spady, *Outcome-based Education: Critical Issues and Answers*, Arlington: American Association of School Administrators, 1994, pp. 1-2, 20.

续表

框架要点	具体内容
三个前提	所有学生能学习并获得成功；成功是成功之母；学校掌控成功的条件
四个原则	清楚聚焦；拓展机会；更高的期望；反向设计
四点支持	学生需要学什么应当清晰地界定；学生进步的过程应以展示的成果为基础；提供多样的教学和评估策略来满足每个学生的需求；提供充足的时间和帮助让每个学生都发挥出最大的潜能
五个实施步骤	界定成果；设计课程；教学授课；结果认证；决定进阶

　　成果导向的教育中，教育的计划是倒推的，首先明确一个成功的学习者的特征是什么，即应该胜任岗位的成就是什么，然后再提出实现这些特征的建议方法，其实这是"产品或成果决定了过程"。换句话说，课程如何设置与实施，是由学生未来在所从事的岗位取得的成果或要执行任务的产品所决定的。因此，成果导向课程强调一种基于"产出"的核心思想，把焦点放在学生"学到了什么"上，而不是学校教师"教了什么"，课程设计应回归学生毕业后能胜任岗位的实际能力，而不是教给学生的知识和能力，重视学生适应未来社会和工作岗位的能力。成果导向课程模式主张课程学程化、模块化、分流化。学程化是指针对社会变化的需要，将零散的课程规划为一定学分的主题学程，学程化是围绕学生来设计课程，按照学生的学习规律和特点设计课程；模块化是指根据学生学习的需要和学习主题的特点，规划出一系列可供选择的模块，模块化能够满足学生个性化选择的需求；分流化是指课程体系能够满足学生职业生涯发展需要的分流，分流化实质上能够满足学生不同职业生涯发展方向的需要。显然，成果导向的课程模式是以学生人人都能学会为前提条件，以学生的发展为中心。

　　成果导向课程开发的步骤：使命、目标和哲学的确立——专业项目或计划的成果开发——学生学习成果界定——核心课程内容的描绘——课程内容的组织（确定）——明确每个课程单元中学生的学习成果——选择每个课程内容——明确每节课/主题/单元的学生学习成果——教学过程的设计——学生课程学习成果评价方法的确定。[①]（1）使命、目标和哲学的确立。主要是学校的办学使命、目标和愿景，或专业的培养目标或价值哲学，在于明确所培养的学生在未来社会中的角色、使命和职责。（2）专业项目或计划的成果开发。明确学校中人才培养的每一个专业项目或计划的成果是什么。（3）学生学习成果界定。明确学生学习完课程计划之后，能够运用知识、技能和价值观去完成专业项目成果。（4）核心课程内容的描绘。根据专业工作特点，将核心课程内容划分为不同类型的知识领域。（5）课程内容的组

---

　　① H. S. Kim, "Outcomes-based curriculum development and student evaluation in nursing education," *Journal of Korean Academy of Nursing*, 2012, 42(7), pp. 917-927.

织(确定)。将上一阶段确定的课程内容按照一定的逻辑有机组织起来,诸如从简单到复杂、从一般到特殊、整合化等。(6)明确每个课程单元中学生的学习成果。比如,一门课程中有若干个课程单元,那么每个课程单元中学生的学习成果是什么。(7)选择每个课程内容。每个课程单元中学生的学习成果的基础上,进一步缩小范围,明确每个课程内容。(8)明确每节课/主题/单元的学生学习成果,如明确每一节课的成果。(9)教学过程的设计。根据不同类型的课程设计不同的教学过程。(10)学生课程学习成果评价方法的确定。强调综合使用各种方法评价学生的课程学习成果,尤其是要发挥好口头表现(oral presentations)、展示(demonstration)和作品展示(performance)等手段。

第二节　我国职业教育课程开发模式

一、工作过程系统化课程开发模式

(一)背景与理论基础

工作过程系统化课程是由我国教育部职教中心研究所姜大源研究员在借鉴德国经验的基础上,结合国内实际,通过在职业院校中进行大量的实践,构建的一种课程范式,同时也是一种当代中国职业教育课程理论流派。姜大源本人对工作过程系统化课程的定位是一种课程范式,而不是一般意义的课程模式。按照库恩(Kuhn)的观点,范式指的是一个共同体成员所共享的信仰、价值、技术等的集合,指常规科学所赖以运作的理论基础和实践规范,是从事某一科学的研究者群体所共同遵从的世界观和行为方式。范式是符合某一种级别的关系模式的集合。模式,即 pattern,其实就是解决某一类问题的方法论,即把解决某类问题的方法总结归纳到理论高度。工作过程系统化课程作为一种范式意味着它已经有着完善的理论体系和成熟的技术体系,不仅仅局限在课程开发的实践技术问题之上。

(二)基本理论观点

工作过程系统化课程理论指出,学科体系下的课程是基于知识储备的课程,行动体系下的课程是基于知识应用的课程。要实现两者的良性转化互动,就要以就业为导向、以职业为载体进行工作过程系统化课程开发。通过对课程体系结构、单元结构、教学结构三者的开发实现工作过程系统化课程理论创新。

工作过程是指在企业里为完成一项工作任务并获得工作成果而进行的一个完整的工作程序。工作过程不是一个具体的工作环节,而是在一个复杂的职业活动情境中具有完整结构的工作过程,包括计划、实施和工作成果检查评价等步骤,能反映该职业的主要工作内容和典型工作形式,并在从业人员的职业生涯发展中具有重要的意义,在整个企业的工作(或经营)流程里具有重要的功能。与之相对应的基于工作过程的课程开发是一个综合性的过程，它应当建立在整体化的、过程导向的职业分析基础之上，将职业分析、工作任务分析、企业生产（或经营）过程分析、个人发展目标和教学分析设计等结合在一起。按照工作过程来序化知识，重建内容结构，以工作过程为参照系，将理论知识与实践知识整合，课程不再片面地强调建立在静态的学科体系之上的对显性理论知识的复制与再现，而是着眼于动态的行动体系的隐性实践知识的生成与构建，是以从业中实际应用的过程性知识为主，以适度够用的陈述性知识为辅；以经验和策略的知识为主，以"事实、概念"和"理解、原理"的知识为辅。

（三）工作过程系统化课程开发步骤

1. 通过对职业岗位分析找出其中的典型工作任务

从工作岗位或岗位群出发，对工作任务进行分析，并在此基础上确定典型工作任务。这里需要采用问卷调查、现场访谈、案例分析、头脑风暴、抽样分析等多种方法。

2. 行动领域归纳

对典型工作任务进行归纳，得出行动领域，行动领域是工作任务的职业情境，是与本职业紧密相关的职业、生计和社会行动情境中构成职业能力的工作任务的总和。换句话说，在对典型工作任务做进一步分析的基础上，通过能力整合，包括同类项合并等措施，将典型工作加以归纳形成能力领域（或专业技能）。这个过程是归纳的过程，是量变的过程，其本质特征没有发生改变。它是工作过程系统化课程开发的平台，是与本专业紧密相关的职业情境中构成职业能力的工作任务的总和，是一个"集合"的概念。采用工作过程描述的方式，行动领域体现了职业的、社会的和个人的需求。从工作任务到行动领域，是职业分析与归纳的结果。

3. 将行动领域进行转换，导出学习领域

行动领域是学习领域的基础，从行动领域到学习领域是转化的过程，是提炼和升华的过程，是按照教学论要求对职业行动领域进行归纳后用于职业学校的教学行动领域。由学习领域构成的职业教育课程体系，其排序必须遵循两个规律：一个是认知学习的规律，这是所有教育必须遵循的普适性规律；另一个是职业成长的规律，这是职业教育必须遵循的特殊性规律。

4. 通过学习领域设计学习情境

学习情境是学习领域的具体化，是与本职业紧密相关的职业、生计和社会行动情境中构成职业能力的工作任务在教学过程中的具体反映。所谓学习情境，是指在工作任务及其工作过程的背景下，将学习领域中的能力目标及其学习内容进行基于教学论和方法论转换后，在学习领域框架内构成的多个"小型"的主题学习单元。这又是一个演绎的过程。姜大源明确指出，课程单元设计要遵从三个步骤：一是确定该课程对应的典型工作过程，梳理并列出这一过程的具体步骤；二是实施对该典型工作过程的教学化处理，选择对该典型工作过程进行比较的参照系；三是依据该参照系确定三个以上的具体工作过程，按照平行、递进或包容的原则设计课程单元。

同时，他定义了工作过程系统化判断标准，即用三个以上参照物，进行统一范畴的比较，比较中步骤重复。如前文所述，学习情境的设计也必须遵循两个原则：一是具有典型的工作过程特征，要凸显不同职业在工作的对象、内容、手段、组织、产品和环境上的六要素特征；二是实现完整的思维过程训练，要完成资讯、决策、计划、实施、检查、评价的六步法训练。

二、项目课程开发模式

项目课程可追溯到 17、18 世纪，项目的雏形来自 18 世纪意大利的一所艺术学院（Akademie Royale d'Architecture），学生们要定期完成"项目"——要求合作、原创和独立自主。1918 年，基尔帕特里克（Kilpatrick）对项目进行了明确的界定：项目是一个"在特定的社会环境中所发生的、需要参与者全身心投入的、有计划的行动"。他认为学生明显是有意进行的行为，都可以称之为一个项目，而项目的流程通常包括目标、计划、实施、评价四个阶段。项目教学是随着中外职业教育合作项目一同被引进的，职业院校大规模和自主试验推广项目课程起始于 21 世纪初期。以华东师范大学徐国庆教授为代表的职业教育界学者对项目课程的发展与推广做出了重要贡献，他在《职业教育项目课程开发指南》一书和《职业教育项目课程的几个关键问题》《职业教育项目课程的内涵、原理与开发》等文章中对项目课程做了基本界定。项目课程是以基于典型产品或服务所设计的项目为载体让学生学会完成工作任务的课程模式。其中"项目"指的是具有相对独立性的客观存在的活动模块，在这一活动中，要求通过完成工作任务，制作出符合特定标准的产品。项目可理解为一件产品的设计与制作、一个故障的排除、一项服务的提供等。项目是综合的、完整的、基于产品的，强调应用技能获得产品。

项目课程特点包括：（1）用职业能力表述课程目标。重点关注学生能做什么，而不是知道什么。（2）以工作任务为内容。重点是教会学生如何完成工作任务，知识、技能学习结合任务完成过程来进行。（3）以典型产品或服务为载体。教学顺序按照项目编排来展开，学习项目设计是跨工作任务的，只要能服务于工作任务的学习就行，不必拘泥于工作任务的逻辑顺序。

项目活动的产品形式包括：实物类产品，如模型、工件、玩具、服装、菜肴；语言类演示，如企业考察报告、申请报告、广播报道、网页；图片展示，如技术制图、绘画、电路图、摄影摄像；表演，如角色游戏、戏剧、舞蹈、操作表演。

三、一体化课程开发模式

为贯彻落实《关于印发技工院校一体化课程教学改革试点工作方案的通知》（人社厅发〔2009〕86 号）精神，推动技工院校一体化课程教学改革试点工作，加快技能人才培养，人力资源和社会保障部于 2012 年组织制定了《一体化课程开发技术规程》，明确了技工院校一体化课程教学标准开发的指导思想、基本原则、结构内容和开发程序。

一体化课程是按照经济社会发展需要和技能人才培养规律，根据国家职业标准，以综合职业能力为培养目标，通过典型工作任务分析，构建课程体系，并以具体工作任务为学习载体，按照工作过程和学习者自主学习要求设计和安排教学活动的课程。一体化课程体现理论教学和实践教学融通合一，专业学习和工作实践学做合一，能力培养和工作岗位对接合一的特征。

一体化课程的指导思想：(1)以促进就业为导向，突出能力培养。学生的培养要以就业为导向，以能力为本位，注重培养学生的专业能力、方法能力和社会能力，教育学生养成良好的职业行为、职业道德、职业精神、职业素养和社会责任。(2)以职业生涯发展为目标，明确专业定位。专业定位要立足于学生职业生涯发展，突出学以致用，并给学生提供多种选择方向，使学生个性发展与工作岗位需要相一致，为学生的职业生涯和全面发展奠定基础。(3)以职业活动为核心，确定课程设置。课程设置与职业活动密切联系，打破"三段式"与"学科本位"的课程模式，围绕职业活动中的工作任务技能和知识点来设置构建课程体系。(4)以工作任务为载体，设计课程内容。课程内容要按照工作任务和工作过程的逻辑关系进行设计，体现综合职业能力的培养。要依据职业能力，整合相应的知识、技能及素养，实现理论与实践的有机融合。注重在职业情境中的能力养成，培养学生分析问题、解决问题的综合能力。

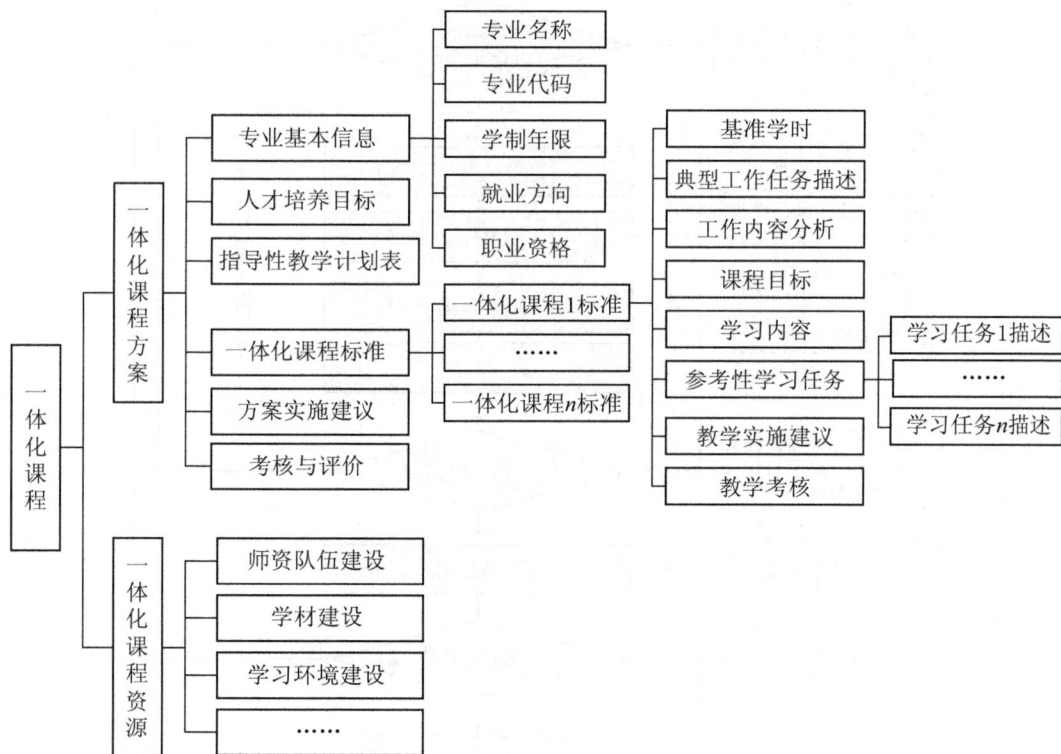

图 8-2　一体化课程内容与结构示意[1]

---

[1]　人力资源和社会保障部：《一体化课程开发技术规程(试行)》，2012。

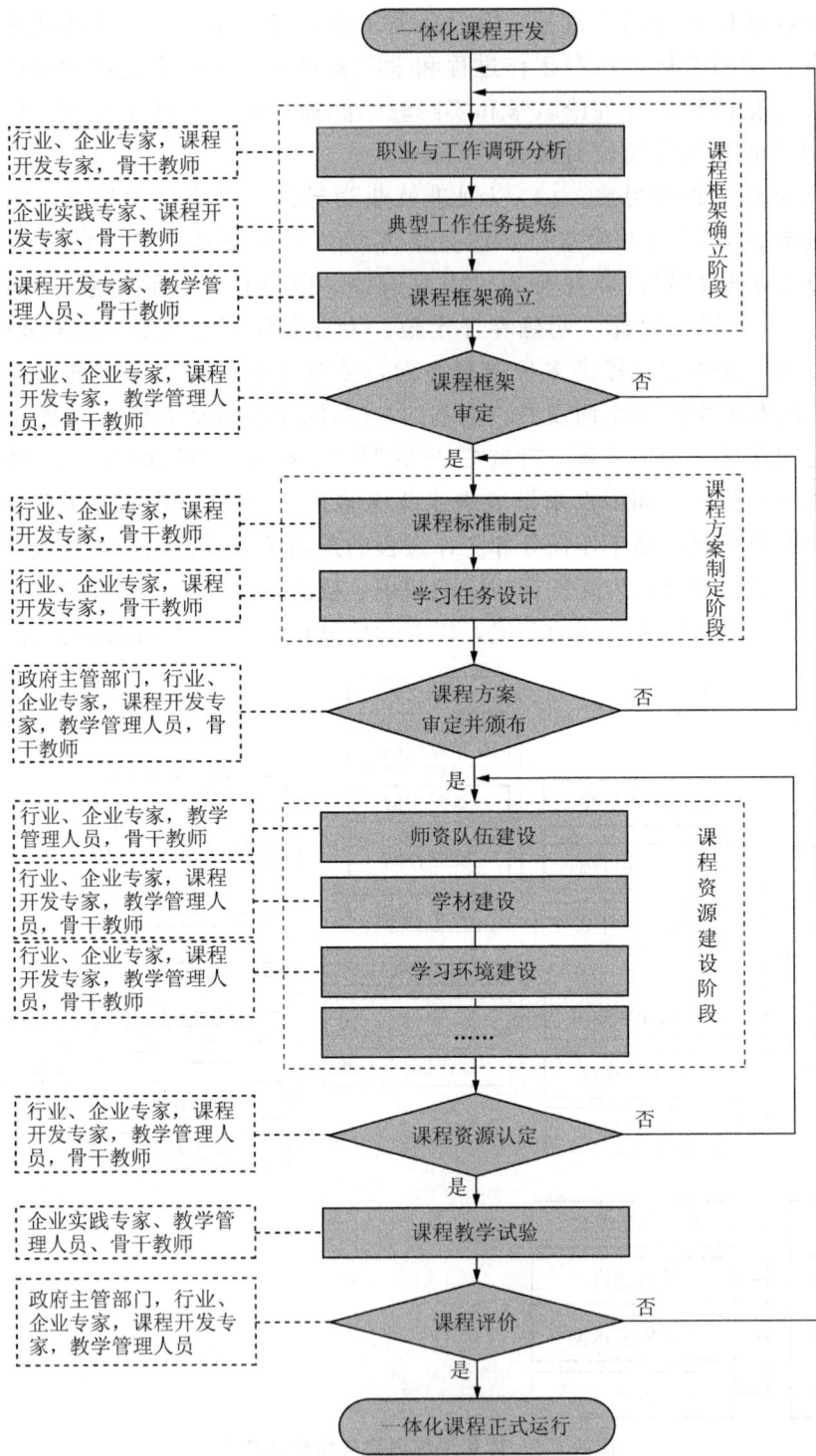

图 8-3 一体化课程开发流程[①]

① 人力资源和社会保障部：《一体化课程开发技术规程(试行)》，2012。

一体化课程开发分三个阶段。

第一阶段：确立一体化课程框架。（1）职业与工作调研分析。职业与工作调研分析要了解行业、企业发展现状与趋势，调研本专业的技能人才数量、等级需求状况，以及岗位工作内容和职责等。对照国家职业标准，分析各等级技能人才综合职业能力要求，撰写调研报告，以此定位本专业人才培养方向与层次。（2）典型工作任务提炼。典型工作任务是指一个职业的具体工作领域，是具有完整工作过程的一类工作。一个职业一般由 10～20 个典型工作任务构成。典型工作任务是一体化课程框架确立的基础，要通过实践专家访谈会来提炼。（3）一体化课程框架确立。一体化课程框架由相应等级的人才培养目标、典型工作任务、职业能力要求、一体化课程名称、专业技术学习内容、基准学时、实训学时、学习任务名称等构成。该框架来源于典型工作任务分析，依据国家职业标准确定，为制定一体化课程方案提供依据。

第二阶段：制定一体化课程方案。一体化课程方案要依据一体化课程框架制定，该环节主要描述专业基本信息、各等级培养目标，规定每门一体化课程及参考学习任务的目标、内容及教学建议，设置课程进度及学时分配，设计各等级综合职业能力评价方案。一体化课程方案为课程资源建设和课程实施提供依据。

第三阶段：建设一体化课程资源。主要包括师资队伍建设、教材建设、学习环境建设等方面。

表 8-2　一体化课程方案制定的工作步骤及要求[①]

工作步骤	工作要求
课程标准制定	• 课程目标、内容的制定应依据典型工作任务描述 • 课程之间应注意内容的衔接和综合职业能力培养的递进 • 参考性学习任务主要来源于课程框架中的规定，可以依据课程目标和学习内容的要求，自行设计一部分有实际价值的学习任务作为教学补充 • 课程标准编写格式参见《一体化课程方案》中的课程标准编写体例
学习任务设计	• 学习任务设计者应按照企业工作要求，完整地完成学习任务工作实践 • 根据工作实践情况描述学习任务情境 • 根据学习任务情境和课程总目标制定本任务的学习目标 • 利用附件 8《学习任务分析工具——鱼骨图》，分析学习任务各工作环节所涉及的知识点和技能点 • 以课程为单位，把"鱼骨图"分析结果列在附件 9《学习任务内容序化表》中，按照知识和技能的渐进要求调整和确定各学习任务的内容，保证各学习内容为学习目标服务 • 每门课程所有学习任务的目标和内容总和应涵盖本课程的学习目标和内容 • 教学建议要体现以学生为主体，针对学生学习方法的培养、思维方式的训练提出

①　人力资源和社会保障部：《一体化课程开发技术规程（试行）》，2012。

续表

工作步骤	工作要求
方案 实施建议	• 对一体化课程方案实施过程中的教学组织形式、学材选用、师资要求、师生配比、学习场地及设备要求等提出建议
考核与 评价方案 制定	• 评价主体要有企业 • 评价主要针对学习者的综合职业能力培养 • 评价指标与人才培养目标相适应
课程方案 汇编	• 课程方案汇编格式参见《一体化课程方案》编写体例
课程方案 审定 并颁布	• 由政府主管部门，行业、企业专家，课程开发专家，教学管理人员，骨干教师共同审定 • 审定后由人力资源社会保障部职业能力建设司颁布施行

第三节　当代职教课程开发的发展趋势

一、职业教育课程开发内涵的丰富化

职业教育课程开发不只是设置课程的问题，而应是一个系统的工程、整体的过程。课程专家塔巴（Taba）曾指出，课程开发包括课程需求诊断、课程目标的编制、课程内容选择、课程内容组织、学习经验的选择、学习经验的组织、确定评价的内容和方式手段。课程开发（Curriculum Development）是指通过需求分析确定课程目标，再根据这一目标选择某一个学科（或多个学科）的教学内容和相关教学活动进行计划、组织、实施、评价、修订，以最终达到课程目标的整个工作过程。所以，职业教育课程开发包括职业教育课程目标确定、职业教育课程内容选择与组织、职业教育课程实施和职业教育课程评价等环节。从职业教育课程开发所存在的场域来看，其有三个层面的开发：一是专业层面的课程开发，即一个专业整体上的基于人才培养的课程目标确定，如所设置的课程门类，整体上的课程实施和课程质量评价；二是某一门课程的开发，即一门课程的目标定位、课程内容的选择组织、该门课程的实施和评价等；三是课堂教学层面的课程开发，即教师教学中的二次课程开发，当教师拿到一门课程的任务时，教师在课堂教学中如何教授这门课程，这个过程也是一个课程开发的过程，是教师在课堂教学中进行的二次课程开发。所以，我们要认识到职业教育课程开发的丰富内涵。要解决过去那种只将课程开发局限在"设置课程的范畴内"，而不管课程实施等问题；要改变过去那种只将课程开发局限在"专业负责人的事情",而没考虑它与每一位教师都密切相关的做法。

二、职业教育课程开发目标的定向化

一项职业教育课程开发活动应有明确的目标,当然不同于课程目标。职业教育课程开发目标是定向化的,即:做课程开发是为什么?出于什么考虑?有什么样明确的价值定向?综观国内外职业教育课程开发模式的特点,未来职业教育课程开发目标应体现出定向化,具体体现在以下几个方面。一是行业的定向。职业教育是以就业为导向的教育。职业教育人才培养工作,都有具体行业、专业或工种的职业方向要求,课程开发首先要有明确的行业定向要求。二是职业的定向,即一个专业的课程开发或一门课程开发所指向和服务的某一职业或某一职业岗位方向,也就是说,课程开发是直接针对职业的、为了职业的,所开发的课程能够直接应用于某类职业领域的教育培训。职业教育课程定位于特定的职业或职业群。即使是职业教育中的普通文化课程,一般来说也要求体现出一定的职业性,如计算机英语、旅游英语等课程。三是着眼于个体职业生涯发展的定向或具体职业能力的定向。课程开发中首先要做的工作是根据岗位说明书和操作指导书对现有岗位进行有效的岗位分析,提取该岗位的核心胜任技能及关键技能;其次,对在岗员工的知识和技能进行测评,找出改进点;最后,根据需要改进点进行课程设计。这是以胜任岗位、改进工作为目标的课程设计方式。四是以市场为导向。职业教育课程开发必须以市场为导向,职业教育人才培养工作要密切联系市场,这就要求课程设置必须对未来经济发展趋势、未来人才市场需求做出准确分析和预测,为超前开发课程提供可靠的依据。

三、职业教育课程开发主体的多元化

职业教育课程的特点决定了职业教育课程开发主体的多元化,即开发主体包括政府、行业和企业、课程专家、行政人员、教师、学生及其他相关人员。在实践中,德国学习领域课程的开发是由学校和企业共同完成的,北美的 DACUM 课程开发是由行业企业的职业分析人员、职业院校领导、专业负责人和骨干教师等力量共同完成的,我国的项目课程和工作过程课程也是由行业企业专家、技术人员、教师和课程专家等多主体共同来完成的。在理论上,正如课程专家施瓦布(Schwab)所提出的课程开发的运作方式——集体审议。所谓集体审议,是指在特定的教育情境中通过对问题情境的反复权衡而达成一致意见,这一集体审议是由校长、教师、学生、社区代表、课程专家、心理学家和社会学家等共同完成的,强调的是课程开发主体的多元性。对于职业教育课程开发来说,其人才培养直接面向生产第一线和工作现场,单纯依靠学校来开发课程难以适应社会经济的变化,必须有企业技术人员的参与,才能实现与工作的对接。因此,在职业教育课程开发中要充分发挥好行业企业的主体力量,行业企业力量能够依据行业企业需求准确提出课程需求,能够科学地做出职业能力分析,进而提出课程标准。

四、职业教育课程开发内容的整体化

博比特于 1924 年提出了以目标为支配地位的课程开发三步骤：确定目标、选择经验、组织经验，这实质上是指出了课程开发的三个核心内容。泰勒在 1949 年出版的《课程与教学的基本原理》一书中，提出了课程开发的四个基本问题：(1)学校应该追求哪些教育目标？(2)提供哪些教育经验才能实现这些目标？(3)怎样才能有效地组织这些教育经验？(4)我们怎样才能确定这些目标正在得到实现？这实质上进一步丰富了课程开发内容的框架，并且建立起了课程开发内容的经典框架。职业教育课程开发是一个系统工程，按照课程的系统要素来看，职业教育课程开发的内容包括目标开发、内容开发、实施开发、评价开发等诸多方面，如基于职业岗位进行课程需求的调查，基于课程需求确定课程目标，课程内容承载体的开发，课程实施的主体、环境、工具等方面的配套优化，课程评价的工具或手段的开发等。

五、职业教育课程开发模式的多样化

目前，国内外已经形成基于职业培训的 MES 课程开发模式、基于能力本位的 CBE 课程开发模式、基于校企合作的双元制课程开发模式、基于就业的 TAFE 课程开发模式、基于工作过程的课程开发模式、基于实践的项目课程开发模式、基于工作任务的模块课程开发模式，等等。多样化的课程开发模式体现的是解决问题的立场，正是基于所解决问题的多方面考虑，才呈现出多样化的课程开发模式。今后，职业教育领域还会生成新的多样的课程开发模式。比如，从知识论来看，就可以形成多样化的课程开发模式、从技术知识的角度来开发课程、从工作知识的角度来开发课程、从地方性知识的角度来开发课程，等等。不同的知识论基础可以形成不同的课程开发模式。

第九章

职业教育课程改革

一切事物都处于改革发展之中，职业教育课程亦如此。那么，到底如何推动职业教育课程改革？过去我们都做了哪些方面的探索？国内外职业教育课程改革已经积累丰富的经验，形成了一些共识性的观念和一致性的行为。本章尝试对国际职业教育课程改革和我国职业教育课程改革的进展进行分析，提出职业教育课程改革的方法论。

第一节　国际职业教育课程改革进展分析

早在 2008 年姜大源就提出了世界职业教育课程改革与发展走势带来的五个启示："第一，职业教育的课程应该从工作岗位、工作任务出发；第二，职业教育要强调能力本位；第三，职业教育要求企业和学校合作，两者是互补的，理论和实践不能分家；第四，职业教育要做到实践和理论相整合，工作过程很可能是一条路径、一种手段、一个结构；第五，模块课程的灵活性对实行弹性学制、学分制很有参考价值。"[①]根据当前德国、美国、英国和澳大利亚等国职业教育课程发展的情况，可以将国际职业教育课程改革的进展做如下梳理。

一、确立职业教育课程目标的能力导向

总体上，国际职业教育课程目标的导向从关注知识转向关注能力，并进一步从强调岗位能力扩展到强调综合职业能力。第二次世界大战后，北美为增强职业培训

---

① 姜大源：《世界职教课程改革的基本走势及启示》，载《职业技术》，2008(11)。

的针对性，强调从职业岗位的需要出发，确定课程的能力目标，形成了能力本位的职业教育课程模式，开始从过去以学历或知识体系来构建目标转向以能力体系来构建目标。这种能力导向后来逐渐在欧洲和澳大利亚得到推广。而且对能力内涵的理解也发生了一些变化，从最初的行为技能扩展为包含情感态度在内的大能力观。具体来说，在各个国家和区域也有不同的侧重点和视角。

英国国家职业资格委员会对能力(ability)的解释：为完成一系列与任务相关的活动的能力，以及在职业活动中支持这种行为所需要的技能、知识和理解力。该委员会将能力进一步分解为知识、态度、经验和反馈四个指标，进一步形成了核心能力和通用能力的概念，并且在课程开发中构建了能力标准。比如，英国商业与技术教育委员会(Business & Technology Education Council，BTEC)在职业课程中将核心能力称为通用能力(Common Skill)，BTEC 是英国著名的职业资格授予机构之一，构建了 BTEC 职业教育课程中的核心能力标准。BTEC 明确要求培养学生的七种能力，即自我管理和自我发展能力、与人合作共事能力、交往和联系能力、安排任务和问题解决能力、数字运用能力、科技运用能力、设计创新能力。BTEC 在职业教育课程中明确了核心能力培养的目标。

澳大利亚的职业技术教育学院(TAFE 学院)通常把能力描述为从事某项确定的职业所要求的知识、能力、素质和态度的综合性结构体系。在澳大利亚 TAFE 学院的培训包课程开发中首要的环节就是确定能力标准。能力标准确定也是澳大利亚职业教育课程的一大重要特征，在国家层面专门由行业能力标准委员会制定具体行业的国家能力标准。国家能力标准是国家职业教育课程与教学的基准，实际上意味着课程的能力导向。国家能力标准一般由能力单元、能力要素、操作标准、适用范围和检验情境五个方面组成。澳大利亚国家训练局所编制的《培训包开发手册》指出，能力包括知识和技能的规范以及该知识和技能在工作场所所要求的绩效标准中的应用。澳大利亚的能力观侧重于员工在工作场所的工作期望而不是学习过程，并突出了将技能和知识转移应用到新情况和环境的能力。在能力标准中，重点是知识和技能的成果及应用，而不仅仅是规范。因此，能力标准涉及人们能够做什么(如维护和使用网络)，以及能够在一系列环境中执行此操作的能力。

德国在能力方面自 20 世纪 70 年代以来有大量的学术争论和学术研究成果。能力通常被理解为处理行动所要求的知识和技能的集合。在德国职业教育中，职业能力的概念处于核心导向作用。早在 1974 年，德国就将职业能力定义为资格、技能、知识的集合。其中讨论最多的是关于"职业行动能力"(professional action competency)，该能力被视为职业学习过程的目标，也就确立为职业教育课程的目标导向。[1]

① S. Hellwig，"The Competency Debate in German VET：An Analysis of Current Reform Approaches,"*International Journal of Training Research*，2006，4(1)，pp. 1-16.

有学者认为职业行动能力由"专业能力、方法能力、社会能力和个人能力"构成。[①]专业能力包括实践技能和在工作场所中完成特定任务所需要掌握的知识，因此专业能力是实现问题解决和任务管理目标的前提。方法能力主要描述程序性的知识和技能，以及在不同的情境下运用相关工作方法和技巧的能力。方法能力也被视为一种学习能力，可以理解为问题解决的技能、完成工作任务的分析和系统方法、结构化和归纳新信息的能力、开发和实现工作思想的过程。社会能力是在社会互动中沟通和合作的能力。直接的社会能力包括协调解决冲突和团队合作，而间接的社会能力是指同情、情感和人际交往的灵活性的能力。个人能力包括态度、价值判断、动机、自我组织、自我反思和自尊。

美国在 1994 年时就建立了国家技能标准委员会（National Skill Standards Board，NSSB），试图建立一套灵活统一的国家技能标准体系，以便增强美国的全球竞争力。"技能标准确定了在一个行业内人们需要知道些什么并能够成功地去履行与工作相关的一些职责。确切地讲，标准规定了履行工作及如何能将工作做得更好所需要的相关知识和技能水平。"[②]此外，美国加利福尼亚州中等职业教育课程标准的目标是让所有的学生掌握必要的职业知识和技能，产生强有力的、无痕的从学校到职业生涯的学习经验，成为富有成效的和有贡献的社会成员。显然，美国的职业教育课程目标中也突出一种能力导向。

二、注重职业教育课程内容的整合协调

从当前国际职业教育课程发展来看，在课程内容上呈现出一大特征，即整合协调。比如，美国自 20 世纪 90 年代以来颁布了《帕金斯法案Ⅱ》和《学校到工作机会法案》等文件，推动了"从学校到工作过渡"的职教改革运动，这场改革运动的一个重要理念导向就是课程整合，即整合学术学习与职业学习、整合学校本位学习与工作本位学习、整合中等职业教育与高中后教育。美国的这一运动也给世界上其他国家带来了一定的影响，并在全球范围内呈现出职业教育课程内容的整合性改革发展态势，具体可以表现在以下两个方面。

第一，学术课程与职业课程的整合。在其职业教育体系开放性的基本特征基础上，美国职业教育课程内容体现出了跨界的整合性。比如社区学院，"近 20 年来，融合学术教育与职业教育，走综合发展的课程建设之路，成为美国社区学院推行教

---

① J. Erpenbeck & V. Heyse，"Berufliche Weiterbildung und berufliche Kompetenzentwicklung," in Kompetenzentwicklung '96. Strukturwandel und Trends in der betrieblichen Weiterbildung，ed Arbeitsgemeinschaft QUEM，Münster/New York/München，1996，pp. 15-152.

② NSSB(2000a)，"Built to Work A Common Framework for Skill Standards,"http://www.nssb.org，2007-10-25. 转引自马君、潘海生：《基于美国国家技能标准的职业教育课程开发技术研究》，载《职业技术教育》，2011(4)。

学改革的重要趋势及特征"①。有研究归纳出美国社区学院呈现出多种学术性和职业性融合的课程模式：应用学术课程、适用转学的应用学术课程、连接课程和多学科课程、基于学习共同体的融合课程、基于学习技术的融合课程、基于工作本位学习的融合课程。② 再如中等职业教育强调学术内容与职业内容的整合。基于两个方面的考虑：一是从学术教育课程的角度来看，在学术内容教育中融入职业内容教育，有助于增强学术内容教育的职业性，可以帮助学生接触未来工作，加强与未来工作的联系；二是从职业教育课程的角度来看，为了推动学生在未来工作环境中的可持续发展，需要在职业内容的教育中加强学术内容，帮助他们有足够的理论基础以便应对未来技术的变化。

第二，学校本位的学术理论内容与工作本位的工作实践内容的整合。这一角度主要是解决理论与实践的关系问题。德国的学习领域课程是典型的整合工作实践内容和学术理论内容的整合性课程。"学习领域是 20 世纪 90 年代德国职教界为扭转传统的'双元制'的'一元'——职业学校教育与'另一元'——企业的职业培训相脱离，偏离职业实践和滞后科技发展，根据新时期行业、企业对技术工人这一方案提出的新要求所开发的，其中包括综合性的课程改革方案。"③德国的学习领域课程从课程所面向的职业岗位的典型工作任务出发，每一典型工作任务对应相应的学习领域，每一典型工作任务的核心载体就是工作过程知识，而工作过程知识是一种整合理论知识和实践经验的整合性体系，所以学习领域课程实质上是一种整合性的内容。

三、发挥企业在职业教育课程中的作用

发挥行业企业在职业教育课程开发中的作用，是当前国际职业教育课程改革的一个共同特征。

英国在职业教育课程开发中强调，"课程的开发和设计以满足雇主的需求为前提"④。课程的开发机构必须是与行业和主要雇主劳动力发展需求相匹配、具有颁证资格的机构。参照职业标准进行课程标准开发，职业标准的制定本身反映了行业和雇主企业的劳动力发展需求。英国的职业教育课程开发面向企业和劳动力市场，把职业岗位需求作为课程开发的基础，所开发出来的职业教育课程是与市场更新及企业岗位需求紧密联系在一起的。

在澳大利亚，自 1998 年以来，职业培训包在全澳范围内作为所有注册培训机构开展职业教育与培训的依据，同时也是澳大利亚职业教育课程开发的指导性材

① 陈晶晶、陈龙根：《学术性与职业性融合——美国社区学院课程模式改革的新趋势》，载《比较教育研究》，2012(1)。

② 陈晶晶、陈龙根：《学术性与职业性融合——美国社区学院课程模式改革的新趋势》，载《比较教育研究》，2012(1)。

③ 徐涵：《德国学习领域课程方案的基本特征》，载《教育发展研究》，2008(1)。

④ 李传瑛、王春秋：《英国职业教育课程的开发及其实施流程》，载《中国职业技术教育》，2013(3)。

料。培训包是由澳大利亚行业培训顾问委员会和行业技能委员会在充分调研行业企业所需的能力、知识、素质的基础上，根据国家培训框架的要求制定出来的。培训包充分体现了企业雇主和行业代表对职业教育培训目的和效果的要求，澳大利亚TAFE学院培训包充分反映了行业企业的意见。比如，行业咨询（管理）委员会作为澳大利亚联邦政府管理 TAFE 的一个权威机构，专门负责主持制定职业能力标准（培训包），并提供课程开发依据，TAFE 的专业设置与课程标准由行业管理委员会，依据对社会经济生活的全面调研而制定。培训包的开发过程突出了行业的参与性，这能够确保职业教育的课程内容很好地适应行业发展的需求。此外，澳大利亚发挥企业在课程开发中的作用。比如，TAFE 学院在开设某个证书的培训前，要结合本地区行业、企业、社区的具体需要，与当地政府、企业合作对培训包进行二次开发。首先，TAFE 学院通过到自己的客户即当地行业组织和企业调研，把握行业企业对各类人才的实际需求情况；其次，TAFE 学院根据行业需求选择对应的培训包，并将与实际相结合的项目对接到单元教学之中，同时还可根据企业的特殊需要选择选修单元；最后，TAFE 学院与企业双方经过充分商讨后确定培训方式、培训地点和评测要求。

四、强化职业教育课程的质量保障机制

国际上各个国家通过各种不同的手段来强化职业教育课程质量保障工作。

一是以完善的标准体系来框定课程质量。比如，澳大利亚从课程内容标准体系、课程设计认证和注册标准体系、课程实施条件标准体系的构建来推动职业教育课程质量保障。课程内容标准体系包括以能力为衡量的课程标准体系、国家专业资格认证体系。健全的课程设计、认证和注册标准体系，使得课程设计工作标准化、课程认证工作标准化、课程注册工作标准化和注册或课程认证机构标准化。课程实施条件标准体系强化了办学质量标准体系和课程认证工作的标准化。再如英国形成了对接职业标准的职业教育课程标准开发体系。首先，英国行业技能委员会开发了国家职业标准，国家职业标准为职业教育课程提供了内容选择的范畴；其次，颁发证书的机构依据职业标准开发资格证书及课程（学习单元）。以职业标准为基础的职业教育课程标准的开发有力地保障了课程教学内容与职业标准的有效对接，同时英国实施的资格框架与学分框架制度，依据能力的范畴、复杂程度、责任的大小等要素将资格分为九级，以资格标准为依据将课程也分为九级，即通过资格能力标准这一依据划分出的职业教育课程，保障了课程内容的衔接性。

二是以有效的评估工具来衡量课程质量。比如，美国 RTECA 评价工具①是美国职业教育研究专家联合设计的一套职业教育课程质量评价工具。RTECA 以关于培养高质量职业技术人才的著名理论为依据，为评价技术人才的职业能力以及职业技术教育课程的健全程度和质量提供了一套非常严密的评价标准。大量评估实践证

---

① 闫清景：《美国职业技术教育课程质量评价量规》，载《职业教育研究》，2013(8)。

明，RTECA 具有较高的效度和信度，是教育专家设计和评估职业技术教育课程的得力工具。RTECA 由三个部分组成：具体评价、整体评价、总体评价。具体评价主要考核课程内容与职业的联系度，考察课程材料与职业岗位的一致性、知识应用、对技术的实际应用、思维训练和岗位业务质量标准等。整体评价主要考核的点包括：(1)行业标准及实践。课程材料应清楚地反映学习目标是建立在现行职业技术水平及实践基础上的。(2)课程内容应取材于现行职业实际。课程材料应该致力于帮助学生了解未来工作岗位实际情况，所传授的内容应该与岗位需求相联系，课程训练项目应取材于实际职业岗位的真实活动。(3)职业能力。课程材料在培养学生高端职业场所所需要的高级职业技能方面的情况。(4)深层次理解途径。课程材料帮助学生深入理解所学内容的情况。总体评价主要测试课程材料帮助学生掌握未来职业岗位所需要的知识与技能的效果。

三是以第三方专业机构来评价课程质量。比如，德国各州政府部门并不直接对职业学校进行评价和干预，而是委托独立的第三方专业机构对职业学校进行监控①，如巴符州的 LS(Landesinstitut für Schulentwicklung，即学校发展研究所)、巴伐利亚州的 ISB(Stätsinstitut für Schulqualität und Bildungsforschung，即学校质量与教育研究所)、柏林和勃兰登堡州的 ISQ(Institut für Schulqualität der Länder Berlin und Brandenburg，即学校质量研究所)、不来梅的 LIS(Landesinstitut für Schule der Freien Hansestadt Bremen，即不来梅学校研究所)、汉堡的 HIBB(Hamburger Institut für Berufliche Bildung，即汉堡职业教育研究所)等，这些研究所为所在州的学校质量、学校管理水平和教育政策等提供决策咨询和指导服务，主要职能是负责各州各级各类学校的质量评价工作。②

第二节　我国职业教育课程改革进展与趋势

21 世纪以来，在国家不断推动职业教育改革发展的大背景下，职业教育课程也在改革中前行。当前，产业结构调整升级、制造业大国向制造业强国转型、现代职业教育体系建设等一系列时代课题摆在我们面前，对职业教育课程提出了新的挑战。我国职业教育课程改革既取得了一定的成就，也面临着相应的难题。

---

① 李文静、周志刚：《德国职业学校教育质量保障：经验与借鉴》，载《中国职业技术教育》，2014(24)。

② 王梅、王英利、王世斌：《德国职业学校外部质量评价的内容与特点分析——以石勒苏益格-荷尔斯泰因州为例》，载《比较教育研究》，2013(12)。

一、职业教育课程改革取得的成就

(一)课程本质观的深化与突破

课程本质观是一切课程改革活动的根本逻辑，对职业教育课程本质的认识是在实践中逐渐丰富深化的。正如有学者所指出的，"目前，我国职业教育课程正处于两种课程模式转换的重要阶段，即从传统的以学科课程为主体的课程模式，转向以任务引领型课程(或项目课程)为主体的课程模式阶段"①。这实质上反映出我国职业教育课程本质观的一种变化和转型。目前，对于职业教育课程本质的认识日益深刻和多元，逐渐打破重理论、轻实践，重知识、轻技能的传统学科课程本质观，形成了"能力本位说""工作过程说""实践导向说"等观点，超越了过去单一的学科(学术)体系的本质观，将职业教育课程按照完成一项任务或者工作所需要的能力来描述，把职业教育课程视作一个职业岗位上的工作过程，突出职业教育课程的实践属性；在具体的课程操作领域，重视职业教育课程与行业、企业、职业和工作的密切联系，按照工作逻辑组织课程，将最新技术工艺融入课程，采取工作流程实施课程。这些充分体现出课程本质观的深化和突破。

(二)课程标准建设得到重视并逐步启动

近年来，我国逐渐认识到了课程标准建设在职业教育课程改革和实施中的重要意义。《中等职业教育改革创新行动计划(2010—2012年)》明确规定，开发专业核心课程教学大纲，根据新的专业教学指导方案，面向国家产业振兴、战略性新兴产业、现代农业、现代服务业和民族特色产业等，开发500个专业课程标准(大纲)。教育部官方数据显示，到2017年我国已制订230个中职专业教学标准和410个高职专业教学标准，9门中职公共基础课教学大纲、9门中职大类专业基础课教学大纲，70个职业学校专业(类)顶岗实习标准以及9个专业仪器设备装备规范，等等。地方层面，上海市不断推进中职专业教学标准建设，自2006年起逐步颁布了中职各专业教学标准，比如上海市教委于2013年印发本市中等职业学校第三批专业教学标准，涵盖工程测量专业等24个专业。再如，河南省在教育厅的组织安排下，由省工业科技学校牵头制定河南省中等职业学校汽车运用与维修专业课程标准的工作顺利完成，为全省中职学校开展汽车专业教学改革，提高汽车专业教学质量，培养现代新型汽车专业人才提供了重要依据。2014年5月，教育部办公厅公布了首批《中等职业学校专业教学标准(试行)》，目录涉及14个专业类的95个专业教学标准。作为开展专业教学的基本文件，它是明确培养目标和规格、组织实施教学、规范教学管理、加强专业建设、开发教材和学习资源的基本依据，将有助于指引推动中职课改。就高职来说，2012年教育部组织力量研究制定了《高等职业学校专业教学标准(试行)》，2016年教育部办公厅发布了关于做好《高等职业学校专业教学标准》修(制)订工作的通知，对于高职院校准确把握人才培养目标、科学制定人才培

---

① 徐国庆：《上海中等职业教育课程改革的理论框架》，载《教育发展研究》，2007(4A)。

养方案、设计课程体系具有重要意义。

(三)确立以就业为导向的综合职业能力课程目标取向

"以就业为导向"成为职业教育课程目标的落脚点和出发点。综合考虑学生需要、社会需要和职业需要,确立综合职业能力发展的课程目标取向,形成以"专业能力、方法能力和社会能力"为一体的能力目标结构,不仅培养学生的专业理论知识和专业操作技能,还特别强调学生就业岗位所要求的职业道德、合作精神、团队精神、环保意识、健康心理和文明举止等方面的素养。比如省域课改中,浙江省在2008年提出,要加快构建以"公共课程+核心课程+教学项目"类型为主的中职课程新模式,确立以核心技能培养为课程改革主旨、以核心课程开发为专业教材建设主体、以教学项目的设计为专业课程改革重点的改革思路。公共课程着眼于基础性、应用性和发展性,为后继专业课程教学服务,为学生终身发展服务;核心课程突出对实践能力和动手能力的培养,原则上每个专业确定五种左右核心技能,设置5~8门核心课程;教学项目努力为专业教学与岗位工作任务有效衔接服务,根据不同专业,每个专业设计70~100个的"教学项目"。这一课程新模式以促进学生岗位就业能力为本位。

(四)以工作过程为逻辑进行课程内容组织

职业教育课程内容的选择是立足于学科体系还是工作过程?职业教育课程内容的组织是立足于文本中心还是行动中心?目前,在课程内容的选择与组织上,跳出了学科体系的樊篱,而走向行动导向,以生产实践过程为逻辑主线,以实际工作过程为参照系,形成以实践行动为主导的课程内容体系,呈现出以工作知识、工作过程、技术知识、职业标准、职业知识、行业企业多种视角来确定与分析职业教育课程内容。特别是将德国学习领域课程引入,从企业的生产过程或实际工作岗位中提炼出典型工作任务,将其转化为具有学习价值的教学内容,形成工作过程导向的学习领域课程。比如对文化基础课程内容的改革,突出以就业为导向,努力实现文化基础课程为专业课程服务,有的中职学校烹饪专业将《语文》课程改造为《烹饪语文》,有的中职学校直接在原有《语文》课程中加入专业的元素,改为《应用语文》。此外,课程组织结构从传统单一的"三段式课程结构"发展为多元化的课程结构,如"宽基础活模块"课程结构、学习领域课程结构、阶梯课程结构。比如,有的学校以典型职业活动确定专业核心课程设置,按照企业工作过程设计课程体系,以工作任务整合理论和实践课程内容,构建了"公共基础课程+专业核心课程+拓展课程+顶岗实习"的课程体系。

(五)形成多元化的课程开发模式

一方面是继续引介国外先进课程开发理论,如引入德国工作过程课程开发模式;另一方面是不断探索本土的课程开发模式,如探索项目课程开发模式。正如有研究者对我国当前职业教育课程开发模式综述的那样,目前形成了基于学习理论导向的课程开发、基于综合能力的课程开发、基于工作过程导向的课程开发、基于实践导向的课程开发和基于工作任务的模块式课程开发模式。① 这些课程开发模式打破了"三段式"(文化基础课程、专业理论课程、专业实践课程)课程模式,注重理论与实践整合、工作与学习融合、行动与学术结合的发展思路,形成多元化的课程模式。这些模式的共同特点是:以职业岗位能力要求作为培养目标和评价标准,体现了"能力为中心"的指导思想;都不同程度地运用 DACUM 或类似的课程开发方法。

(六)出台相关课程政策推动课程质量提升

为推动课程改革、保障课程质量,国家和地方均出台了相关课程政策。国家层面,2002 年召开的全国职业教育工作会议和《国务院关于大力推进职业教育改革与发展的决定》明确提出:"积极推进课程和教材改革,开发和编写反映新知识、新技术、新工艺和新方法,具有职业教育特色的课程和教材。"2010 年,教育部出台的《中等职业教育改革创新行动计划(2010—2012 年)》再次明确,要推进中等职业学校课程改革,以提高学生综合职业能力和服务终身发展为目标,贴近岗位实际工作过程,对接职业标准,更新课程内容、调整课程结构、创新教学方式,构建适应经济社会变化发展要求的课程体系,促进学生全面发展。2010 年 3 月,成立全国中等职业教育教学改革创新指导委员会(简称全指委),推进教育部门与行业、企业教产合作,学校与企业一体化建设;推进中等职业教育教学改革创新,建立新的课程和教材体系。全指委成为中等职业教育专业课程体系建设的中坚力量。此外,还成立了中等职业学校专业教学标准制订工作领导小组和专家组。2011 年 1 月 12 日教育部批复了高等教育出版社《机械制图》《机械基础》《金属加工与实训》等 11 种机械类中职课程改革国家规划新教材的立项申请,推动了中职教材建设品质和质量的提升。地方层面,广州市 2008 年出台《关于进一步深化中等职业教育课程改革的意见》,就进一步深化中职课改提出意见。北京市 2009 年出台《关于进一步深化中职教育课程改革的意见》,特别强调课程改革的必要性,提出从课程结构、课程内容与实施、课程考核评价等方面深化课程改革。高职层面,2015 年教育部出台《高等职业教育创新发展行动计划(2015—2018 年)》,在任务中明确指出"学习和引进国际先进成熟适用的职业标准、专业课程、教材体系和数字化教育资源"。近年来开展的专业教学资源库建设,推动了课程改革。

二、职业教育课程改革面临的难题

职业教育课程改革取得了不少成就,但仍然面临一些亟待深入解决的难题。

(一)课程目标的内在价值亟须关注

21 世纪以来,我国大力开展产业结构调整、升级,推动产业从劳动密集型向技术密集型转变,从低端产品为主向高端产品为主转变。这种转变必然带来新的就业岗位、新的就业方向,也对劳动者提出了新的要求,企业的工种正由单一工种向复合工种转变,脑力劳动与体力劳动的界限越来越模糊。因此,迫切需要大批高素

---

① 李琼:《职业教育课程开发模式综述》,载《中国职业技术教育》,2009(22)。

质技能型实用人才，要求毕业生具备在某一个岗位就业的竞争力和适应职业变化的能力。这迫切需要关注职业教育课程目标的内在价值。虽然职业教育课程从过去仅仅关注专业知识突破到开始关注职业实践价值，但是这些仍然属于课程的外在价值，而对于人内在的职业情感、职业精神、职业态度、职业文化涵养等方面的价值有待深入关注。面对工作中所出现的"会操作、不会合作""有技术、缺涵养"等现象，实质上职业教育课程设计者面临着内在价值发展的挑战。当前，摆在职业教育课程面前的重要问题是，课程如何能够唤起学生的求知欲？如何能发展个人的智慧与创造力？如何使学生在从事职业的过程中完善自己的人格体现人生的价值？这实质上是在呼唤一种关注内在价值发展、走向人格本位的课程模式。

（二）课程内容滞后于生产技术

据笔者赴中高职学校调研了解到，很多学校的专业课程使用统编教材，虽然在日常教学过程中教师也增加了部分新内容，但整体上看来仍然存在课程内容陈旧、未能及时更新、难以适应科学技术飞速发展与社会的发展问题。笔者又赴企业了解到，毕业生在学校所学的课程内容滞后于企业生产实践的技术和知识。课程内容不能及时反映新技术、新工艺、新设备、新标准、新规范的变化，所学技能落后于市场需求。不少毕业生抱怨学校里所学的东西到社会上难以应用，或者学校所学的技术、工艺方法落后于企业生产线中所实际应用的，都反映出在一定范围和程度上存在职业教育课程内容滞后的现状。教材从编制、出版到使用有一个周期，这就决定了教材内容会滞后于专业技术的更新。因此，如何解决使课程内容得到及时和不断更新的问题，是一个亟须解决的难题。

（三）课程结构体系仍需不断优化

职业教育课程结构体系中诸门类课程之间关系仍需不断优化。一是课程整体结构体系能否满足人才培养的需求，这实质上是课程结构体系与人才培养目标定位的关系问题。二是文化基础课程与专业课程之间关系不大，学生对文化基础课程学习兴趣不足。三是理论课程与实践课程之间的关系问题，二者如何实现有机整合。四是校内课程学习与校外实习如何有机整合。五是课程结构体系如何能够体现出平面上的完整和协调，如何能够体现出动态的发展阶段性？即如何依据学生的认知规律和人才的职业成长规律，按照能力发展阶段来确认相应的典型工作任务，构建课程结构体系。总之，职业教育课程结构体系面临的难题：课程结构体系如何满足学生就业、升学和职业成长的需求？如何能够将文化基础、德育、职业基础、职业技能、职业拓展、素质拓展等多种性质的课程有机融合？如何将学科课程、技能训练课程、项目课程、综合实践课程等多种形态的课程有机统合？

（四）课程实施中的教师准备不足

尽管课程理念非常先进，课程开发也如火如荼地进行，但是课程实施的效果却不尽如人意，如课程实施方式单一，实际操作、练习、实验内容少；重理论轻实践、重教法轻学法、重讲解轻训练；教师教学方法形式单一、呆板，缺乏新颖性，忽视职业教育的实训和实践的特点，培养出来的学生动手能力不强。这些问题与课程实施中的教师准备不足有很大的关系。笔者曾调查研究发现，中职教师课程实施实践方面有待进一步将技术工艺生产属性融入，具体表现为：中职教师在课程实施中关注学生综合职业能力发展，但不了解新技术职业对人才素质的要求状况；在课程内容更新中，与企业生产实践对接的常态化不足；尝试使用新的教学方法，但是还不能轻车熟路。① 高职教师也存在这样的问题，相当一部分高职教师从普通大学或工业大学毕业，偏重学术，应用方面相对不足，对企业生产实践不熟悉。成功的课改是教师深度参与的过程，因此，如何提升职教教师的课程实施能力，是职业教育课改亟须解决的一个难题。

（五）行业企业参与课程的力量需要深度发挥

目前，国内学者已经意识到行业企业参与课程开发的重要意义，有些地方提出要形成行业企业参与的课程开发机制；依托行业企业研发适应新兴产业、新职业和新岗位的教材，支持开发更新性和延伸性的教辅资料。但是，目前绝大多数行业企业参与课程开发的积极性不高，行业企业参与课程开发的潜力没有得到深度发挥。即便是有些企业参与职业教育课程开发，拥有先进的技术信息，但由于企业人员缺乏必要的课程开发的理论与技能，也难以将企业的要求转化为符合学生学习规律的具体课程。于是，就形成了一方面企业对学校课程的适应性差而不满意，另一方面企业对学校的课程开发又无能为力的尴尬局面，使得行业企业参与职业教育课程开发的积极性不高，难以进行更深层次的课程开发方面的合作。如何深度发挥行业企业参与课程开发的力量，又是一大难题。

（六）对课程质量评价问题关注不够

职业教育课改中存在重视课程开发而轻视课程质量评价的现象。正如有学者批评："各职业院校都在搞新课程开发，但对课程如何评价没有通盘的考虑和安排，更没有对课程评价进行专门的组织和规划。整个课程开发过程缺乏一个对课程整体反思的环节。"② 课程评价不是仅仅对学生学习效果的评价，现实中人们往往将课程评价窄化为学生成绩评价，课程评价实质上是一种对课程本身的诊断。所开发的课程到底如何合理地评价？由谁来评价诊断？企业对课程的满意度如何？这些问题也尚未得到全面关注。"如何通过适切的课程评价随时诊断课程设计和实施中的问题，及时修正课程，从而保证职教课程改革顺利进行是当前职业教育的一项重要课题。"③

---

① 赵文平：《中职教师课程实施能力现状及培养策略研究》，载《广州职业教育论坛》，2013(5)。
② 袁丽英：《课程评价：职教课改中的重要环节》，载《职教论坛》，2010(12)。
③ 袁丽英：《职业教育课程评价要抓住三个关键》，载《中国教育报》，2009-10-12。

三、职业教育课程改革发展的趋势

(一)研制与国家职业标准相对接的课程标准

课程标准建设将会成为职业教育课程改革的一项长期工作。课程标准是课程建设的基础，对于课程开发团队和教师而言，标准可以为课程设计和开发提供基础；课程标准能够指导协助分析和评估当前课程和其他教学资源；课程标准作为课程整体规划建设的一个重要组成部分，作为评估教学方法过程和学生学习结果的依据。对于管理者来说，课程标准能够提供课程审查依据，能够作为调整和采用课程的依据，可以评估教学资源，可以指导制定地方课程标准和政策，以及评估相关项目。可见课程标准具有很重要的意义。当前实现职业教育课程与职业工作岗位的需求相适应，需要研制与国家职业标准相对接的课程标准。职业核心技能课程和专业必修课程属于国家确立的主导性稳定性课程，应由国家层面组织力量统一研制课程标准；对于具有行业特色、区域特色和学校特色的专业课程可以由行业、地方和学校组织力量，根据专业岗位、人才需求、职业资格等要求制定课程标准。课程标准研制的主体要多元化，不仅仅局限在学校教师和教育行政部门方面，还应将行业人员、企业技术人员、学生和课程专家等多方面力量纳入。

(二)走向全人格的中职课程目标

职业教育课程目标走向全人格本位，将知识、技能、情感态度等素养统一于健全职业人格之中。正如有研究者主张："当前中等职业教育课程改革的目标取向应以培养和提高学生的职业素养、促进学生富有个性地发展为基本目标。这里的职业素养是指一个人在职业方面的专业素养和一般素养的总和，包括一个人在职业认知、职业能力、职业适应、职业发展以及职业上的情感、态度、价值观等方面的素质和教养，它渗透在人的内在认知与外在行为中，涵盖人的知、情、意、行整个心理结构。"[①]就能力角度而言，职业教育课程目标也应是基于健全人格培养的多种能力。职业教育以某一技术或职业岗位(岗位群)的职业能力培养为目的，因此专业课程目标的开发应该根据国家职业标准的相应等级的能力要求准确定位，以某一岗位所需的理论知识和技术技能为依据，实施有针对性的人才培养。职业教育专业课程目标的开发也应该兼顾学生学习能力、社会适应能力、创业能力及情感、态度、价值观等多素质的融合发展。充分利用行业企业等社会资源和人才资源，积极推进校企合作，充分发挥行业企业专家和技术人员作用，使其全过程深度参与和具体指导对行业企业调研、工作任务与职业能力分析、课改方案制定、课程标准和项目教材开发以及课程实施与评价等工作。

(三)构建完整的课程结构体系

建立"以强化职业能力为目标"的职业教育课程结构体系，以职业能力培养为基础，把从业所需的知识、技能、情感、态度等要素有机地整合在一起，形成一种完

---

① 顾建军：《关于中等职业教育课程改革的若干思考》，载《教育与职业》，2005(35)。

整的立体式课程结构体系。因此，要基于综合职业能力培养的需要，既强调专业核心能力的培养，又注重关键能力的培养。课程内容应朝向整合化方向发展。一是体现为理论与实践的整合，如何将基本知识、单项技能和岗位生产技能整合起来，需要开发大量的综合实训课程。二是形成模块化、弹性化的课程体系，在整体上适应社会对技术技能人才规格多变的需求。三是职业人文素养教育贯穿于课程体系之中。例如目前形成一种依据职业发展阶段构建课程结构体系的趋势，如广州高级技工学校汽车运用与维修专业课程结构框架为职业认知阶段课程（主要为公共基础课程和专业基础课程）、职业培养阶段课程（主要为专业核心课程）、职业实践阶段课程（主要为拓展课程和顶岗实习）。再如某高职院校畜牧兽医专业以学生职业成长过程为主线建立课程体系，以职业成长过程为主线，分阶段实施课程体系，第一阶段为生产性课程学习，第二阶段为技术性课程学习，第三阶段为顶岗实习。

（四）优化课程实施条件

开发出来的课程如何得到有效落实？恐怕要进一步在实施层面做文章。课程实施的师资条件是否具备？课程实施的实训基地是否具备？课程实施的文化氛围是否具备？提升教师的课程实施能力，除要求教师具有较高水平的专业理论知识外，还必须具备较强的实践能力和丰富的生产实践知识及精湛的职业技能。因此需要有计划地派遣教师赴企业参加实践锻炼，及时了解掌握职业发展趋势和最新生产工艺。教学场所由传统的单一理论传授功能的专业学术教室，即讲授性、报告性的理论课堂，向多功能一体化的生产性教学基地，即兼有理论教学、小组讨论、实践操作的生产性教学基地转换。同时需要配备先进完整的相关教学资源，如企业相关资料、技术支持库、仿真模拟软件等资源的开发、建设。

（五）以校本课程开发深化专业课程特色

一些专业课程开设滞后于当前职业发展新动向；基础课程学术化倾向，与专业学习关系不大；本校专业课程与他校专业课程雷同，没有体现出本校的定位与特色；民族地区职业院校的专业课程学习如何为当地社会经济发展服务；等等。这些是职业院校校本课程必须面对和解决的问题，以校本课程开发深化专业课程特色、实现服务地方经济和社会发展。笔者根据调研，归纳出职业院校校本课程开发的四种策略。一是文化策略。以文化作为校本课程开发的抓手，如汽车文化与汽车专业校本课程开发，民族文化与民族工艺设计校本课程开发，海洋文化与海洋专业校本课程开发。比如绍兴某职校旅游专业以绍兴本土文化特色为依托开发旅游校本课程，将鲁迅文化、越文化、绍兴旅游地理知识等纳入教材。二是优势策略。重在发掘和利用学校的优势资源来开发校本课程，如名师、技能大师的教师优势；技能大赛获奖的竞赛优势。三是职业策略。依托职业标准，以职业发展新动态为突破口开发校本课程。从职业需求出发，针对现有课程的不足，开发满足职业需求的课程。四是服务策略。文化基础课程为专业学习服务，增强文化基础课程的适应性。

（六）形成完善的课程质量评价机制

职业教育课程质量如何保障、如何衡量评判，这实际上需要形成完善的课程质量评价机制。完善的职业教育课程质量标准体系对职业教育发展起到至关重要的作用，如澳大利亚形成了课程内容标准体系，课程设计、认证和注册标准体系，课程实施条件标准体系三个方面的职业教育课程质量标准体系①。形成完善的课程质量评价机制需要明确以下问题。一是评价主体的问题。职业教育课程不仅是职业院校的事情，还应是学校和企业及用人单位共同的事情。课程质量评价由行业来组织，如德国"双元制"学生的毕业生资格由德国工商协会统一认定。二是评价标准的问题。迫切需要制定职业院校课程质量评价标准。国外的经验是用行业标准衡量课程的合理性。这一标准不同于专业教学标准。三是评价内容问题。职业教育课程质量评价的内容应该是系统的、完整的，不局限于学生的学习评价，应包括课程目标的评价、课程内容的评价、课程实施的评价乃至课程效果的评价。

第三节　职业教育课程改革的方法论

　　任何一项活动的有效开展都是建立在一定的方法论基础之上的，因为方法论是一种作为人们认识世界、改造世界的方法的理论，是人们用什么样的方式、方法来观察事物和处理问题。纵观国内外职业教育课程改革的进展，我们可以归纳出职业教育课程改革的四种方法论。

一、职业教育课程改革的逻辑：基于学科到基于职业

　　逻辑是一种思维的规律和规则，它是对思维过程的抽象。"逻辑起点是指研究对象(任何一种思想、理论、学说、流派)中最简单、最一般的本质规定，构成研究对象最直接和最基本的单位。"②有学者认为："逻辑起点是一个理论的起始范畴，往往以起始概念的形式来表现。它必须具备以下四个要件：其一，有一个最基本、最简单的质之规定；其二，此逻辑起点是构成该理论的研究对象之基本单位；其三，其内涵贯穿于理论发展全过程；其四，其范畴有助于形成完整的科学理论体系。"③一个理论体系有其自身的逻辑或逻辑起点，那么一事物或一项活动也有其逻辑或逻辑起点，因为逻辑或逻辑起点是其存在、立足、运行和发展的原始支点和灵魂。职业教育课程改革也是有逻辑的，而且要讲逻辑，讲清楚它的逻辑，那么它的运行发展就是符合规律的、正确的。

　　对于职业教育课程改革，以什么为逻辑去进行推动？或者说，我们要从什么逻辑向什么逻辑转型？一直以来，职业教育课程按照学科的逻辑去开发与设计，导致

---

① 许露、庄亚明：《澳大利亚职业教育课程质量标准体系及启示》，载《职教论坛》，2011(12)。
② 翟昌民：《试论邓小平理论的逻辑起点》，载《天津师大学报》，2000(5)。
③ 吴鸿雅：《朱载堉新法密率的科学抽象和逻辑证明研究》，载《自然辩证法研究》，2004(10)。

了职业教育课程走向学问化的一端。当时职业教育课程改革是基于学科的逻辑来进行的，这种思路非常有利于在职业教育中进行系统的学科知识教育，有助于理论思维的形成。但是因为对于职业的元素缺乏考虑，导致学生不能很好地胜任职业工作岗位，所学习的内容与实际的职业工作岗位有一定的距离。这是源于人们对职业教育本质特性和职业教育课程的本质特性的认识有局限。因为基于学科逻辑，那时人们把职业教育理解为"学科教育"或"基于专业知识的专业教育"。后来人们逐渐认识到职业教育是一种基于"职业"的教育活动，职业教育课程的逻辑出发点是"职业"。比如，有研究者将职业能力作为职业教育课程的逻辑起点①。

　　把"职业"作为职业教育课程改革的逻辑，理由如下。职业有一定的规范性，既包含操作的规范性，也包括道德的规范性，这其实决定了职业教育课程要对学习者产生操作的规范性影响和道德的规范性影响，那么职业教育课程改革就在于实现职业教育课程的职业操作规范性和职业道德规范性。毫无疑问，职业成为职业教育课程改革的动力点和出发点。职业拥有一套属于自身的概念体系，诸如职业资格、职业工作岗位、职业工作中的典型工作任务、职业分析，等等。这些概念术语也是职业教育课程改革领域中的重要概念术语，规定了职业教育课程改革中的相关问题。比如职业资格作为对从事某一职业所必备的学识、技术和能力的基本要求，其实规定着职业教育课程的目标；职业工作岗位规定着职业教育专业课程群；典型工作任务规定着职业教育课程内容。所以，职业是规定着职业教育课程改革诸内容的逻辑。

　　把"职业"作为职业教育课程改革的逻辑，那么在职业教育课程改革中有一系列问题可以去研究和探索。首先，发挥好职业能力分析在职业教育课程开发中的作用，职业教育的专业课程开发应建立在专业未来所面向的职业工作任务描述及职业能力分析基础之上。在职业能力分析的基础之上进行对应职业特征的研究，科学全面分析职业的性质与要求，围绕职业能力分析所明确的服务定位来确定课程目标、课程内容、课程实施和课程评价等课程体系。其次，发挥好职业工作岗位中的典型工作任务在职业教育课程内容选择组织中的作用。典型工作任务（Professional tasks）是职业行动中的具体工作领域，也被称为职业行动领域，它是工作过程结构完整的综合性任务，反映了一个职业典型的工作内容和工作方式。确定和描述一个职业的典型工作任务，是职业教育课程内容选择组织的重要依据。一个典型工作任务一般可作为职业院校的一门专业课程，由一个或若干学习任务组成。最后，发挥好职业工作场所在职业教育课程实施中的作用。职业工作场所也是职业教育课程实施的重要场所，国际工作场所学习理论特别重视职业工作场所作为一种学习环境在实现工作和学习结合中的重要作用。工作场所学习强调工作场所作为培训学习的地点和位置，比其他地点更加便捷和真实，因为它能够直接提供真实的工具、条件和

---

① 陈鹏：《职业能力：职业教育课程的逻辑起点》，载《当代职业教育》，2015(11)。

环境。另外，工作场所学习不仅包含着学习所需的技能或能力，而且创造着适应未来工作的组织过程和文化。

二、职业教育课程改革的取向：单一取向到多元取向

价值取向是在主体需要与客体属性之间满足与被满足的相互作用关系中形成的一种价值导向，所以职业教育课程改革的价值取向是在诸种价值关系的处理中生成的。目前职业教育课程改革的价值取向呈现出多元综合的格局，打破过去秉持一端的单一取向格局。有研究者提出："职业教育的课程改革应该坚持以实践知识为本位而非书本知识为本位、以工作过程为本位而非课程考试为本位、以实践教学为本位而非课堂讲授为本位的价值取向。"[1]也有研究者提出，职业教育课程要定位于复杂职业能力的培养、突出实践性知识的主体地位、强化标准和规范[2]，也体现出了职业教育课程改革的多元综合取向。还有观点提出，当前我国职业教育课程改革形成了以职业实践为导向、以职业资格证书为导向和以综合职业能力为导向的三种取向路径。[3] 知识本位、能力本位、人格本位，甚至还有就业取向、职业精神取向，等等，实际上职业教育课程改革形成了多元取向。

在职业教育课程改革中，大家已经形成共识，单纯地以学科知识为本位的课程改革，或单纯地以就业为导向的课程改革，或单纯地以实践为取向的课程改革，都是不完美的课程改革，课程改革的价值取向必须多元综合，兼顾多方面。

在此，鉴于价值取向的复杂性，以复杂性思维来审视职业教育课程改革的具体微观价值取向。复杂性思维是在 20 世纪 80 年代逐渐兴起的研究自然科学与人文社会科学的一种新的方法论，它是对牛顿、笛卡尔以来的西方自然科学发展所表现出来的简单性思维方式的超越。简单性思维表现出分割化、专业化、有序性、因果预设性、理性化等基本特征，而复杂性思维表现出整体性、混沌性、非线性、自组织性等基本特征。以复杂性思维来指导，职业教育课程改革呈现出多元复杂的价值取向。

(一)职业教育课程目标改革的价值取向：走向统一性和多样性相结合

职业教育课程目标改革的价值取向需要处理好多方面的关系，确立多元价值取向。有学者认为："职业教育的课程目标应以学生的综合职业能力和人格培养为价值取向，既要满足学生职业技能、职业资格等外显化、行为化的要求，为学生职业生涯发展奠定基础，也要关注学生态度、人格和情感等方面的引导与提升。"[4]也有学者认为："职业教育课程目标的价值取向应多元整合，既要培养学生适应社会发

---

① 王川：《论职业教育课程改革的价值取向》，载《职业技术教育》，2015(28)。

② 徐国庆：《我国职业教育课程的核心价值取向：基于历史与文化的分析》，载《职业技术教育》，2012(4)。

③ 李晓军、刘智英：《职业教育课程改革取向透析》，载《职业技术教育》，2005(31)。

④ 胡彩霞：《论工作过程导向职业教育课程开发的取向》，载《江苏经贸职业技术学院学报》，2012(3)。

展的能力，又要关注学生的全面发展，增强学生可持续发展的能力，以满足社会经济发展与学生个体发展的需求。"①

复杂思想家埃德加·莫兰（Edgar Morin）认为世界是统一的、多样的，人类存在也是统一的、多样的。他指出，"未来的教育应该注意人类的统一性的概念并不消除人类的多样性的概念，而人类的多样性概念也并不消除人类的统一性的概念"②。因此，职业教育课程目标就是要培养个体具有社会发展要求的统一性和自身发展需求的独特多样性。具体来说，有以下三方面的革新。

一是课程目标价值取向上革新。一直以来，职业教育课程目标的价值取向有两种，即社会本位论和个人本位论。社会本位论就是突出社会对学生的发展期望和统一要求，过分强调社会价值而忽视学生自身的发展需求；个人本位论是突出学生自身发展的个性化和多样化需求，过分强调个人价值而忽视社会的统一期望。这两种取向均走向极端，即极端的社会统一性和极端的个体多样性，不利于社会的发展和人才的培养。莫兰的复杂思想给我们的启示是，在职业教育课程目标的价值取向上要坚持社会的统一性要求和学生的多样性发展需求相结合。学生的发展既有社会的一般性和统一性，又有学生之间的差异性和个性多样性。因此，职业教育课程目标既要参照社会对学生发展的统一性要求，也要关照学生个体发展的多样性和个性需求，建立体现岗位内涵的职业教育课程目标。

二是课程目标表述方式上革新。职业教育课程目标的表述方式有三种：行为目标、展开性目标和表现性目标。一般认为基础知识的学习和基本技能的训练比较适合用行为目标，培养学生解决问题的能力比较适合用展开性目标，学生态度和价值观等的培养适合表现性目标。三种目标各有适用的范围，它们是互相补充的。职业教育课程目标关照学生的多样性发展的统一，因此在表述方式上要秉持多种方式的统一，即将行为目标方式、展开性目标方式和表现性目标方式相结合，反映学生在知识与技能的获得、过程与方法的培养、情感态度与价值观的培养上全面发展。

三是课程目标具体内容上革新。职业教育课程目标不要仅局限在技术应用层面，还要关注技术创新的目标。以汽车制造专业为例，不仅培养学生的汽车制造能力，而且要升华到创新和研发汽车制造技术的目标水平。首先，谋求学生全面化、统一化发展。学生作为一个整体性的存在，要求学校在制定课程目标时注重全面完整统一。关注学生德、智、体、美、劳全面发展，使学生在知识与技能、思想观念、情感态度等诸方面得到发展。因此，国家统一的课程标准在课程目标的内容中对学生的知识与技能、过程与方法、情感态度与价值观的发展做出了统一的要求。其次，追求学生多样化、个性化发展。一方面，学生是多种因素共同作用发展而成

---

① 王小聪、郭岚：《市场经济背景下高等职业教育课程目标价值取向探析》，载《职教论坛》，2011(22)。

② ［法］埃德加·莫兰：《复杂性理论与教育问题》，陈一壮译，41 页，北京，北京大学出版社，2004。

的复杂人，这个复杂人是生物、社会、文化、经济、政治、心理等方面多样的存在，所以我们在规定课程目标的具体内容时要关注学生的多样化发展；另一方面，学生是个性的、差异性的存在，不同个体在身体、心理等诸方面存在差异，因此在课程目标的具体内容规定上要注意学生发展的个性化。

（二）职业教育课程内容改革的价值取向：走向统整融合

传统的职业教育课程在设置上受简单思维的影响，倾向于分科化和专业化，割裂了学科之间的有机联系，把一些本来属于统一生产过程的一系列程序环节的知识技能体系，人为地分割为一些互不联系的板块，不利于学生综合职业能力的发展。法国复杂性思维倡导者埃德加·莫兰曾指出，在 20 世纪的过程中，在学科的专业化的框架内，知识实现了巨大的进步。但是正是由于这个专业化经常打碎背景、总体性复杂性，这些进步是分散的、不相互连接的。由于这个问题，课程内容被过分专业化和分割化，内容之间缺乏应有的联系，导致科学和人文的分离，整体性、综合化的内容被还原为单个、部分知识点。这些问题客观上要求我们超越简单性思维，突破职业教育课程设置的过分专业化和分科化的局面。在复杂性思维看来，当前大部分学科服从还原的原则，追求超级抽象的专业化。还原原则把对一个整体的认识引导到对其部分的认识，仿佛一个整体性的组织并不产生相对于被孤立看待的部分的崭新的性质或属性。还原的原则导致把复杂的东西化归为简单的东西，遮蔽了随机性、新事物和创造性。职业教育课程的整体性被还原为各个彼此孤立的学科，有机整体的人类知识被分离的抽象知识点所代替。

复杂性思维倡导非还原论，就是强调不要孤立地看待构成事物的要素，不要把整体简单地还原为要素，不要割裂要素之间的彼此联系，更不能分割整体与部分的联系。因此，我们要把对于部分的认识和对于整体的认识联系起来。正如法国学者帕斯卡（Pascal）所说，"我认为不认识整体就不可能认识部分，同样的不特别的认识各个部分也不可能认识整体"①。部分存在于整体之中，整体也被纳入部分之中；部分是整体的一部分，整体本身也存在于部分之中。复杂性思维同时认为，世界既是统一的，又是多样的。世界上的万事万物是复杂多变的，其决定因素也是多种多样的。以人类的存在而言，是统一的也是多样的，多样性并不消除统一性，统一性也不排斥多样性。理解人类，就是理解它在多样性中的统一性、它在统一性中的多样性，应该认识多中之一、一中之多。人类存在的统一性和多样性表现在：（1）在个人领域，存在遗传的统一性和多样性，任何个体身上都通过遗传蕴含着人的族类的统一性，同时又通过遗传变异而生成他自己的独特性而表现出多样性；还存在个体大脑、精神、心理、感情、理智、主观等方面的统一性和多样性：任何人类存在在他身上都携带着在大脑方面、精神方面、心理方面、感情方面、理智方面、主观方面的基本的共同点，同时又存在诸方面的独特性。（2）在社会领域，存在语言、

---

① ［法］埃德加·莫兰：《复杂性理论与教育问题》，陈一壮译，26 页，北京，北京大学出版社，2004。

社会组织和文化的统一性和多样性。具体到文化的统一性和多样性上，存在多元文化中的一般文化，而且一般文化只是通过多元文化而存在。总之，要以统一性和多样性结合的复杂性思维审视客观复杂事物，既要看到事物存在的统一性或一般性，也要看到事物存在的多样性和独特性。

基于以上复杂性思维的基本主张，作为推动学生综合职业能力发展的职业教育课程是一个整体，多种学科的职业教育课程知识之间有着天然的密切联系。职业教育课程的设置不应局限于学科的过分专业化、分割化，而应坚持整体性、融合性的原则，多方面职业教育课程内容有机整合，建立学科知识之间的有机联系。首先，注重学科之间和学科内部的联系，各学科之间往往有相互关联的内容和知识点，职业教育课程内容的组织上就要注意一个知识点或活动内容中的多学科之间的联系，有利于培养学生解决问题的综合能力。在职业教育课程内容的组织上坚持多样化原则，要根据学生的学习需要组织符合学生发展的多样化职业教育课程内容，既可以按照逻辑组织也可以按照心理组织，既可以横向组织也可以纵向组织，既可以直线式组织也可以螺旋式组织，等等，改变过去那种单一的按照学科知识发展的逻辑组织的方式。其次，加强自然科学、社会科学和人文科学之间的联系，使科学教育与人文教育走向融合，科学化、知识化的职业教育课程内容中要融入人文化的精神和教育。最后，突破过去那种知识本位的职业教育课程内容观而倡导选择多样化的职业教育课程内容，学科知识是职业教育课程内容，生活经验也是职业教育课程内容，学习活动也是职业教育课程内容，职业教育课程内容是多样化的。

(三)职业教育课程实施改革的价值取向：走向有序预设与无序生成的交融

长期以来，受简单化思维的影响，职业教育课程实施陷入一种机械化、静态化的困境。具体表现在：职业教育课程就是制定好的固定化的学程、教科书、职业教育课程计划等内容；职业教育课程知识就是由职业教育课程专家在课堂之外预设的客观知识；教师是职业教育课程的消费者，是一个职业教育课程计划的被动执行者；职业教育课程计划是预先制订好的、不可更改的程序；职业教育课程实施就是将职业教育课程计划原模原样地付诸实践的过程，是教师直线式地执行职业教育课程计划的过程。职业教育课程实施中各主体参与度不高，表现在学生、企业、社会等主体没有充分参与进来，即使其他的主体参与了职业教育课程实施，但是他们在参与中并没拥有多少权力去调整职业教育课程计划和实施策略。职业教育课程实施中各主体缺乏参与、对话与合作。这些都不利于职业教育课程的有效开展和学生健康地发展。在莫兰看来，复杂事物是有序性和无序性的交融，那么职业教育课程实施也是有序性和无序性的交融，课程实施既是一个有序的、可预设的、充满内在规律的线性发展过程，又是一个无序的、难以预设的、充满不确定性的非线性发展过程。职业教育课程实施表现出有序预设与无序生成相交融的特点：(1)在课程实施本质上。职业教育课程实施不再是完全有序性指导下的直线式执行课程计划的程序，也不是完全无序性指导下的脱离课程目标而随机生成的非线性过程，而是一个有序性和无序性融合下的预设与生成、线性与非线性、静态与动态、确定与随机相融合的发展过程。职业教育课程实施是按照预设课程计划展开的，但是在过程中教师和学生会根据工作情境的特殊性及工作过程的整体性需要对原有课程方案进行调整，实际上课程实施是基于教育经验和教育情境而超越课程计划、创生课程知识的过程。职业教育课程实施是一个有序预设与无序生成交互作用的过程。(2)在课程实施的取向上。充满复杂性的课程实施既需要受有序性思想指导的忠实取向，也需要受无序性思想指导的创生取向，也需要介于二者之间的相互适应取向。客观地讲，它们三者各有其存在的价值，各有局限性，三种取向相互补充，相得益彰，走向融合，共同促使课程实施有效进行。(3)在具体的课程实施过程中要善于运用策略。由于世界是有序性与无序性的交融，莫兰提出我们对待复杂事物的方式应当是应用"策略"优于应用"程序"。程序是一种简单地按照预先确定的计划的行动，它只能在包含很少或没有随机性和无序性的环境中付诸实施，程序在面对意外或危险的时候只能中止很难改变。而策略则是依据既有确定性又有随机性、不确定性的环境的条件而建立的，策略可以根据在执行中途的意外或随机而改变预定的方案，甚至创造新的方案。"策略可以利用随机事件，比如拿破仑在奥斯特里茨战役中利用了天下大雾的机会"①，策略具有较强的适应性。职业教育课程实施既需要突破预设程序，也需要改变脱离课程目标的盲目生成，倡导根据具体的工作和教育情境灵活地采取策略调整课程计划或实施程序，使课程实施顺利开展下去。

(四)职业教育课程评价改革的价值取向：走向多样化

简单性思维指导下的职业教育课程评价是一种单一化、标准化、封闭化的评价，单一化、标准化和封闭化主要是指课程评价过程中忽视学生的差异性和发展的多样性而用单一的方式和统一的标准对其做出价值判断；封闭化是指课程评价忽视了基于工作过程的复杂教育情境中的不稳定性、随机性、难以预测性因素，把课程评价看作一种有序、可预测的活动，反映出一种简单因果的线性评价关系。在埃德加·莫兰的复杂思想看来，职业教育课程评价是一种充满多元化的复杂活动，也是一项开放的价值判断活动。职业教育课程评价多样化的走向表现在：(1)评价标准多样化。学校专业发展的差异、学生发展的个性差异化、复杂的职业活动情境决定了评价标准的多样化，要根据个性差异制定标准，评价不在于贴标签而在于促发展，课程评价不再是沿革简单思想下的统一化标准。(2)评价主体多元化。教师、学生、企业等群体都应该成为课程评价的主体，每一群体只代表其自身的某一方面的利益，而课程评价是一个多方面的利益互动过程，课程评价主体走向多元化是复杂思想的必然要求。因此要将用人单位(企业)纳入课程评价体系之中。在传统的"教师—学生"二元评价结构的基础之上引入"教师—学生—企业"三元评价结构，以期学生在接受职业教育过程中可以有效地将理论与实践相结合。(3)评价方式的多

---

① ［法］埃德加·莫兰：《复杂思想：自觉的科学》，陈一壮译，175 页，北京，北京大学出版社，2001。

样化，定量评价和定性评价相结合，自评和他评相结合，过程评价与结果评价相结合，只有多元化的评价方式才能满足课程系统内诸要素的复杂多样性和差异性发展需求。(4)评价内容的多样化。简单性思维下的课程评价把对课程的价值判断简化还原为对学生可以量化的学习成绩的考核，而对学生的情感、态度和价值观之类的难以量化的东西关注很少甚至不做任何评价，对其他的课程参与者，对课程目标、课程内容、课程实施等方面的评价缺乏，这样必然导致评价的片面性。复杂思想指导下的课程评价内容包括整个课程过程、所有课程参与者，其中对学生的评价包括学业成绩、职业技能、道德品质、情感态度等多方面。课程评价的开放走向就是要改变评价活动局限在确定性、有序性的情境中，而要关注工作过程课程中的突发性随机性教育事件；课程评价不在控制和预设的范围之内，而在一个有序性与无序性、确定性与随机性、预设性与生成性的职业工作过程中展开；课程评价不仅关注学生在封闭式试卷中的考试成绩，而且也要关注学生和教师在复杂的职业活动情境中的外在行为表现；走向开放的课程评价突破片面追求效率的取向，而以学生综合职业能力发展为目的。

三、职业教育课程改革的内容：关系分化到关系整合

当前，社会经济发展对人才素质的综合化要求越来越高，传统意义上孤立的知识点或知识领域日益联系密切而且形成不可分割的体系，企业生产中对协同跨界合作的技术能力要求不断加大，职业教育人才培养中出现了课程交叉重复、课程衔接不畅、课程逻辑关系不清等困惑，这些现实对职业教育人才培养工作中的课程体系提出新的要求，那就是要走向课程整合，处理好诸类课程之间的关系，整合知识技能，实现整体育人功能，培养学生的综合素质能力。另外，从结构—功能的角度讲，职业教育课程是一个由多个课程要素构成的课程系统，系统的结构要素会决定其功能，所以课程的关系处理是否妥当、课程系统要素的结构是否优化，将关系学校课程育人功能的实现，而课程整合实质上是一种对课程系统要素的结构优化。因此，课程整合是实现职业教育课程育人功能的一个重要课题。课程整合有助于协调处理好课程内部诸要素的关系，有助于协调处理好课程与外部社会生产的关系，有助于优化课程整体功能，有助于培养出符合社会需求的人才。课程整合也称课程统整，其本意是为学生提供整体连贯的、有机联系的学习经验而达到完整的"人"。课程整合不能简单地等同于内容之相加，课程整合也不能简单地等同于课程综合化，课程整合在于通过课程系统的深层次关系整合而优化课程整体功能。课程整合在于发挥课程系统的整体育人功能，对于职业教育的课程整合问题，应该从目标、内容、实施和评价等方面来讨论。

(一)课程目标整合——综合职业能力内在要素的整合

课程整合要实现内容形式的整合，首先要依托目标导向的整合，课程目标整合是实现课程整合的先导。所谓课程目标整合，就是指在构成课程目标的诸要素层面上有机整体融合，换句话说，课程目标是完整的。不论是专业人才培养方案这一层

面，还是具体某一门课程的目标定位层面，还是具体到一堂课的层面，均要全方位考虑课程目标的完整性。如下两个人才招聘的案例能够充分说明，人才培养目标定位既要考虑硬件的职业技能，也要考虑软件的职业道德、规范等职业文化素养。丰田汽车物流运营助理职位要求：①应届毕业生（本科学历或以上），具备1至2年汽车、物流行业相关工作经验者优先；②日语一级（听说读写能力俱佳）且英语四级；③熟练使用办公软件（Word、Excel、PPT等）；④具备良好的沟通、团队合作能力，责任感强，踏实肯干。戴尔DELL招聘高级技术销售代表要求：①大学本科学历或以上，5年以上IT领域相关工作经验；②至少2年以上售前技术支持相关工作经验；③丰富的服务器和存储知识（包括光纤磁盘柜、磁带备份、SAN、NAS和集群系统）；④良好的电话沟通技巧和销售能力；⑤能够在充满压力的环境中工作、快速学习并完成季度指标。按照国际上公认的德国综合职业能力观点和我国目前课程改革中的三维目标理论，我们可以将职业院校课程目标定位在专业能力、方法能力与社会能力的整合，或者知识与技能、过程与方法、情感态度与价值观这三维的整合。需要说明的是，综合职业能力或三维目标是一个目标，而综合职业能力所包含的专业能力、方法能力和社会能力是综合职业能力目标下的三个维度，这三个维度不应该是分割独立的，而应该是整合在一起的，如果只关注或达成了其中的一个或两个维度，而没有其他的维度，说明没有实现课程目标的整合。三维目标中的知识与技能、过程与方法、情感态度与价值观同样如此，知识与技能背后有情感态度与价值观，知识与技能是在过程与方法的维度中渗透，三个维度相互联系作用，共同构成整合的目标。

（二）课程内容整合——处理诸种课程门类之间的关系

课程内容的整合是实现课程整合的载体，也就是说，依托什么来整合，关键是依托内容来整合。职业教育课程内容整合涉及宏观、中观、微观三个层面。

课程内容的宏观层面整合是指学校内的课程与学校外的社会经济发展之间的联系，特别是关注学校所开设课程与企业生产是否对接。其实质是强调课程要符合职业成长的规律和工作过程的规律，如课程整合就会以基于一定逻辑的课程顺序来呈现。此时，职业院校课程内容结构要帮助学生从较低职业发展阶段有序、有效地进入更高的发展阶段，要设计符合职业成长逻辑规律的课程内容结构。德莱福斯等学者提出了职业能力发展的五阶段理论，认为职业成长要经历新手阶段、有经验的初学者阶段、内行的行动者阶段、熟练的专业人员阶段、专家阶段①，五个阶段需要四个步骤的课程做支撑，分别是定向和概括性知识内容、关联性知识内容、细节与功能性知识内容、基于经验的专业系统的深入知识内容。据此，有的学校设计了由单一简单到综合复杂的四个学习任务的课程，基于封闭型学习任务的机械产品的拆

---

① Stuart E. Dreyfus and Hubert L. Dreyfus（February 1980），"A Five-Stage Model of the Mental Activities Involved in Directed Skill Acquisition"（PDF），Washington，DC：Storming Media，Retrieved June 13，2010.

装与原理、基于半封闭型学习任务的零件的机械加工、基于开放型学习任务的机械产品的工艺编制与机械加工、基于开放创新型学习任务的机械产品设计与制造。通过完成渐次复杂的工作任务，学生不仅强化了专业能力，而且学生的团队合作、沟通等社会能力不断增强，分析能力、获取信息能力、解决问题的策略等方法能力得以提升。总之，课程内容的宏观层面整合旨在解决学校内部的课程与学校外部的社会有机对接整合的问题，解决好内部与外部、提供产品与满足需求、学校教育与社会生产等的整合问题。

课程内容的中观层面整合是指一个专业内部各门类课程之间的整合，诸如文化基础课程与专业课程整合、职业技能课程与职业文化课程整合、理论课程与实践课程整合、专业课程之间的整合。课程整合是一种超越学科界限的课程设计，比恩（James A. Beane）认为，"课程统整是一种课程设计，是在不受制于学科界限的情况下，由教育者和年轻人合作认定重要的问题和议题，进而环绕着这些主题来形成课程组织，以增强人和社会整合的可能性"[①]。

关于文化基础课程与专业课程整合的问题，要明确文化基础课程与专业课程的关系，二者之间不是服务与被服务的关系，不是奠基与被奠基的关系，不是两张皮，要明确它们是在个体发展中有机的功能要素，能够互相渗透，如某校的语文课给学生补充阅读《技术工人也是人才》《上中职没出息吗？》《从中职生到农民技术员》《中职生也能擎大梁》等。有的学校针对建筑专业，语文课上补充《我国古代的几种建筑》等文章，增强了学生的兴趣。有的学校干脆将语文课改为专业文书设计，将数学课改为电工数学、机械数学等，实现文化基础课程与专业课程的整合。

关于职业技能课程与职业文化课程整合，主要指向传统上只重视技能课程或实训课程，而忽视了面向职业精神、道德规范、技术文化的职业文化类课程。这一问题的解决需要利用好校本课程开发，如汽车文化与汽车专业校本课程开发、民族文化与民族工艺设计校本课程开发、海洋文化与海洋专业校本课程开发。

关于理论课程与实践课程整合，主要解决传统上理论课程与实训课程两张皮的问题，要将二者整合起来，达到一体。学习领域、项目都是理论课程与实践课程整合的载体。以项目来说，其标准包括：该工作过程用于学习一定的教学内容，具有一定的应用价值；能将某一教学课题的理论知识和实践技能结合起来；与企业实际生产过程或现实商业经营管理活动有直接的关系；学生有独立制订计划并实施的机会，在一定时间范围内可以自行组织、安排自己的学习行为；有明确而具体的成果展示；有一定的学生自己能够克服处理的困难和问题。这是一种能够很好地将理论与实践整合的载体。

关于几门专业课程之间的整合问题，可以采取课程兼并和课程合并的办法。课程兼并是课程整合的一种常用形式，是指在多个专业基础课中，可根据企业需要和

---

① James A. Beane, "Introduction: What Is a Coherent Curriculum?" In James A. Beane (Ed.), *Toward a Coherent Curriculum* (1995 ASCD Yearbook), 1995, p. 1.

教学需要，选择一门核心基础课程为主体，在此基础上吸收其他课程的相关内容，重新整合设计新的课程知识体系。课程合并是指根据企业生产需要和教学需要，将多门课程内容重新组合，打破原有的学科知识体系，构建出一门符合企业生产实际岗位方向的新课程。

课程内容的微观层面整合是指一门课程内部内容上整合的问题。比如，某中等职业学校市场营销专业《推销实务》教材目录，第一章推销与推销职业，第二章推销员职业素养，第三章推销准备，第四章推销接近，第五章推销洽谈，第六章处理顾客异议，第七章推销成交，第八章推销售后跟踪与管理，这样一门课程内容是以工作的流程来整合的。

总之，不管是在哪个层面的课程整合问题，都需要一个灵魂或一条线，将零散的琐碎的材料以某一逻辑将其串连起来，形成有机的整体。

（三）课程实施整合——创设整合的课程实施条件环境

课程实施整合是课程整合的实践条件。职业教育课程实施整合关键是落实几个合一：能力培养与工作岗位对接合一、理论教学与实践教学融通合一、实习实训与顶岗工作学做合一。具体表现在以下几个方面。

首先是知行关系问题。知行关系问题是课程实施中的一个根本性理论问题。对二者的关系到底持什么样的立场，会关系课程的落实。知行关系有多种形态，先知后行、先行后知、知行并行、知行合一，不同的形态会有相应的适合场域并产生不同的效果。先知后行适合应用层面的问题，先行后知适合归纳层面的问题，知行并行适合于接受层面的问题，而知行合一适合建构层面的问题。现实中往往会出现有知但不会行、能行但是缺乏知的指引的问题，知行合一上需要下功夫。陶行知曾指出，"行是知之始，知是行之成"。这在一定程度上说明了二者合一的关系。所以，课程实施整合首先要在知行关系上解决二者合一的问题。

其次是工作与学习一体。打通学校场域与工作场所的围墙，将工作场所与学校课程整合。实现教室像车间、学校像工厂、学生像工人、学习像工作。比如温州职业技术学院多层次的实践教学体系通过分层次推进工作学习的一体化，第一层次主要在学校建的实训室以学中做的形式开展单一技能训练——知识学习和技能训练，第二层次在企业建的校内生产性实训基地里以做中学的形式开展综合技能训练——生产实训和定岗能力，第三层次以技术开发和毕业设计为依托进行创新意识培养——综合实践和应用能力。

再次是感受到完整的工作过程是一种落实课程整合的课程实施策略。也就是说，在具体的课程实施中，为学习者提供完整的工作过程，为学习者搭建感受完整的工作过程的平台，以此实现课程实施的整合。职业院校课程是从工作这一逻辑点中引导过来的，而不是从学科逻辑推演过来的。基于工作过程的典型工作任务构建课程、落实课程有助于推动课程整合的实现。

最后是教师的课程整合能力发展。课程整合不仅是指专业学科知识的整合，还意味着课程内容与学生经验的整合或课程内容与职业院校学生学习特点整合、学校课程与社会生活的整合或学校课程与企业生产过程的整合。课程发展实质是教师的发展，课程实施离不开教师的相应能力，课程整合的落实要求教师具备课程实施整合的能力。"一是需要教师确立全面整合的课程目标观。全面整合的课程目标观是指工作过程课程对于学生的发展价值不仅仅体现在知识方面，还应有渗透在知识、工作过程中的技术与人文、艺术与美感、道德与文化等内容。二是需要教师在课程设计中处理好学术理论知识与工作实践经验的关系。工作过程课程不是仅以某一学科的内在逻辑为出发点来设计课程，而是需要多种学科知识、多种类型知识的相互交叉、融汇的有机体，强调的是知识的联系性和整合性。三是需要教师在课程实施中做到课堂理论讲授与工作场所实践经验指导的整合。四是在课程开发中需要教师将最新的工艺流程和技术信息整合到课程之中，实质上是能够更新课程内容，将工作过程中的新技术、新工艺整合到课程中。"①

（四）课程评价整合——以表现性评价保障整合性功能

能否真正实现课程整合，这要看评价导向的指挥棒怎么指挥。课程评价是否做好工作，关系课程整合功能实现与否。目前，我们需要能够兼顾过程与结果的评价，表现性评价就是一种能够保障整合性功能实现的有效手段。表现性评价是根据课程目标和内容，在真实情境中设置真实的任务，对学生完成任务的过程及其成果进行系统完整的评价，包括表现性任务和对表现的评价，它有别于传统的纸笔测验评价，能够对学生整体能力行为进行评价。首先，表现性评价强调在完成实际任务的过程中来评价学生的发展，既要看学生知识和技能的掌握情况，也要通过对学生完成任务过程中的表现进行观察分析，来评价学生的创新能力、实践能力、合作能力以及情感态度和价值观等方面的发展。这是一项全面的、整体的评价，能够全面考察学生的素质，能够引导课程在开发设计和实施方面朝着整合性的方向发展。其次，表现性评价能够兼顾过程和结果，重在过程中看表现，以成果或作品取代传统上的试卷分数结果，尤其是在完成任务的过程中能够将理论与实践、技能与文化、能力与态度等方面整合起来。再次，表现性评价是渗透和整合在整个课程实施的过程之中的，而不像传统的评价那样只在学期结束时才会出现，表现性评价牢固地镶嵌在课程之中，不能与课程教学区分，这本身体现出课程评价与课程本身之间的整合关系，课程评价不是课程结束后的活动，而是在课程运作过程之中，渗透在课程运作之中。最后，表现性评价不在于为学生下定性的结论，而在于为学生的发展提出诊断性的建设性的意见和建议，能够充分发挥评价的教育功能，此时，评价本身就是一项教育活动。

四、职业教育课程改革的策略：自上而下到自下而上

从传统的关注"政策驱使、官方命令、下级执行"自上而下的策略，转换为要关

---

① 赵文平：《工作过程导向课程实施中教师的角色定位》，载《职业技术教育》，2013（1）。

注"主动探索、民间智慧、以点带面"自下而上的策略，充分发挥教师在课程改革中的主体性。在此，笔者强调课程改革策略上要关注课程改革中的教师问题。

（一）为什么要关注职业教育课程改革中的教师问题

国际世纪教育委员会主席雅克·德洛尔认为"没有教师的协助及其积极参与，任何改革都不能成功"。教师的参与促进课程改革，是课程改革成功的重要保障，无论是什么课程，最终的实施者必然是教师。教师是课程的最直接的实施主体，教师是否具备课程意识、能力等方面的要求？这是一个关乎课程实施质量和实施效果的问题。目前，在职业教育课程改革中，理论界和实务工作者已开始关注到职教教师的课程开发能力问题，比如一些代表性的文献：《中职教师校本课程开发能力的培养研究》《中职教师校本课程开发能力调研与反思》《高职院校"双师型"教师课程开发能力培养研究的现状与展望》《高职教师校本课程开发能力构建研究》《典型国家职教教师课程开发能力培养的经验与借鉴》和《国际合作开创高职师资队伍建设新途径——中德联手进行教师课程开发能力培训的尝试》。也有一部分文献开始关注职业教育教师的课程实施能力，比如《高职教师课程实施能力与发展机制构建研究》《工作过程导向的职业院校教师课程实施能力》《高职教师课程实施能力发展的研究》等。一方面说明目前学界开始关注职业教育中的教师课程开发能力和实施能力问题；另一方面也说明这方面的研究成果仍然不足，职业教育课程开发中的教师其他方面的问题缺乏关注。

从目前职业教育课程研究的整体现状来看，偏重于对职业教育课程开发和设计问题，而对课程开发和改革中的教师问题研究则少之又少。当前工作过程课程开发、项目课程开发、能力本位课程开发、一体化课程开发等开展得如火如荼，但是这些课程开发中如何发挥教师的作用？这些课程的落实中教师们是否已经准备好？需要教师具备什么样的能力和素质？这些问题亟待关注。而对于职业教育教师方面的研究，多数关注的是其业务素质、职业道德、专业发展、培训、队伍建设等问题，而没有从课程的视角探讨其在课程开发活动中的角色、观念和能力等问题。

国外在职业教育课程开发模式方面形成了丰硕的成果，如"双元制"课程开发模式、CBE课程开发模式、MES课程开发模式、人格本位课程开发模式等，但是对于这些课程开发中教师所扮演的角色和发挥的作用，似乎也缺乏关注，尤其是教师将这些课程落实在具体的实践中时，尚未关注如何进行二次开发。国外在职业教育教师专业发展、师资培养、教师能力标准等方面形成了丰富的研究成果。比如美、澳、欧盟等国家与地区出台了职业教育教师专业能力标准，推动了职业教育教师的专业化发展，为职教教师整体专业能力奠定了框架。但是具体到课程方面，还未深入专门探讨职教教师应具备什么样的课程能力。

通过国内外研究现状分析，目前在理论和实践中人们均认识到了教师在课程改革中的主体作用，但是教师课程改革的主体作用却发挥不够。职业教育课程改革中的教师问题是一个研究空白点，有待专门进行探讨。关注职业教育课程改革中的教师问题，具有重要的现实意义和理论价值。

一是现实意义。如果没有教师的有效参与，任何课程改革方案都难以取得预期的效果，教师课程开发的有效程度与其自身课程能力密切相关，研究职业教育教师课程开发能力具有重要的实践价值。首先，通过探讨职业教育教师与课程之间的关系，可以明确职业教育教师在其课程开发中的角色和定位，有助于在办学实践中认识到教师课程开发能力的重要性。其次，把握职业教育教师课程开发能力发展现状，为培养和提升职业教育教师课程开发能力提供现实依据。最后，可以通过构建职业教育教师课程开发能力标准，为职业教育教师课程开发能力的培养提供标准范型，进而为职业教师教育改革和课程改革提供政策依据。

二是理论价值。教师是课程的主体之一，职业教育课程改革与实施对职业教育教师有着特殊的要求，集中表现在其课程能力上。首先，从学理上澄清职业教育教师课程能力的表现形态、结构和发展模式等问题，丰富了职业教育课程和职业教育教师的理论成果。其次，从课程创生的视角关注职业教育教师的课程问题，实质上肯定了教师在课程实施中的主体性和创造性，是对原有忠实取向课程实施观的超越。最后，在研究方法论上，坚持读懂变革性实践，坚持理论创新，将理论与实践相结合，力图超越单纯的理论思辨和单纯的经验描述，是对职业教育课程研究方法论的超越和发展。

（二）如何理解职业教育课程改革中的教师问题

课程是一个系统工程，包含着课程目标、课程内容、课程实施和课程评价等要素，每一方面的课程运作都需要教师全方位的参与。职业教育教师在课程运作中的活动实质上是基于教师自身的主体性和创造性，以教师自身的教育教学经验、生产实践经验为依托，对课程目标、内容、结构体系、评价等方面进行设计的一种活动。一方面，教师能够开发和利用现有的课程资源，为开展课程活动提供保障。职业教育课程改革要求教师打破唯学术学科体系的课程资源观，教师要充分利用行业企业、自然、社会、生活等方面资源开发出符合学生需求的课程。另一方面，当已有的课程内容或课程方案不能适合学校的教育现状和学生的身心发展特点时，教师要能够及时通过更换、补充、删减、整合等方式开发出新的个性化的课程，以符合学生的发展需求。职业教育课程中的教师问题是一个复杂的问题，涉及多角度多层面的问题。

第一，从职业教育课程与教师的关系问题来看，涉及教师与课程之间的关系、教师对课程的影响等问题。首先，教师与课程的内在关系问题。关注职业教育课程中的教师问题实质上是关注教师与课程之间的关系转变。传统的观点认为，在课程面前，教师可以做的就是实施课程，按照课程计划按部就班、原封不动地将教材传递给学生。也就是说，教师在课程之外，教师是课程的被动执行者。目前我们强调另一种观点，教师是课程的主体，教师可以将正式课程领悟到自己的头脑中，根据教育情境和学生需求，按照自己的意图创造性地实施课程。教师不是课程的被动执行者，教师是课程的创造者，教师是课程开发的主体。其次，教师对于课程活动的影响问题。比如，教师的课程实施取向会对课程实施效果产生影响，教师在忠实的课程实施取向下，往往在课程开发面前处于被动状态，只会服从已有的文本，不会根据情境做二次课程开发；而教师缔造取向的课程实施中，教师往往会大胆地进行二次开发，满足学生和情境的需要。教师的课程决策也会对课程开发产生影响，在课程实施过程中，教师不是一个被动的执行者，而是一个主动的决策者，他们要面对许多与课程有关的问题，需要依据不同的情况随时做出相应的专业判断。教师在教学中拥有一定的自主权，对待这种自主权，有的教师会采取开放式的态度，关注改革的进程，愿意投身改革，乐意接受新课程、新方法，拥有对改革的知觉和信念。还有的教师则采取封闭式的态度，不愿观察别人的教学，不愿被别人观察，不愿影响别人的教学，也不愿自己的教学被影响。对课程改革缺乏关注，不愿意投入，也不易接受新的理念和方法，具有明显的惰性。

第二，从教师自身在课程活动中的角色、行为或素质的角度来看，涉及教师角色定位、教师课程能力、教师课程权力等问题。首先，职业教育课程开发与实施中的教师角色问题。比如，"工作过程导向课程的实施对职业院校教师提出新的角色要求，基于工作过程的完整性，要求职业院校教师具备课程整合角色；基于工作过程的职业性，要求职业院校教师具备职业文化传播角色；基于工作过程的生成性，要求职业院校教师具备课程创生角色"①。工作过程课程导向的职业院校教师课程角色的转换实质上是一种课程观转变和一种教师观革新。职业教育课程不是学科化的知识、工具性的技能和预订的计划，而是动态化的过程、职业性的文化和创生性的经验。这时，职业院校教师不是教书匠、知识的化身和机械执行者，而是工作过程的整合者、职业文化的传播者和课程的创造者。其次，职业教育课程活动中的教师课程能力问题。职业教育教师课程开发能力是职业教育教师在其课程开发中所表现出来的综合素质，其不仅表现为教师的教学能力，还应包括教师对课程的认识、实践、创生和反思评价能力。对于职业教育教师课程开发能力内涵的理解，我们可以从多角度、多层面展开。从课程开发内容和流程的角度看，职业教育教师应具备以下课程开发能力：课程需求分析能力、课程目标编制能力、课程内容选择组织能力、课程实施能力、课程评价能力。再次，职业教育课程开发中的教师课程权力问题，如学校是否赋予教师自主开展课程开发、课程创生的权力？最后，某一类课程开发中的教师素质结构问题，比如，一体化课程开发要求职业院校教师应具备什么样的知识结构？项目课程开发要求职业院校教师具备什么样的素质结构？

第三，从教师在课堂层面的课程开发角度来看，涉及教师课程创生问题。随着新技术的不断发展和更新速度的加快，教材往往只是对过去的一个总结。因此，职业教育教师要有对教材进行重新改造的勇气和意识，并且课程改革也赋予了教师在

---

① 赵文平：《工作过程导向课程实施中教师的角色定位》，载《职业技术教育》，2013(1)。

课堂层面进行课程改造的权力。如果课程内容明显落后于当前实际，或不符合当地的技术水平状况，或与学生的具体学情不适应，教师要带着对教学内容适切性进行追问的精神进行大胆革新。

（三）如何关注职业教育课程改革中的教师问题

对于职业教育课程开发中的教师问题的关注，可以从学术研究和实践工作两个层面进行。

一是从学术研究层面关注职业教育课程运作中的教师问题。首先，多角度、多层面研究职业教育课程中的多个教师问题。具体来说，可以研究三大类问题，即事实问题、价值问题和行为问题。事实问题方面，比如，职业教育课程中的教师能力发展现状、教师参与课程开发现状、教师课程取向现状、职业教育课程开发中的教师胜任力问题、某类课程开发或实施中的教师适应问题等。价值问题方面，比如，职业教育课程中的教师主体性问题、职业教育课程中的教师的角色定位问题、职业教育课程中的教师课程价值观问题。行为问题方面，比如，职业教育课程中教师能力如何培养的问题、职业教育课程中教师课程意识如何形成的问题、职业教育课程中教师课程权力如何保障的问题。其次，关注实践，关注课程实践中教师的行为，从大量的实践经验中升华理论，比如可以从个案经验中归纳出职业教育教师课程能力标准。最后，拓展研究理论视野，从哲学、心理学、社会学、文化学、人类学、生态学等多学科的视角来审视教师课程开发问题。比如从文化学的角度研究职业教育课程中的教师文化问题，从心理学的角度研究教师课程意识对教师课程行为的影响问题。

二是从实践工作层面关注职业教育课程中的教师问题。首先，注重职业教育教师的课程理论素养培养。相当一部分职业教育教师毕业于非师范学院，只是在考取教师资格证的时候学习了教育学和心理学，没有专门系统地接受过教育理论，更谈不上课程理论的学习。对于什么是课程、课程目标如何确定、课程内容如何选择等相关课程问题缺乏理论认识。还有一部分教师来源于师范大学，虽然在课程学习中涉及教育学和心理学，但这两门课均为教育学和心理学的一般性理论，对于课程方面的理论缺乏深度系统的学习。笔者在课题研究中调研发现，"92.3%的中职教师没有学习过课程论"[①]。在职业教育课程开发与设计中迫切需要教师具备一定的课程理论素养，这样才能够有效地参与到课程开发活动之中。特别建议在当前各级各类职业院校教师培训活动中，要加强课程理论素养方面的培养，尤其是对于当前课程改革中的新课程理念有针对性地加强培训，如工作过程课程、一体化课程、项目课程等。其次，培养职业教育教师的课程开发技能。建议制定国家层面的职业教育教师课程开发的能力标准体系，为职业教育教师有效开发课程提供行动指南。职业教育教师课程开发能力指导标准是一个基准和方向性的问题，是职业教育教师课程

---

① 赵文平：《中职教师课程实施能力现状及培养策略研究》，载《广州职业教育论坛》，2013(5)。

开发活动科学有效开展的重要指导，是职业教育教师课程开发能力提高的导向，也是职业教育教师教育工作的指南。研制职业教育教师课程开发能力指导标准便于我们把握职业教育教师课程开发能力的发展方向。为有针对性地进行指导，建议分类研制职业教育教师课程开发能力指导标准，如实训类课程开发能力标准、理论类课程开发能力标准、一体化课程开发能力标准、职业教育教师教育课程标准等。

参考文献

技术哲学类学术专著

1. [德]F. 拉普. 技术哲学导论[M]. 沈阳：辽宁科学技术出版社，1986.

2. 邓树增. 技术学导论[M]. 上海：上海科学技术文献出版社，1987.

3. 邹珊刚. 技术与技术哲学[M]. 北京：知识出版社，1987.

4. [荷兰]E. 舒尔曼. 科技时代与人类未来——在哲学深层的挑战[M]. 北京：东方出版社，1995.

5. 高亮华. 人文主义视野中的技术[M]. 北京：中国社会科学出版社，1996.

6. [美]卡尔·米切姆. 技术哲学概论[M]. 天津：天津科学技术出版社，1999.

7. [德]尤尔根·哈贝马斯. 作为"意识形态"的技术与科学[M]. 李黎，郭官义，译. 上海：学林出版社，1999.

8. [法]R. 舍普，等. 技术帝国[M]. 刘莉，译. 北京：生活·读书·新知三联书店，1999.

9. 陈昌曙. 技术哲学引论[M]. 北京：科学出版社，1999.

10. 刘大椿. 科学技术哲学导论[M]. 北京：中国人民大学出版社，1999.

11. [美]乔治·巴萨拉. 技术发展简史[M]. 周光发，译. 上海：复旦大学出版社，2000.

12. 许良. 技术哲学[M]. 上海：复旦大学出版社，2004.

13. 赵敦华. 西方人学观念史[M]. 北京：北京出版社，2005.

14. 张华夏，张志林. 技术解释研究[M]. 北京：科学出版社，2005.

15. 王伯鲁. 技术究竟是什么——广义技术世界的理论阐释[M]. 北京：科学出版

社，2006.

16. 陈其荣. 当代科学技术哲学导论[M]. 上海：复旦大学出版社，2006.

17. 乔瑞金. 技术哲学教程[M]. 北京：科学出版社，2006.

18. 肖峰. 哲学视阈中的技术[M]. 北京：人民出版社，2007.

19. 吴国盛. 技术哲学经典读本[M]. 上海：上海交通大学出版社，2008.

20. 刘森林. 实践的逻辑[M]. 北京：社会科学文献出版社，2009.

课程理论类学术专著

1. 陈侠. 课程论[M]. 北京：人民教育出版社，1989.

2. [美]乔治·A. 比彻姆. 课程理论[M]. 黄明皖，译. 北京：人民教育出版社，1989.

3. 黄政杰. 课程设计[M]. 台北：东华书局股份有限公司，1991.

4. 靳玉乐. 现代课程论[M]. 重庆：西南师范大学出版社，1995.

5. 俞立，郭扬. 现代职教课程论研究[M]. 北京：中国科学技术出版社，1995.

6. 施良方. 课程理论：课程的基础、原理与问题[M]. 北京：教育科学出版社，1996.

7. 朱晓斌. 职业教育课程论[M]. 南宁：广西教育出版社，1997.

8. 吕达. 课程史论[M]. 北京：人民教育出版社，1999.

9. 吴永军. 课程社会学[M]. 南京：南京师范大学出版社，1999.

10. [美]小威廉姆·E. 多尔. 后现代课程观[M]. 王红宇，译. 北京：教育科学出版社，2000.

11. 郝德永. 课程研制方法论[M]. 北京：教育科学出版社，2000.

12. 丛立新. 课程论问题[M]. 北京：教育科学出版社，2000.

13. 张华. 课程与教学论[M]. 上海：上海教育出版社，2000.

14. 张华，石伟平，马庆发. 课程流派研究[M]. 济南：山东教育出版社，2000.

15. [日]佐藤学. 课程与教师[M]. 钟启泉，译. 北京：教育科学出版社，2003.

16. 钟启泉，李雁冰. 课程设计基础[M]. 济南：山东教育出版社，2003.

17. [美]艾伦·C. 奥恩斯坦，费朗西斯·P. 汉金斯. 课程：基础、原理和问题[M]. 柯森，译. 南京：江苏教育出版社，2004.

18. [法]埃德加·莫兰. 复杂性理论与教育问题[M]. 陈一壮，译. 北京：北京大学出版社，2004.

19. 李定仁，徐继存. 课程论研究二十年[M]. 北京：人民教育出版社，2004.

20. 赵卿敏. 课程论基础[M]. 武汉：华中科技大学出版社，2004.

21. 钟启泉. 现代课程论[M]. 上海：上海教育出版社，2003.

22. 石伟平，徐国庆. 职业教育课程开发技术[M]. 上海：上海教育出版社，2006.

23. [英]A. V. Kelly. 课程理论与实践[M]. 吕敏霞，译. 北京：中国轻工业出版社，2007.

24. 陈永芳. 职业技术教育专业教学论[M]. 北京：清华大学出版社，2007.

25. 姜大源. 当代德国职业教育主流教学思想研究：理论、实践与创新[M]. 北京：清华大学出版社，2007.

26. [美]拉尔夫·泰勒. 课程与教学的基本原理[M]. 罗康，张阅，译. 北京：中国轻工业出版社，2016.

27. 徐国庆. 职业教育课程论[M]. 上海：华东师范大学出版社，2008.

28. 徐国庆. 职业教育项目课程开发指南[M]. 上海：华东师范大学出版社，2009.

29. 赵志群. 职业教育工学结合一体化课程开发指南[M]. 北京：清华大学出版社，2009.

30. [德]费利克斯·劳耐尔，赵志群，吉利. 职业能力与职业能力测评——KOMET理论基础与方案[M]. 北京：清华大学出版社，2010.

31. 简楚瑛. 课程发展理论与实践[M]. 北京：教育科学出版社，2010.

32. 李臣之. 西方课程思潮研究[M]. 北京：人民教育出版社，2012.

33. 赵文平. 学校课程结构整体设计论——基于变革性实践的解读[M]. 桂林：广西师范大学出版社，2014.

34. 李春鹏，陈洁萍，田立国. 职业教育课程论[M]. 哈尔滨：哈尔滨地图出版社，2013.

35. 汤百智. 职业教育课程与教学论[M]. 北京：科学出版社，2015.

36. 徐国庆. 职业教育项目课程：原理与开发[M]. 上海：华东师范大学出版社，2016.

37. 曲丽娜，王伟. 职业教育课程开发[M]. 北京：高等教育出版社，2016.

期刊论文

1. 姜大源. 论行动体系及其特征——关于职业教育课程体系的思考[J]. 教育发展研究，2002(12).

2. 姜大源. 关于职业教育课程体系的思考[J]. 中国职业技术教育，2003(5).

3. 牟焕森. 技术哲学的历史及其逻辑结构——米切姆关于"技术—哲学"的思考[J]. 探求. 2005(1).

4. 徐国庆. 工作结构与职业教育课程结构[J]. 教育发展研究，2005(15).

5. 石伟平. 我国职业教育课程改革中的问题与思路[J]. 中国职业技术教育，2006(1).

6. 徐国庆. 职业知识论与职业教育课程内容设计[J]. 职教通讯，2006(7).

7. 姜大源. 学科体系的解构与行动体系的重构——职业教育课程内容序化的教育学解读[J]. 中国职业技术教育，2006(7).

8. 廖哲勋. 论课程论学科建设的规律性[J]. 课程·教材·教法，2007(3).

9. 靳玉乐，董小平. 论学校课程的规划与实施[J]. 西南大学学报（社会科学版），

2007(5).

10. 徐国庆. 职业教育课程的学科话语与实践话语[J]. 职教论坛，2007(4S).

11. 靳玉乐，罗生全. 课程理论的文化自觉[J]. 教育研究，2008(6).

12. 姜大源. 世界职业教育课程改革的基本走势及其启示——职业教育课程开发漫谈[J]. 中国职业技术教育，2008(27).

13. 徐涵. 德国学习领域课程方案的基本特征[J]. 教育发展研究，2008(1).

14. 高亮华. 论当代技术哲学的经验转向——兼论分析技术哲学的兴起[J]. 哲学研究. 2009(2).

15. 王洪席，靳玉乐. 课程改革：基于改革方法论的反思[J]. 现代教育管理，2011(2).

16. 陈佩文. 中国近代技术教育的推动因素与基本特征[J]. 科学技术哲学研究，2016(3).

17. 路宝利. "现象学"课程：职业教育课程方向[J]. 中国职业技术教育，2016(3).

18. 赵文平. 新世纪以来我国职业教育课程研究进展与反思[J]. 职业技术教育，2016(4).

19. 孙芳芳. 职业教育课程质量评价的实证研究——基于赋能评价法[J]. 中国职业技术教育，2016(5).

20. 李玉珠. 我国职业教育课程现代化研究[J]. 职业技术教育，2016(7).

21. 陈鹏. 德国职业教育学习领域课程的整合意蕴之透视[J]. 职教论坛，2016(9).

22. 赵文平，郭思彤. 职业能力导向的职业教育课程结构模式构建[J]. 职教论坛，2016(18).

23. [美]阿玛·马尔福. 职业课程与技术课程的区别[J]. 吕耀中，李东华，编译. 世界教育信息，2016(24).

24. 林润燕，吴国林. 论技术知识的分类与逻辑结构[J]. 科学技术哲学研究，2017(1).

25. 宾恩林，徐国庆. 面向过程到面向对象：智能化时代职业教育课程组织观念创新[J]. 职业技术教育，2017(1).

26. 徐涵. 新世纪以来中国职业教育课程改革：成就、问题及建议[J]. 现代教育管理，2017(4).

27. 王亚南，石伟平. 职业知识概念化的内涵意蕴及课程实现路径——麦克·杨职业教育思想的述评及启示[J]. 清华大学教育研究，2017(4).

28. 徐涵. 中德中等职业教育课程改革比较研究[J]. 现代教育管理，2017(12).

29. 赵文平，秦虹. 论职业教育课程的实践性——一种基于实践哲学的审视[J]. 职教论坛，2017(30).

30. 赵志群. 我国职业教育课程模式的发展[J]. 职教论坛，2018(1).

31. 陈明宽. 外在化的技术物体与技术物体的个性化——论斯蒂格勒技术哲学的内在张力[J]. 科学技术哲学研究，2018(3).

32. 朱德全，杨磊. 职业教育课程与教学研究四十年：现状与走向[J]. 职教论坛，

2018(3).

33. 张磊. 澳、英、美、德四国职业教育课程政策的比较研究[J]. 国家教育行政学院学报，2018(5).

外文文献

1. W. Schubert. Curriculum：Perspective，Paradigm，and Possibility[M]. New York：Macmillan Publishing Company，1986.

2. G. Loyd Schnellert. Development of A Curriculum Model for Vocational/technology Education [M]. University Microfilms International A Bell & Howell Information Company(UMI)，1993.

3. U. Paris. International Workshop on Curriculum Development in Technical and Vocational Education[J]. Unevoc，1993.

4. Larry Kenneke. A Guide for Evaluation of Technical and Vocational Education Curricula. Studies on Technical and Vocational Education 3[J]. Bmc Pregnancy & Childbirth，1995，14(2).

5. J. A. Gregson. Continuing the Discourse：Problems，Politics and Possibilities of Vocational Curriculum [J]. Journal of Vocational Education Research，1996，21：35-64.

6. Curtis R. Finch & John R. Crunkilton. Curriculum Development in Vocational and Technical Education：Planning，Content，and Implementation [M]. Boston：Allyn and Bacon，1999.

7. M. Fischer. Von der Arbeitserfahrung zum Arbeitsprozesswissen[M]. Opladen：Leske+Budrich，2000.

8. L. Wheelahan，R. Carter. National Training Packages：A New Curriculum Framework for Vocational Education and Training in Australia[J]. Education ＋ Training，2001，43(6)：303-316.

9. N. Boreham. Work Process Knowledge，Curriculum Control and the Work-Based Route to Vocational Qualifications[J]. British Journal of Educational Studies，2002，50(2)：225-237.

10. N. Boreham. Orienting the Work-Based Curriculum towards Work Process Knowledge：A Rationale and A German Case Study[J]. Studies in Continuing Education，2004，26(2)：209-227.

11. J. Gamble. What Kind of Knowledge for the Vocational Curriculum? [M]. Peter Lang，2006.

12. L. V. D. Wagen. Vocational Curriculum for Australian Service Industries：Standardised Learning for Diverse Service Environments? [J]. Journal of Hospitality &

Tourism Management，2006，13(1)：85-96.

13. G. Spöttl. Curriculum Approaches and Participative Curriculum Development ［M］// International Handbook of Education for the Changing World of Work，2009.

14. C. S. Liang. The Development Research on Higher Vocational Education Curriculum Based on the Working Process[M]// Advances in Electric and Electronics. Springer Berlin Heidelberg，2012：699-706.

15. J. Steinhaeuser，Jean-François Chenot，M. Roos，et al. Competence-based Curriculum Development for General Practice in Germany：A Stepwise Peer-Based Approach instead of Reinventing the Wheel[J]. BMC Research Notes，2013，6(1)：1-7.

16. M. M. Hua. The Analysis of Database Management Curriculum Reform Based on Working Process[J]. Advanced Materials Research，2014，3：945-949.

17. Kathryn Ecclestone. How to Assess the Vocational Curriculum［M］. Routledge，2017.

18. Tony Nasta. How to Design a Vocational Curriculum：A Practical Guide for Schools and Colleges[M]. Routledge，2017.

19. N. M. Albashiry，J. M. Voogt，J. M. Pieters. Improving Curriculum Development Practices in a Technical Vocational Community College：Examining Effects of a Professional Development Arrangement for Middle Managers[J]. Curriculum Journal，2017，26(3)：1-27.

20. Vidmantas Tutlys，Georg Spöttl. From the Analysis of Work-Processes to Designing Competence-Based Occupational Standards and Vocational Curricula. ［J］. European Journal of Training & Development，2017，41(1)：50-66.

后　记

从 2011 年博士毕业涉入职业教育领域起，我就有一个想法，要在自己有硕士、博士研学阶段所积淀的课程与教学论学科素养基础之上，好好做做职业教育课程与教学方面的研究，希冀能够形成系统化的职业教育课程与教学论著作，为职业教育领域做点学术上的微薄贡献。自进入天津职业技术师范大学工作以来，我先后承担了硕士的《职业教育课程开发与设计》、本科的《职业教育课程论》、博士的《职业教育课程开发与设计》等与职业教育课程相关的教学活动。在教学过程中，我渐渐发现，专门化的职业教育课程方面专著教材不多，当然已有的像黄克孝的《职业和技术教育课程概论》和徐国庆的《职业教育课程论》等著作非常有职业教育味道，可谓经典！同时也启发我思考，如何既体现课程与教学论的成熟丰厚的理论框架体系，又突出职业教育这一特殊领域的特殊性，我是否可以努力下，在前辈学者的基础上做进一步的探索。于是我在这些年的教学科研工作中一直尝试积累和构建，酝酿了八年，终于有了一个研究成果——《职业教育课程论》。

1918 年博比特的《课程》出版，标志着课程论作为一门学科诞生，到现在为止，课程论这门学科已有 100 多年的历史。但中国的课程论学科发展起步较晚，20 世纪80 年代后才逐步发展起来，而中国职业教育课程论发展起步就更晚了。所以，在当前撰写《职业教育课程论》这样一部著作，是有难度的，当然也有重要意义，因为这是学科建设的基础性工作。因此，也特别感谢黄克孝、姜大源、石伟平、肖凤翔、朱德全、赵志群、徐涵、徐国庆等前辈学者，他们已经为职业教育课程论的理论建设和实践指导做了大量的开拓性工作，为后继者提供了丰富的学术营养、奠定了坚实的基础。

在这个浮躁的时代里，静下心来扎扎实实写一本书是不容易的。本书是我在无数个早晨五点到六点半这一时间段完成的，琐碎的日常生活和忙碌的单位工作使我难以"没有干扰、清静连续"地研究、写作。每日这一时间段的点点滴滴积累完成后，也会让自己心里踏实。所以，本书也算是给自己学术研究过程做一个见证和记录吧！

本书的出版得到天津职业技术师范大学职业教育学院和天津市普通高校人文社科重点研究基地职业教育发展研究中心的资助和支持，在此特别感谢！在此也特别感谢北京师范大学出版社职教分社的姚贵平社长和王云英女士的辛勤付出！

由于个人学识水平有限、时间和精力不足，本书可能存在一些不足之处。就创新而言，可能还有很大的差距；如果定位在一种初步的系统性总结和提炼，形成一点基本的认识，抛出一点问题供大家一起来思考、琢磨，这样可能较为妥当。学问是无止境的，本书只是一个基本的梳理，做职业教育课程论研究是一辈子的事情，所以我要用余生来不断丰富和完善职业教育课程论。在此，也敬请学界各位同人批评指正！